U0461795

历史的回声
国家理论的哲学反思

罗兆麟/著

知识产权出版社
全国百佳图书出版单位
——北京——

图书在版编目（CIP）数据

历史的回声：国家理论的哲学反思／罗兆麟著．

北京：知识产权出版社，2024.9. —ISBN 978 - 7 - 5130 -

9493 - 1

Ⅰ．D03

中国国家版本馆 CIP 数据核字第 20240CY543 号

责任编辑：彭小华　　　　　　　　责任校对：潘凤越

封面设计：张国仓　　　　　　　　责任印制：孙婷婷

历史的回声：国家理论的哲学反思

罗兆麟　著

出版发行：**知识产权出版社**有限责任公司　　网　　址：http：//www. ipph. cn

社　　址：北京市海淀区气象路 50 号院　　　　邮　　编：100081

责编电话：010 - 82000860 转 8115　　　　　　责编邮箱：huapxh@ sina. com

发行电话：010 - 82000860 转 8101/8102　　　发行传真：010 - 82000893/82005070/82000270

印　　刷：北京建宏印刷有限公司　　　　　　经　　销：新华书店、各大网上书店及相关专业书店

开　　本：880mm×1230mm　1/32　　　　　印　　张：10.75

版　　次：2024 年 9 月第 1 版　　　　　　　　印　　次：2024 年 9 月第 1 次印刷

字　　数：262 千字　　　　　　　　　　　　定　　价：78.00 元

ISBN 978 - 7 - 5130 - 9493 - 1

人文香山书系·学人卷

丛书主编： 申群喜　梁文生　冯来兴

学术顾问： 胡　波

合办单位： 电子科技大学中山学院香山历史与地方文化研究所

电子科技大学中山学院孙中山研究所

中山市香山文化研究会

本书出版得到电子科技大学中山学院马克思主义学院部分经费资助

目录

CONTENTS

绪　论

在人类历史上，国家是一种古老的统治形式，经历了从古代到近代、现代的多次演变。今天，民族国家成为现代国家的主要形式，并成为现代世界体系的基本单元和当代国际关系的主体。然而，国家的强弱变化受到哪些因素制约？东西方之间兴衰的根源何在？现代国家的成长历程对我们有何启示？国家到底该如何构建？本书将带着这些问题进行深入思考。

一、民族、国家及相关概念

有关统计数据显示，当代世界上大约有190多个独立国家，现存有超过600个语言群体，5000多个种族群体。❶ 国家问题和民族问题相互交织，相互影响，民族—国家（nation – state）已成为现代世界最基本的国家形态。

对现代民族国家的讨论必须首先从"民族（nation）"开始，霍布斯鲍姆指出，"民族"的建立

---

❶ ［加］威尔·金里卡. 多元文化公民权［M］. 杨立峰，译. 上海译文出版社，2009：1.

与主权国家的创立息息相关，主权国家必须与"民族"或"民族性"放在一起讨论，否则所谓的"民族国家"将会变得毫无意义。❶

　　但是，民族是一个极其复杂的概念，给"民族"一词下定义并不是一件容易的事，查尔斯·蒂利将它描述为"在政治词典中最令人迷惑和最具有倾向性的术语之一"❷。安东尼·史密斯说，"我们将如何来定义'民族'这一概念？这无疑是本领域中最成问题和争议最大的术语"❸。从语言学的发展角度看，"民族"一词经历了一个从生物学、人类学到社会学、政治学演变的历史过程。英文 nation 源于拉丁文 nasci 和 natio，意思为"出生物"。在中世纪早期，nation 指的是大学里面按照各自出生地区组织的教师或学生团体，如巴黎大学就有四个类似的 nation。但是接下来 nation 一词的含义在不断变化：15 世纪初，nation 开始有了领土含义；到了 16 世纪，nation 开始有了政治含义；16 和 17 世纪期间，nation 又被用来描述一个国内的人民（people）；到了法国大革命时期，nation 逐渐成为 country 的同义词；此后 nation 开始与国家和政治密不可分，在法国大革命后的《人权和公民权宣言》中，明确指出了"所有主权的来源，本质上属于国家（nation）"。❹ 卡尔·多伊奇更是直截了当地说，"民族（nation）就是拥有国家（state）的人民（people）"。❺

　　关于民族一词的定义可分为两类，一类是强调"语言、文化、

<hr>

❶ ［英］埃里克·霍布斯鲍姆. 民族与民族主义 ［M］. 李金梅，译. 世纪出版集团，2006：9.

❷ Charles Tilly. The Formation of National State in Western Europe ［M］. Princeton University Press，1975：6.

❸ ［英］安东尼·史密斯. 民族主义：理论、意识形态、历史 ［M］. 叶江，译. 世纪出版集团，2011：10.

❹ 王联. 世界民族主义论 ［M］. 北京大学出版社，2002：3 - 10.

❺ Peter Alter. Nationalism ［M］. Edward Arnold，1994：6.

历史、领土和制度"等因素的客观派，如斯大林认为民族是"历史上形成的一个共同语言、共同地域、共同经济生活以及表现在共同文化上的共同心理素质的稳定共同体"❶。再比如安东尼·史密斯认为，民族是"具有名称，在感知到的祖地上居住，拥有共同的神话、共享的历史和与众不同的公共文化，所有成员拥有共同的法律与习惯的人类共同体"❷。另一类是强调"行为、感受和感情"等因素的主观派，如本尼迪克特·安德森认为，民族是"想象的政治共同体——并且，它是被想象为本质上有限的，同时也享有主权的共同体"❸。安德森还认为，民族的形成需要一些先决条件，自 15 世纪以来，欧洲通过廉价的普及版书籍，迅速创造出为数众多的阅读群众，到 1500 年，欧洲至少已经刊印了 2000 万册书籍。作为行政集权工具，特定的方言逐渐变成官方语言。"资本主义、印刷科技与人类语言宿命的多样性这三者的重合，使得一个新形式的想象的共同体成为可能。而自其基本形态观之，这种新的共同体实已为现代民族的登场预先搭好了舞台。"❹

霍布斯鲍姆指出，有三个固定标准堪称民族构成的"门槛原则"：第一，它的历史必须与当前的某个国家息息相关，或拥有足够长久的建国历史；第二，要拥有优秀的精英文化传统，并有其独特的民族文学与官方语言；第三，就是要有武力征服，只有在优势民族强权的威胁下，才会让被侵略的人群产生休戚与共的民

❶ 斯大林选集（上卷）［M］. 人民出版社，1979：64.
❷ ［英］安东尼·史密斯. 民族主义：理论、意识形态、历史［M］. 叶江，译. 世纪出版集团，2011：13.
❸ ［美］本尼迪克特·安德森. 想象的共同体［M］. 吴叡人，译. 世纪出版集团，2011：6.
❹ ［美］本尼迪克特·安德森. 想象的共同体［M］. 吴叡人，译. 世纪出版集团，2011：45.

族情操❶。现在学术界基本上"形成了一个共识：民族不是国家也不是族群"❷。民族不是国家，是因为国家的概念与制度行为有关，而民族的概念指的是某种类型的共同体。民族也不是族群，因为两者尽管有某种重合并都属于同一类现象（拥有集体文化认同），但族群通常没有政治目标，没有公共文化，甚至没有疆域；而民族至少在相当的一个时期必须在其所谓的祖国中定居，虽然不一定拥有主权国家，但极力追求一种相当程度的自决，并在一定时期立志争取自治。❸

国家（state）也是一个十分复杂而难以定义的概念，列宁在解说国家时曾这样写道："国家问题是一个最复杂最混乱的问题"❹，1931 年 C. H. 泰特斯曾经列举了 145 种国家定义❺。有人认为，意大利政治思想家马基雅维利最早将"state"与"统治"结合在一起，用来指代当时的政治实体。到 15、16 世纪，"state"被确认为一个表述"国家"的概念和政治词汇，并逐渐发展成为对"各个历史阶段基本政治组织单位和形式的总体概括"❻。法国思想家博丹（也译成布丹）进一步区分了"state"的用法，把国家看作领土内最高政治权力的拥有者，从而完成了国家概念的现代化。

关于国家的定义大致分为两类，一类是现代政治学理论的观

---

❶ ［英］埃里克·霍布斯鲍姆. 民族与民族主义［M］. 李金梅，译. 世纪出版集团，2006：34.

❷ ［英］安东尼·史密斯. 民族主义：理论、意识形态、历史［M］. 叶江，译. 世纪出版集团，2011：12.

❸ ［英］安东尼·史密斯. 民族主义：理论、意识形态、历史［M］. 叶江，译. 世纪出版集团，2011：12.

❹ 列宁选集（第4卷）［M］. 人民出版社，1995：24.

❺ 王海明. 国家是什么［J］. 晋阳学刊，2010（3）：40.

❻ 杨雪冬. 民族国家与国家构建：一个理论综述［J］. 复旦政治学评论，2011（3）：86.

点，认为国家是在一定的疆域内，以垄断性暴力为后盾，依靠一整套法律制度和行政机构，以维持秩序、安全和增进公民福利为主要目的的权力机构。比如马克斯·韦伯认为，国家是"在一定领土之内（成功地）宣布了对正当使用物理暴力的垄断权，而领土乃是国家的另一个明确特征。现在的特点是，任何其他联合体或个人使用物理暴力的权利，只限于国家允许的范围之内。国家被认为是暴力使用'权'的唯一来源"❶。这种定义还认为"民族—国家"是当今世界最基本的国家形态，也是国际法的主体单元，比如安东尼·史密斯认为，"到目前为止，民族国家仍然是唯一得到国际承认的政治组织结构"❷，他将民族国家定义为："以民族主义原则确立合法性的国家，它的成员拥有很大程度的团结和整合（但不是文化上的同质性）。"❸ 在现代民族国家的构建过程中，国家与民族之间自始至终都在相互影响和相互作用。正如莱斯利·里普森指出的那样："国家在努力地构建民族，民族亦在努力地整合国家。"❹

　　另一类关于国家的定义是马克思主义的观点。国家问题在马克思主义政治学中占有重要地位，如果说阶级理论是马克思主义政治学的基础的话，那么国家理论则是马克思主义政治学的主要内容。❺

---

❶ ［德］马克斯·韦伯. 韦伯政治著作选［M］. 阎克文，译. 东方出版社，2009：248.

❷ ［英］安东尼·史密斯. 全球化时代的民族与民族主义［M］. 龚维斌，译. 中央编译出版社，2002：122.

❸ ［英］安东尼·史密斯. 民族主义：理论、意识形态、历史［M］. 叶江，译. 世纪出版集团，2011：17.

❹ ［美］莱斯利·里普森. 政治学的重大问题［M］. 刘晓，等译. 华夏出版社，2001：290.

❺ 王沪宁. 政治的逻辑：马克思主义政治学原理［M］. 上海人民出版社，2016：124.

马克思主义认为，国家不是从来就有的，是社会发展到一定历史阶段的产物，是"从社会中产生但又自居于社会之上并且日益同社会相异化的力量"❶。列宁进一步指出，"国家是阶级矛盾不可调和的产物"，同时"是阶级统治的机关，是一个阶级压迫另一个阶级的机关"❷，国家具有政治、统治与社会管理等多重功能。马克思主义的国家理论突破了近现代仅仅以民族为基础的国家理论，用阶级的视角重新理解国家的本质。

关于现代国家的特点，戴维·赫尔德认为，现代国家发展为民族国家的新形式，与传统国家相比，它具有以下几个新特征："(1) 领土——虽然一切国家都拥有各自的疆域，但只有现代国家体系中才形成了明确固定的边界。(2) 暴力手段的控制——只有在民族国家中，随着竞争性权力中心的瓦解和不同民族的人们之间的和解，国家可能依靠常备军和警察来寻求对武力和强制性手段的垄断。这一要素到 19 世纪才得以完全确立，而且在许多国家处于十分脆弱的状态。(3) 非人格化的权力结构——一种受到法定限制的、在领土范围内具有最高管辖权的权力结构。(4) 合法性——公民的忠诚变成了现代国家不得不去'赢得'的东西，这意味着国家一律要追求自身的合法性，因为它反映并代表其公民的观点和利益。"❸ 塞缪尔·芬纳在其皇皇巨著《统治史》第三卷中概括了现代国家的六个特征❹：第一是作为疆域组织基础的民族性原则，与其相对的是传统上疆域组织的基础，即王朝、亲属关

---

❶ 马克思恩格斯选集（第 4 卷）[M]. 人民出版社，2012：187.
❷ 列宁选集（第 3 卷）[M]. 人民出版社，1995：112.
❸ [英] 戴维·赫尔德. 民主与全球秩序：从现代国家到世界主义治理 [M]. 胡伟，等译. 上海人民出版社，2003：51-52.
❹ [英] 塞缪尔·芬纳. 统治史（第 3 卷）[M]. 马百亮，译. 华东师范大学出版社，2014：451.

系或世系，还有就是宗教共同体。第二是作为政治权威合法化基础的人民主权原则，与其相对的是传统的合法化的基础，即神权政治、君权神授、高贵的出身或种姓制度。第三是世俗原则，即政治过程和宗教上的等级、活动和价值的分离。第四是社会的目的性原则，"作为一件工艺品的国家"，与其相对的是传统上对已有权威不假思索的尊重，无论这种权威是文化上的、宗教上的、还是政治上的。第五是经济独立原则，这并不是说自给自足，而是要建立独立的、全国性的健康、财富和权力基础，而这意味着广泛的工业化，与传统的农业经济相对。第六是公民权的概念，它意味着公民权和政治权的保障，还意味着经济和社会权利的保障，如受教育的权利、工作的权利和分享社会福利的权利。

综上所述，本书认为，民族国家是一个在具有清晰界定的疆域内，依靠暴力专政机器与行政机构，对不同族群的国民实施统治与管理，对内拥有最高主权、对外具有独立自主国际地位的政治单位，它包括主权、领土、人民（民族）、政府和文化五个要素。任何国家的现代化都可以从多个方面进行考察，这包括经济上的市场化、工业化、城市化，政治上的民主化、法治化、大众化，思想文化上的理性化、世俗化、多元化，等等。

二、国内外研究综述

（一）国外学术界的研究

国外研究国家理论的学者和成果都很多，笔者阅读的外文资料有限，只能从已经译成中文的著作中谈谈自己的一管之见。在历史研究的过程中，无疑会涉及现代国家的成长与构建问题，比如，C. A. 贝利、玛丽·伊万丝和艾伦·麦克法兰等人都发表过题为《现代世界的诞生》的著作，描述了现代社会的形成、技术革命的作用、现代性的影响，以及民族国家的各个方面。斯塔夫里阿诺斯的《全球通史》、马文·佩里的《西方文明史》以及塞缪尔·芬纳的《统治史》中都用较多篇幅描述了西方世界的兴起与衰落，叙述了文艺复兴与启蒙运动、现代民族国家的形成与发展、两次世界大战的影响，以及全球一体化时代的当代世界。

20世纪60年代，西方学术界就开始关注国家构建问题。1975年，在《西欧民族国家的形成》这本论文集中，查尔斯·蒂利以《对欧洲国家构建历史的反思》为题，首次提出"国家构建"state - making这一概念，借此来描述15—16世纪西欧国家的产生与发展❶。同时在该书中，塞缪尔·芬纳也讨论了欧洲的国家构建（state - building）和民族构建（nation - building）的问题，他主要讨论了现代国家的发展与军事形式的关系❷。

在《民族—国家与暴力》一书中，安东尼·吉登斯勾勒了一幅从"传统国家"到"绝对主义国家"再到"民族国家"的国家形态发展图景。他认为，传统国家只有"边陲"而没有"国界"，它的本质特性是其裂变性，其行政控制能力十分有限，国家与社会的关系十分松散。绝对主义国家是从传统国家向民族国家的过渡，它是一种继等级君主制之后发展起来的中央集权的"新君主国"。绝对主义国家开始出现了疆界和主权的概念，它的发展是民族国家的基础。随着物质资源的增长和行政力量的扩张，在工业主义、商品化和全球化的大力推动下，到了近代，民族国家开始在欧洲出现，因此他给民族国家下了个定义，"民族—国家存在于

---

❶ Charles Tilly. Reflections on the History of European State - Making, The Formation of National State in Western Europe［M］. Princeton University Press, 1975：6.

❷ Samuel Finer. State - and Nation - Building in Europe：The Role of the Military, The Formation of National State in Western Europe［M］. Princeton University Press, 1975：84.

由民族—国家所组成的联合体之中，它是统治的一系列制度模式，它对业已划定边界（国界）的领土实施行政垄断，它的统治靠法律以及对内外部暴力工具的直接控制而得以维护"。❶ 随着民族国家体系向全世界进行扩张，到最后，几乎"所有的'资本主义国家'都是民族国家（尽管反过来未必说得通）"❷。

新制度经济学的国家理论主要包括产权学派和制度变迁学派的国家理论。以科斯为代表的产权学派研究了什么是最有效的产权，同时也批判了传统的"看不见的手"的经济理论，他们认为是国家而非市场决定着经济活动的交易费用。以道格拉斯·诺思为代表的制度变迁学派将国家的作用进一步放大，并将其运用于国家兴衰的比较现代化研究。他说，"国家的存在是经济增长的关键，然而国家又是人为经济衰退的根源"。❸ 曼瑟·奥尔森主要关注参与利益集团的成员及其背后的逻辑支撑。他还试图采用联合行动来表述国家兴衰的原因，他指出分散的联合会会组建自己的政治游说团去影响政策，使它偏向自己的利益。在《权利和繁荣》一书中，奥尔森从经济角度区分了不同类型政府的效能，特别是对独裁政府、混乱政府和民主政府进行了详尽的分析。

著名历史社会学家迈克尔·曼耗时三十多年，写成洋洋洒洒数千页、四卷本的鸿篇巨制《社会权力的来源》，从史前文明一直写到 2011 年。他首先讨论了有组织的权力社会网络，社会权力有意识形态、经济、军事和政治四个来源（又称为 IEMP 模

❶ ［英］安东尼·吉登斯. 民族—国家与暴力［M］. 胡宗泽，等译. 生活·读书·新知三联书店，1998：147.
❷ ［英］安东尼·吉登斯. 历史唯物主义的当代批判［M］. 郭忠华，译. 上海译文出版社，2010：187.
❸ ［美］道格拉斯·诺思. 经济史上的结构与变革［M］. 厉以平，译. 商务印书馆，2002：21.

型），政治权力通过地缘政治延伸到国际领域。[1] 他的四卷本分别讨论了农业社会的权力史、工业社会的权力史、全球的帝国与革命、1945 年后的全球化等，涉及国家的出现，阶级冲突与社会分层，军事帝国的诞生，民族与民族主义的兴起，资本主义、民族国家和帝国的关系，经济危机与无产阶级革命，两次世界大战等一系列宏大的主题，全景式地展现了人类社会权力关系的全部历史。

塞缪尔·亨廷顿在《变化社会中的政治秩序》一书中运用比较历史的方法，系统研究了世界各国的政治秩序与政治衰朽，以及发展中国家的政治现代化与政治变迁的过程。他认为："各国之间最重要的政治分野，不在于政府形式，而在于它们政府的有效程度。"[2] 他从政治发展的视角指出，政治现代化体现在"权威的合理化、结构的分离化和政治参与的扩大化"等几个方面，它的后果可能是积极的，也可能是消极的，它既可能推进一国经济、社会与文化的现代化，也可能导致一国政治的衰败。[3]

巴林顿·摩尔的《专制与民主的社会起源》一书以英、法、美、中、日、印为例进行跨国的历史比较分析，解释了在传统农业社会向现代工业化社会转变过程中，土地贵族和农民各自发挥的政治作用。他认为，由于这些国家社会阶级关系的不同，造成了不同的政治发展路径，最终发展成为西方形式民主的资产阶级革命、法西斯主义的自上而下的保守革命和共产主义的农民革命，

---

[1] ［英］迈克尔·曼. 社会权力的来源（第二卷·上）［M］. 陈海宏，等译. 世纪出版集团，2007：68－69.

[2] ［美］塞缪尔·亨廷顿. 变化社会中的政治秩序［M］. 王冠华，等译. 世纪出版集团，2008：1.

[3] ［美］塞缪尔·亨廷顿. 变化社会中的政治秩序［M］. 王冠华，等译. 世纪出版集团，2008：78.

形成了走向现代社会的三条政治道路。❶

　　西达·斯考切波在《国家与社会革命》一书中以大革命时期的法国、沙皇统治下的俄国和大清帝国时期的中国为主要对象，分析了三国革命的原因与结果。她把国家看作一个具有"潜在自主性"的活动者，由于不同国家组织强制力量的能力以及它与国内外利益集团的关系不同，它有时追求的利益可能与统治阶级的要求不完全一致。❷ 在后来她和彼得·埃文斯等人合著的《找回国家》一书中，斯考切波进一步发展了"国家自主性"理论，并进一步分析了国家自主性与国家能力的关系。

　　塞缪尔·芬纳在他的三卷本《统治史》中，采用历史社会学、政治学等研究方法，以各个国家的政府形态、统治方式和国家社会关系为核心，描述了世界历史中国家与政府形态的发展与变化。该书从苏美尔到古罗马的王权与帝国，再到中世纪的帝国统治和代议制的兴起，最后焦点放在民族国家与工业革命，重点阐述了现代政府和西方的突破。

　　琳达·维斯和约翰·霍布森在《国家与经济发展》一书中，具体提出了与强国家有关的分析变量和比较与历史的解释框架。二者根据现代国家与经济发展的制度性比较考察，又将国家能力分为渗透能力、汲取能力和协调能力。

　　弗朗西斯·福山在 2004 年发表了《国家构建》一书，把国家构建的问题拉到了学术舞台的最前沿。2011 年以后，他又发表了新著《政治秩序的起源》和《政治秩序与政治衰败》。福山认为，

---

❶　［美］巴林顿·摩尔. 专制与民主的社会起源［M］. 王茁，等译. 上海译文出版社，2012：427－428.
❷　［美］西达·斯考切波. 国家与社会革命［M］. 何俊志，等译. 世纪出版集团，2007：25.

国家、法治和责任政府是现代的、良好的政治秩序的三个基本标志，成功的现代自由民主制，把这三种制度结合在稳定的平衡中，而能取得这种平衡，本身就是现代政治的奇迹。❶

安德烈亚斯·威默以《国家建构：聚合与崩溃》为题，通过关系理论与嵌套方法，运用大量资料和案例进行比较分析，试图解读为什么有的国家因民族问题而分崩离析，而另一些国家虽然人口众多却历经若干个世纪延绵不绝。书中还讨论了志愿者组织、公共物品、沟通整合、政治整合和国家认同等国家构建的几大要素，而要实现这些，建立公民与国家之间的联系至关重要。❷

（二）国内学术界的研究

国内学术界较早涉猎这一领域研究的学者有吴惕安、俞可平、尹树广、陈炳辉、王绍光、胡鞍钢、李强、徐勇和杨雪冬等人，此外，林尚立、郁建兴、杨光斌、任剑涛、黄清吉、贺东航、曹海军、黄宝玖、贾英健、于春洋、郭忠华、郭台辉、张长东等人在这一领域也有颇多论述。

吴惕安、俞可平的《当代西方国家理论评析》、尹树广的《国家批判理论》和《20世纪70年代以来西方马克思主义的国家批判理论》以及陈炳辉的《西方马克思主义的国家理论》等是国内较早梳理西方国家理论，尤其是西方马克思主义国家理论的著作。他们认为，国家观在近代以来经历了从自由主义、保守主义、民族主义到马克思主义的发展，到今天仍然是关于人类实践和社会组织的最高层次理论，西方马克思主义的国家观是在反对当代社

❶ ［美］弗朗西斯·福山. 政治秩序的起源［M］. 毛俊杰，译. 广西师范大学出版社，2012：16.
❷ ［瑞士］安德烈亚斯·威默. 国家建构：聚合与崩溃［M］. 叶江，译. 上海人民出版社，2019：1.

会主义的机会主义、教条主义和资产阶级国家理论过程中形成的。❶ 这些著作初步概括了西方马克思主义各个主要流派的国家学说思想，包括国家工具论、生活世界理论、福利国家理论、后马克思主义国家理论等，分析了西方国家理论的主要矛盾和发展方向。

王绍光、胡鞍钢借鉴了西方回归国家学派的概念工具，对中国的国家能力问题进行了研究，并于 1993 年发表了较具轰动效应的《中国国家能力报告》。他们认为，"国家能力是指国家（中央政府）将自己的意志、目标转化为现实的能力"，它包括"汲取能力、调控能力、合法化能力、强制能力"❷ 等。其中国家汲取能力是最重要的国家能力，也是实现其他国家能力的基础。近年来，他们将国家能力研究进一步拓展，并进行实证分析，又出版了专著《第二次转型：国家制度建设》，探讨国家从以经济建设为中心向以制度建设为中心的转型。指出当前中国最重要的历史任务是国家制度建设。

李强认为，现代国家是市场经济正常运作不可或缺的基本前提，现代国家的构建是现代社会的基本特征之一。国家构建的概念为理解当代中国的政治体制改革提供了一个十分重要的视角，它可以帮助我们从理论上理解社会控制机制不断减弱的原因，并探索解决的途径。他运用全能主义与后全能主义的概念分析我国的国家特征以及它与现代国家的区别，并认为我国面临的一个重要改革课题是在后全能主义状态下实现现代国家的构建。❸

徐勇认为，西方国家的民族—国家建构与民主—国家的建构

❶　尹树广. 国家批判理论 ［M］. 黑龙江人民出版社，2002：3.

❷　王绍光，胡鞍钢. 中国国家能力报告 ［M］. 辽宁人民出版社，1993：6.

❸　李强. 后全能体制下现代国家的构建 ［J］. 战略与管理，2001（6）：77.

是同步进行并相互依存的，但是发展中国家的政治发展包含国家一体化和民主化的双重过程。这种双重过程的原因主要取决于其内部状况的不同，也就是政治发展的非均衡性。特别是在政治现代化程度较低的国家，政治社会的多样性、差异性更为明显，政治发展的非均衡性特点愈加突出。❶

杨雪冬在博士论文《市场发育、社会生长和公共权力构建》中，以河北省保定市涞源县为分析样本，重点围绕国家与地方的运行机制、经济结构与财政的关系、政绩与政治责任制、政治精英与市场经济发展等问题，讨论了中国现代国家构建过程中产生的问题、解决的方法和所取得的成就，并提出了自己关于中国国家构建的理想模型和基本假设。❷

林尚立出版了专著《政治建设与国家成长》和《中国共产党与国家建设》，探讨了有效政治在大国成长中的作用，有效政治包括政党、民主、法治、有效政府、协商民主、自治与核心价值等。

一批著作探讨了法治、财政、公共权力与国家构建的关系，如刘守刚的《国家成长的财政逻辑》、潘伟杰的《法治与现代国家的成长》、刘晔的《理性国家的成长：中国公共权力理性化研究》等。

黄清吉在其著作《论国家能力》中回顾了现有国家能力研究的现状，概括出国家中心主义、社会中心主义、国际体系维度等三类具代表性的国家能力观，并探讨了国家能力的构成要素、支撑结构与发展机理等。❸

---

❶ 徐勇. 现代国家建构中的非均衡性和自主性分析 [J]. 华中师范大学学报，2003 (5)：97.

❷ 杨雪冬. 市场发育、社会生长和公共权力构建 [M]. 河南人民出版社，2002：5.

❸ 黄清吉. 论国家能力 [M]. 中央编译出版社，2013：15.

　　贺东航将国家构建理论和中国的国家历史和制度逻辑结合起来，通过对 20 世纪以来中国现代国家构建的历程和成就的描述，将国家官僚体制、国家能力、政权合法性和社会成长这四个因素看作一个有机整体，构筑起国家构建的分析框架，尝试性地探讨了中国现代国家构建的未来路径。❶

　　黄宝玖认为，国家能力是一个整体性的概念，它是一个由多元能力要素有机组合而成的综合系统。国家的核心能力可以概括为十个方面：第一，维护国家主权与保障国家安全能力；第二，民主法治能力；第三，资源汲取与配置能力；第四，宏观调控能力；第五，公共产品供应能力；第六，社会关系整合与规范能力；第七，危机应对能力；第八，学习创新能力；第九，自律能力；第十，国际交往能力。❷

　　贾春健在《全球化背景下的民族国家研究》一书中，探讨了民族国家的本质和起源、全球化与民族国家的主权变化、国家职能的变迁。他认为，民族国家主权的多样性表现为：单一主体独享主权变为多元主体共享、主权的绝对排他性转向相对排他性、主权和治权由统一转向分离❸。他还考察了如何重建国家认同，民族国家的未来走向，等等。

　　于春洋在《现代民族国家建构：理论、历史与现实》一书中，追溯了国家建构理论的几种理论，如行为主义政治学和"回归国家"派国家建构理论的兴起，比较了查尔斯·蒂利的内源性国家建构理论与弗朗西斯·福山的外源性国家建构理论，划分了国家

❶　贺东航. 国家构建理论与中国现代国家构建历程探析 [J]. 江汉论坛，2008 (6)：9.

❷　黄宝玖. 国家能力：涵义、特征与结构分析 [J]. 政治学研究，2004 (4)：68.

❸　贾春健. 全球化背景下的民族国家研究 [M]. 中国社会科学出版社，2005：103.

建构理论的几种类型，将民族国家的建构历程分为三种模式：内生型、衍生型和外生型，❶ 最后探析了全球化时代民族国家的当代境遇和民族国家的历史命运。

郭忠华、郭台辉主编的《当代国家理论：基础与前沿》认为20世纪中后期是民族国家发展的典型时代，并将民族国家的发展历史分为四个爆炸性的阶段，分别是：从维也纳会议到柏林会议的古典时期、20世纪前25年、"二战"后30年和冷战后10年。❷ 书中介绍了当代国家的基础理论，如民族国家的创建方式、国家自主性、移民与公民身份、福利国家和比较视野下的国家等，同时还从马克思主义、制度主义、公共选择理论、后结构主义、女性主义和全球化视角出发，介绍了国家理论的新发展动态。

三、研究意义与方法

本书的研究意义如下：第一，现代国家是当今世界体系的基本单元和国际关系的主体，在全球化的今天，新技术革命、资本跨境流动、全球市场、民族与地区冲突……使现代国家正面临多重挑战，国家亟待调整自身结构和功能。研究现代国家问题，可以应对现实的危机与挑战。

第二，有些西方学者如科莱蒂曾经说马克思没有完整的国家理论，其实，马克思主义国家理论十分丰富，只是散见于马克思的各种论著之中。由于马克思所处的历史时代的条件限制，他更多的是对当时的资产阶级国家形态和国家问题进行批判，研究现

---

❶ 于春洋. 现代民族国家建构：理论、历史与现实［M］. 中国社会科学出版社，2016：94.
❷ 郭忠华，郭台辉. 当代国家理论：基础与前沿［M］. 广东人民出版社，2017：7-8.

代国家的成长与构建问题可以丰富马克思主义的国家理论。

第三，在现代国家的发展史中，为什么有些国家富有，有些国家贫穷？有些国家强大，有些国家弱小？国家的兴衰荣辱受到哪些因素的制约？国家制度安排有何影响？国家能力大小在国家建设过程起什么作用？研究国家问题可以进一步探究现代国家发展的经验与历史规律。

第四，我国政治体制改革进入攻坚时期，推进国家治理体系与治理能力现代化是现阶段全面深化改革的总目标。研究国家问题有助于在实践层面改善国家治理能力，发展社会主义民主政治，推进政治现代化，推进中华民族复兴伟业。

第五，近现代国家之间的冲突不断，有大国之间的博弈，有频发的地区冲突，还有席卷全球的世界大战，它们给世界人民带来无尽的灾难与痛苦，需要各国通过对话代替对抗，消弭国家间的摩擦与冲突，共建人类美好家园。

本书的研究方法如下：第一，跨学科的研究方法。现代国家的研究是一个宏观而又复杂的课题，需要运用多学科的方法进行分析。本书在马克思主义理论的框架下，以哲学、政治学、历史学为主线，融汇经济学、社会学、民族学、人类学、伦理学、军事学、国际关系学等多学科的理论知识与方法，试图多角度、多层面、多视角地辩证理解现代国家成长的合理性和存在的合法性，综合分析现代国家发展中遇到的问题，探讨国家构建的途径与方法。

第二，政治哲学的方法。政治哲学是本书运用的主要分析方法，对现代国家的分析，古今中外的学者殚精竭虑，有大量的文献著作，从柏拉图、亚里士多德到康德、黑格尔和马克思的思想中，哲学、法学和国家理论三者有着密切的联系。几乎"所有伟大的哲学家，往往都是重要的法和国家思想家。反过来说，法和国家理论主要是由哲学家们写成的。……政治讨论亦主要是从哲学角度进行的，而且成为道德的、统治的决定性部分，并以这种形式建立了哲学的法和国家伦理学"❶。梳理前人的思路，站在巨人的肩膀上，才能看得更远。本书围绕正义、至善、秩序、民主、法治、责任等政治哲学的核心概念，探讨了现代国家的价值维度；围绕自由主义、保守主义、民族主义等流派的思想交锋，探讨了现代国家理论发展的源流与体系。同时，坚持以马克思主义国家理论为基础，从历史唯物主义出发，分析现代国家的内在矛盾与冲突，从世界历史理论出发，展望了现代国家的未来走向。

第三，比较历史的方法。在世界民族之林中，现代国家形成的历史背景不同，其发展的路径各不相同，各国的国家制度和能力也各不相同，应该反复比较才能发现其规律与特点。弗朗西斯·福山指出："可以试图建立一种中观理论，要既避免高度抽象（经济学的恶习），又避开巨细无遗（历史学家和人类学家的问题）。我希望重新拾起已被遗忘的 19 世纪历史社会学或比较人类学的传统。"❷ 本书综合运用文明史观、年鉴学派、现代化理论、世界体系与依附理论等比较历史的分析法，力图弄清现代国家的成长历史，洞窥它的发展全貌，找出现代国家发展的特色。

第四，理论联系实际分析法。理论联系实际是马克思主义的一个重要特点，研究现代国家涉及的时间长、范围广，因此既要梳理各个纷繁芜杂的理论派系，又要联系现代国家发展的历史与

❶ ［德］奥特弗利德·赫费. 政治的正义性：法和国家的批判哲学之基础［M］. 庞学铨，等译. 世纪出版集团，2005：13.
❷ ［美］弗朗西斯·福山. 政治秩序的起源［M］. 毛俊杰，译. 广西师范大学出版社，2012：24.

实际情况。尤其是在全球化时代的今天，国家间交往日趋增多，变化日异月新，现代国家呈现不同的发展特色，只有从其当代发展中研究其各自的特色，取长补短，才能有利于正确总结现代国家发展的规律和特点，才能有利于推进中国的社会主义政治文明建设。

第一章

理论梳理：现代国家研究的
多维视角

在人类历史上，"不同帝国的此起彼落，各个人的朝荣夕衰，罪恶战胜美德，历史上已不乏显例，人的'罪孽'反而最有益于人类，以及人生祸福的变迁无定，凡此种种，都使人相信'历史'是建筑在捉摸不定的流水上的，是建筑在喷涌无常的火山之巅的"❶。虽然任何探讨历史发展规律、观念的尝试都十分艰难，但是，"一部历史哲学的真正价值，就在于把那寻常的叙述因素，同那尊严的思辨因素，形成这种艺术的结合"。❷

现代国家的成长与发展已经跨越几百年，研究现代国家的视角也是多维的。为了从纷繁芜杂的现象中寻找现代国家发展变化的规律，本书主要聚焦

---

❶ [德] 黑格尔. 历史哲学 [M]. 王造时，译. 上海书店出版社，2001：干斯博士序言1.
❷ [德] 黑格尔. 历史哲学 [M]. 王造时，译. 上海书店出版社，2001：干斯博士序言3.

于宏观历史理论、哲学与政治学理论、马克思主义理论等方面。
其中，宏观历史理论的文明形态史观、年鉴学派、现代化与现代
性理论和世界体系理论，运用总体史、跨学科思想、长时段理论
和问题史思想，从整体上把握历史发展的规律。在哲学与政治学
视野中，从柏拉图到马基雅维利，再到黑格尔等思想家都对国家
理论有过认真的探讨，19世纪以来，自由主义、保守主义、民族
主义与社会主义等各种国家理论相互交织与碰撞。马克思、恩格
斯与列宁等经典作家十分重视对现代国家问题的研究，他们的著
作中充满了关于国家问题的思考。马克思主义中国化的国家理论
是现时代国家理论的精华，而西方马克思主义的国家批判理论对
于我们研究现代国家问题也有重要的借鉴意义。

第一节　比较历史的视角

一、文明形态史观

　　文明形态史观，又称世界历史形态学，是一种宏观的历史学
理论，它试图摒弃传统史学热衷于从国别史和断代史进行研究的
方法，通过对人类历史上各种文明形态的横向与纵向比较，从整
体上把握历史发展的规律。在西方历史学界显赫一时的兰克学派
与源远流长的中国"正统史学"都陷入危机之际，文明形态史观
的出现堪称历史学上的"哥白尼革命"。

　　文明形态史观中，具有代表性的是中国林同济、陈铨、雷海
宗等人的"战国策派"文明论；黄仁宇的"历史大视野论"；西方
马克思主义的"工业文明批判论"；美国丹尼尔·贝尔的"后工业

社会文明论"，塞缪尔·亨廷顿的"文明冲突论"；俄国尼古拉·
丹尼列夫斯基的"文化历史类型"理论；德国卡尔·雅斯贝尔斯
的"轴心文明"理论；日本中村元、伊东俊太郎、梅悼忠夫等人
的"比较文明论"；等等。❶ 其中最突出的代表人物是德国的奥斯
瓦尔德·斯宾格勒与英国的阿诺德·约瑟夫·汤因比。

斯宾格勒文明形态史观的基本内涵有三：文化生命论、文化
灵魂论和文化兴衰论。他把世界文化分为古典文化、西方文化、
中国文化、埃及文化、巴比伦文化、印度文化、阿拉伯文化与墨
西哥文化等八种类型❷，每一种文化都有各自的民族特色和历史特
点。在浩瀚的历史长河中，我们可以"看到一群伟大文化组成的
戏剧，其中每一种文化都以原始的力量从它的土生土壤中勃兴起
来，都在它的整个生活期中坚实地和那土生土壤联系着；每一种
文化都把自己的影像印在它的材料，即它的人类身上；每一种文
化各有自己的观念，自己的情欲，自己的生活、愿望和感情，自
己的死亡"❸。斯宾格勒认为，文化是有生命的，它是一种具有高
度自律性，经历过生、长、盛、衰等不同发展阶段的有机体，或
者说它也像春、夏、秋、冬四季一样进行更替。世界上各种文化
形态具有不同的各自的"文化灵魂"，西方古典文化的灵魂是"阿
波罗精神"，西方近代文化的灵魂是"浮士德式的精神"，其他各
种文化类型也都有自己特殊的"文化灵魂"。斯宾格勒认为，传统
历史观沿用"古代—中古—近代"三分法的思维模式，把西欧文
化当作世界的中心是错误的。与历史三分法相对，他提出文化兴
衰三阶段论。每一种文化都要经历"前文化阶段、文化阶段、文

---

❶ 邵鹏. 现代化模式视域中的文明形态论 [J]. 内蒙古社会科学，2014（1）：34.
❷ [德] 斯宾格勒. 西方的没落 [M]. 齐世荣，等译. 商务印书馆，1963：34.
❸ [德] 斯宾格勒. 西方的没落 [M]. 齐世荣，等译. 商务印书馆，1963：39.

明阶段"三大发展阶段，最终"各自独立"地走完其生命历程。
三个阶段构成一个循环周期，每一个循环周期大约 1400 年，每一
阶段都有各自的特征。斯宾格勒第一次尖锐地提出了文明和文化
问题的重要性问题，并在西方世界还在如日中天之际就提出"西
方的没落"的命题，直陈西方文化及文明衰落的观点，无疑惊世
骇俗。虽然不是所有人都认同他的观点，但他的思想却敲打着千
万人的心灵，激发出无数的思想火花。

在现代西方历史学界，阿诺德·汤因比被誉为"近世以来最
伟大的历史学家"，但是他并非一位传统意义上的历史学家，而是
一位从历史学走向历史哲学的大师，因为"他的兴趣并不在于具
体的事件"，而是在于"探索历史的规律"❶。汤因比雄心勃勃，试
图通过比较各种文明的发展历史，以发现它们兴衰的原因与过程，
他的卓越贡献在于对人类历史的发展进程作出了整体性与综合性
的考察。

在《历史研究》一书中，汤因比将每一个文明都按照"起
源—成长—衰落—解体"的历史进程编排。他认为，文明的起源
在于对物质环境提出的各种挑战作出成功的应战，而且，文明起
源的环境不能过于安逸，而应该是一个充满困难与挑战的地方。
这种挑战应当强度适中，因为挑战过弱，缺乏唤起人们应战的动
力；挑战过强，则可能使应战成为不可能。文明的成长包括内外
两个方面，外在的因素指的是应对物质的挑战，内在的方面指不
断上升的精神自觉。"对于连续挑战既定的一系列成功的应战，如
果随着这个过程的不断推进，这种行为趋向于从外部环境——自
然环境或者人为环境——转移到了成长中的人格和文明内部，那

---

❶ [英] 沃尔什. 历史哲学导论 [M]. 何兆武，等译. 北京大学出版社，2008：
165.

么这一系列挑战和应战就可以被解释为成长现象。"❶ 通过对若干个文明的历史进程进行仔细比较分析之后，汤因比得出了与斯宾格勒"西方的没落"观点不同的结论：文明的衰落与灭亡并不是必然的，往往是自杀而不是他杀的，衰落起因于文明内部的疾病，"外部敌人起到的最大作用只是给予奄奄一息的自杀者以最后的致命一击"❷。他还向我们展示了一种悲观的世界文明全景图：除了西方文明外，现有的文明都已经停止生长、走向衰落。文明的解体则表现为无法应对反复出现的挑战，解体的原因——长期的分裂与不和——早就在社会深处酝酿，面对这种局势，社会各阶级会出现不同反应，最终会导致统一的国家、统一的教会或蛮族入侵等现象。其中，统一教会作用最强，而蛮族入侵的作用最弱。文明的衰败并非完全只有消极意义，"虽然文明有兴衰，而且，在衰落中又使得其他一些文明兴盛，其他一些更高的有目的的事业总可以一直前进。并且，在神的安排中，从文明的失败所造成的痛苦中取得的学识也许正是有效的进步手段"❸。

汤因比将文明看作人类社会的单位，认为"历史研究的单位既不是一个民族国家，也不是（在大小规模上处于另一端点的）人类整体，而是我们称为一个社会的人们的某个群体"❹。他认为，相对于已经产生了几十万年的原始社会，文明社会还只有短短六千多年的历史，仅占人类历史 2% 左右的时间，因此，文明时代的

---

❶ ［英］汤因比．历史研究（上卷）［M］．郭小凌，等译．上海人民出版社，2010：206.

❷ ［英］汤因比．历史研究（上卷）［M］．郭小凌，等译．上海人民出版社，2010：273.

❸ ［英］汤因比．文明经受着考验［M］．沈辉，等译．浙江人民出版社，1988：15.

❹ ［英］汤因比．历史研究（上卷）［M］．郭小凌，等译．上海人民出版社，2010：13.

各个社会在哲学上是属于同一时代的，在价值上是相等的。汤因比梳理了世界历史，认为文明包括：西方基督教文明、东正教文明、阿拉伯文明、印度文明、远东文明、古希腊文明、古叙利亚文明、古印度文明、古中国文明、米诺斯文明、苏美尔文明、赫梯文明、巴比伦文明、古埃及文明、安第斯文明、墨西哥文明、尤卡坦文明和玛雅文明等❶。另外还有五个"停滞的文明"，即波利尼西亚文明、爱斯基摩文明、游牧文明、斯巴达文明和奥斯曼文明，此外还有斯堪的纳维亚文明和凯尔特文明等"流产的文明"。各种文明之间存在着不同程度的关联，有的还存在继承关系，比如古希腊文明与西方文明之间，古中国文明与远东文明之间都存在这种关系。汤因比的《历史研究》一书虽然影响巨大，但是，并非没有批评意见。比如，由于他的历史研究建立在唯心主义基础之上，他的书中充满浓厚的宗教色彩，最终无法解释社会与历史的现实基础和意义，最后滑向神学的旋涡。当然，无论如何，汤因比的著作中充满对历史的深刻反思，闪烁着熠熠的思想光芒，值得我们去学习。

萨缪尔·亨廷顿在其著作《文明的冲突与世界秩序的重建》一书中认为，文明是包容广泛的，而且"文明没有明确的边界，也没有精确的起点和终点"❷。虽然文明持续时间很长久，但是它们却在不断的演变中。他把世界文明划分为八种：中华文明、日本文明、印度文明、伊斯兰文明、西方文明、东正教文明、拉美

---

❶ ［英］汤因比. 历史研究（上卷）［M］. 郭小凌，等译. 上海人民出版社，2010：36.

❷ ［美］亨廷顿. 文明的冲突与世界秩序的重建［M］. 周琪，等译. 新华出版社，2009：22.

文明，以及可能存在的非洲文明❶。未来世界矛盾与冲突的根源不再是意识形态，而是文化方面的差异，全球政治是文明政治，全球政治的确已经成为多极的和多文明的，超级大国之间的对抗已为文明之间的冲突所取代，全球将陷入不同文明之间的冲突。亨廷顿的"文明冲突论"明显受到斯宾格勒和汤因比的影响，被学术界称为西方"文明形态史观"的当代形式。

二、年鉴学派

在整个 19 世纪，西方传统史学基本上都是兰克学派的天下，但是进入 20 世纪以后，人们越来越发现传统史学存在严重缺陷，表现在以下三方面：第一，本体论的困境，传统史学研究领域过于狭窄，他们过于关注杰出人物的思想与行为，将历史等同于伟大人物的政治、军事和外交史，忽略对经济、社会、生活史的关注。第二，认识论的困境，受其唯心主义的历史本体论制约，兰克学派的史学认识论也是唯心主义的，比如他们认为，"历史研究的是具体的动机和个人的行动，个人的行动是无法用语言来形容的，而只能带着感情去认识或重新体验"❷。第三，方法论的困境，传统史学回避或拒绝探讨任何层面的历史发展规律，将史学完全等同于史料学，历史学家只要按照编年顺序对历史事实逐一进行叙述，而不用进行分析与解释❸。

法国历史学家吕西安·费弗尔和马克·布洛赫是年鉴学派的创始人，1929 年 1 月，他们在斯特拉斯堡大学创办了《经济与社

❶ ［美］亨廷顿. 文明的冲突与世界秩序的重建［M］. 周琪，等译. 新华出版社，1998：29 - 32.
❷ ［美］伊格尔斯. 历史研究国际手册［M］. 陈海宏，等译. 华夏出版社，1989：导言.
❸ 徐浩，侯建新. 当代西方史学流派［M］. 中国人民大学出版社，2009：30 - 33.

会史年鉴》杂志（后于 1946 年更名为《经济·社会·文明年
鉴》），此后，围绕在这本杂志周围形成了一个史学家群体，他们
被统一称为"年鉴学派"。❶ 年鉴学派的发展阶段可分为三个阶段，
第一个阶段（1929—1945 年）以费弗尔和布洛赫为代表。他们从
中世纪题材入手，融各门社会科学甚至自然科学为一体，批判以
兰克学派为代表的传统史学的狭隘视野，提倡研究社会总体的历
史，这些都为后来的年鉴派史学家研究奠定了基本方向。

　　第二阶段（1945—1968 年）以费尔南·布罗代尔为主要代表。
此时，刊物改名为《经济·社会·文明年鉴》，刊名增加了"文
明"一词，体现了杂志视野向文化与文明领域的进一步拓展，年
鉴学派也向总体史方向更进一步。布罗代尔提出了历史时段论
（长时段、中时段、短时段），成为年鉴派在史学理论方面的重要贡
献。此外，年鉴派另外两项突出成就是形成了极具特色的心态史学
和计量史学。布罗代尔是这一阶段的领军人物，弗朗索瓦·多斯曾
经说过："布罗代尔最终成了年鉴学派这一帝国的君主、关键环节和
承上启下的人物……布罗代尔既是继往者，又是开来者：是他把史
学领域逐步引向分崩离析；是他推崇历史的标本化和长时段，并由
此开辟了通向不变历史的道路；是他在消化了各种社会科学后，便
宣称历史学应位于学科榜首；是他分解了时态的统一性，从而为异
质性事物的研究、时间的断裂和破碎的历史开了方便之门。"❷

　　第三阶段（1968 年之后）以雅克·勒高夫、勒华拉杜里为主
要代表。1969 年，布罗代尔辞去《年鉴》主编职务，将这一职位
交给勒高夫等人，年鉴学派进入了"新史学"阶段，有人也称这一

---

❶　樊江宏. 法国年鉴学派研究 [D]. 首都师范大学博士学位论文，2013：1.
❷　[法] 弗朗索瓦·多斯. 碎片化的历史学：从《年鉴》到"新史学"[M]. 马胜
　　利，译. 北京大学出版社，2008：143.

阶段为"年鉴学派的革新阶段"。这一阶段的学者试图修正布罗代尔
"总体史"和"长时段"理论的不足与缺陷，更加关注微观史、日
常生活史和社会心态史等更细、更深的层面，但这一阶段的总体史
研究也开始走向碎片化，关注的重点转向系列史和人口生态史。

年鉴学派包括总体史思想、跨学科思想、长时段理论和问题
史思想等主要内容。❶ 首先看总体史思想，1744 年，法国思想家伏
尔泰在其《关于历史的新知识》一文中指出，历史不能仅仅只关
注帝王将相，而是要关注所有的人。他说，"历史不仅是政治史、
军事史和外交史，而且还是经济史、人口史、技术史和习俗史……
总之是一种总体的历史"❷。在年鉴学派中，布洛赫最早提出总体
史思想，在《历史学家的技艺》一书中，他明确指出，"唯有总体
的历史，才是真历史，而只有通过众人的协作，才能接近真正的
历史"❸，历史学研究应该包括人类社会的全部层面。雅克·勒高
夫也主张："任何形式的新史学都试图研究总体历史……新史学所
表现的是整体的、总体的历史，它所要求的是史学全部领域的更
新。"❹ 总体史思想扩大了历史学的研究对象与研究领域，成为年
鉴学派的精神旗帜。

其次看跨学科思想。许多学者认为，跨学科思想可以看作年
鉴学派最有代表性的思想之一，勒高夫甚至说："年鉴史学可称为
跨学科史学。"❺ 年鉴学派积极运用历史学方法以外的经济学、社

❶ 樊江宏. 法国年鉴学派研究 [D]. 首都师范大学博士学位论文，2013：48 - 78.
❷ ［法］雅克·勒高夫. 新史学 [M]. 姚蒙，编译. 上海译文出版社，1989：19.
❸ ［法］马克·布洛赫. 历史学家的技艺 [M]. 张和声，等译. 上海社会科学出版
社，1992：39.
❹ ［法］雅克·勒高夫. 新史学 [M]. 姚蒙，编译. 上海译文出版社，1989：5.
❺ ［法］雅克·勒高夫.《年鉴》运动及西方史学的回归 [J]. 刘文立，译. 史学
理论研究，1999（1）：123.

会学、人类学、语言学、心理学、统计学、人文地理学和比较史学等方法，高度重视经济史、社会史和心态史的研究，积极开拓史料的来源。其中，尤以历史地理学、历史心理学、历史人类学等成绩卓著，年鉴学派跨学科的努力，丰富并推动了历史学的发展。

再次看长时段理论。就年鉴学派在整个西方史学中发展的作用与地位而言，布罗代尔的长时段理论贡献最大。1958 年，在《历史学与社会科学：长时段》一文中，布罗代尔抛弃了传统的一元时间观，提出了历史研究中存在"短时段、中时段、长时段"三个时段的假说。短时段一般用以描述突发事件，如交通事故、物价波动、自然灾害、政治风波等，它就像历史长河中的一朵朵浪花，相当于传统史学编年史中的一个个历史瞬间。中时段一般指几十年不等，是在一定时间之内具有相对稳定的政治、经济和社会结构的历史阶段，具有周期波动性的特点，比如康德拉季耶夫周期就以 50 年为期。长时段则以百年甚至千年为计量单位，是长期不变或变化极其缓慢的历史，比如自然环境与气候变迁、思维模式、文化传统等。以长时段来观察历史，历史仿佛处于静止状态，但也正是这种看似不动的历史中存在着某种相对稳定的"结构"，这种"结构"帮助我们看清人类社会的真谛。❶ 布罗代尔的长时段理论开创了"微观、中观与宏观"的历史研究方法，让历史学家不再纠缠于具体的历史细节，而是从整体上宏观地深入历史运动的深层结构。长时段理论是西方历史观念的一次伟大进步。

最后看问题史思想。针对传统史学"史料即史学"的观点，年鉴学派针锋相对地以"历史研究是以问题为中心"的观点予以回击，他们强调历史与现实的联系，要带着问题来研究历史，将

---

❶　王正毅. 世界体系论与中国 [M]. 商务印书馆，2000：47 – 48.

传统史学的"叙事史"转变成为新史学的"问题史"，避免了将历史研究变成历史资料的简单堆积，摆脱了历史学仅仅是一门"研究过去的科学"的狭隘认识，使历史研究超越了故纸堆而关注现实问题，推进了历史学科的科学化，反映了年鉴学派在历史研究方法论上的一大进步。

三、现代化与现代性理论

"现代"一词起源于拉丁文 modernus，即"此刻"的意思。历史学家将人类文明史分为古代（公元前 6000 年—公元 650 年）、后古典时期（在欧洲也被称作"中世纪"，约公元 500 年—1500年）和现代（约公元 1500 年—）；其中，现代还可以进一步分为早期现代（约公元 1500 年—1750 年）、晚期现代（约公元1750 年—1945 年）和当代（公元 1945 年之后）❶。现代的各种现象可以从三个既相互关联、又有所区别的结构层面来理解：现代化题域——政治经济制度的转型；现代主义题域——知识和感觉之理念体系的变调和重构；现代性题域——个体—群体心性结构及其文化制度之质态和形态变化❷。

所谓现代化，简而言之，就是由传统社会向现代社会转型的过程。从经济方面看，就是由农业占绝对优势的社会向工业和服务业占绝对优势的社会转变，逐渐完成工业化和城市化。最早开辟经济现代化理论新领域的是发展经济学，但他们并不使用"现代化"这一概念，而是使用"经济增长"或"经济发展"等概念，其代表人物是罗斯托、库兹涅茨、哈罗德、刘易斯、拉尼斯、费

---

❶ 中国大百科全书（网络版），https：//www. zgbk. com/ecph/words？ SiteID = 1&ID = 547649&Type = bkzyb&SubID = 51310.

❷ 刘小枫. 现代性社会理论绪论［M］. 生活·读书·新知三联书店，1998：3.

景汉、舒尔茨等人。比如罗斯托提出了"经济成长六阶段"理论，他认为，现代化是一个从传统农业社会向工业社会转变的过程，任何现代化道路必须经过以下五个阶段：传统社会、起飞准备阶段、起飞阶段、成熟阶段和大众高消费阶段，❶ 后来又增加了一个追求生活质量阶段。

从政治方面看，所谓政治现代化，是社会现代化在政治层面或政治领域的体现，是指传统政治体系向现代政治体系转变的整个过程❷。政治现代化理论，或者说与之相近的政治发展理论、政治变迁理论，都是研究国家理论的重要理论范式。以亨廷顿、伊斯顿、阿尔蒙德、布莱克等为代表的一批国外现代化研究专家认为，政治现代化是国家现代化的核心。美国当代著名学者亨廷顿认为，政治现代化包括三个方面：第一，权威的合理化，并由单一的、世俗的、全国的政治权威来取代传统的、宗教的、家庭的和种族的政治权威；第二，划分新的政治职能并创制新的结构来执行这些职能；第三，提升社会所有集团的参政程度等，权威的合理化、结构的离异化及大众参政化构成了现代政体与传统政体的分水岭。❸ 阿尔蒙德和鲍威尔从政治发展角度分析了政治现代化的两个标准：一个是文化世俗化，这意味着人们的态度发生了变化，要求一些传统的倾向和看法让位于更有能动性的决策过程；另一个是结构分化，表现为社会角色变得更加专门化或自主化，出现了新的专门角色和专门体系等。❹

---

❶ ［美］罗斯托. 经济成长的阶段 ［M］. 郭熙保，王松茂，译. 中国社会科学出版社，2001：4.
❷ 施雪华. 政治现代化比较研究 ［M］. 武汉大学出版社，2006：10.
❸ ［美］亨廷顿. 变化社会中的政治秩序 ［M］. 王冠华，等译. 世纪出版集团，2008：26–27.
❹ ［美］阿尔蒙德，鲍威尔. 比较政治学 ［M］. 曹沛霖，等译. 东方出版社，2007：20–22.

　　政治现代化理论体系可以从宏观和微观两个层面来理解，其中，现代化理论和依附理论是它的宏观理论；政治参与理论、腐败理论、危机理论、制度化理论、政治文化理论、政治稳定理论、民主化理论是它的微观理论。现代化理论是研究现代民族国家形成与构建的重要理论工具，当然，在研究过程中要注意防止现代化理论的西方中心主义倾向。

　　霍布斯鲍姆曾经指出，"现代性诚为现代民族国家的基本特征"❶。但是关于现代性的论述，学术界却有不同的说法，一般认为，现代兴起的观念、价值、规范和实践等往往被称作现代性。❷吉登斯认为，现代性是指 17 世纪以来出现在欧洲并在后来向全世界扩张的一种"社会生活或组织模式"，包括资本主义、工业主义、监督机器和军事力量等四个维度❸。艾森斯塔特提出"多元现代性"的观点，他认为，尽管西方发展模式在历史方面具有时间上的优先地位，但西方模式的现代性不一定是唯一"真正的"现代性❹。汪民安借用马克斯·韦伯的说法，认为现代性的过程就是一个祛魅（除魔）化的过程，也是一个理性化的过程，理性是现代性的核心，现代社会在政治、经济、文化、观念等层面表现出来的不同于中世纪的那些独特的现代特征，构成了现代性的主要内容❺。还有人把现代性分为精神维度和制度维度等，精神维度涉

---

❶　［英］埃里克·霍布斯鲍姆. 民族与民族主义［M］. 李金梅，译. 世纪出版集团，2006：14.

❷　中国大百科全书（网络版），https：//www. zgbk. com/ecph/words？SiteID＝1&ID＝547649&Type＝bkzyb&SubID＝51310.

❸　［英］吉登斯. 现代性的后果［M］. 田禾，译. 凤凰出版传媒集团，2011：1，49－51.

❹　［以］艾森斯塔特. 反思现代性［M］. 旷新年，王爱松，译. 生活·读书·新知三联书店，2006：38.

❺　汪民安. 现代性［M］. 南京大学出版社，2012：3－5.

及人的主体性、理性的反思性、理性化的文化精神、理论化的意识形态等内容；制度维度涉及理性化的经济制度、行政制度、政治制度、控制机制等❶。

四、世界体系理论

在 20 世纪五六十年代，当时西方学术界关于现代化的理论有一个共同的倾向，就是认为，不管各个国家在历史、文化和资源禀赋上有何差异，都终将遵循一个普遍的发展模式，即西方国家曾经走过的模式。这包括，在经济上是工业化、现代化与城市化理论；在政治上是政治现代化模式，即模仿英国的议会民主制或者美国的总统民主制；在社会学领域，帕森斯认为现代化就是西化。这种典型的"西方中心主义"引起了学术界的共同反思与批判。

世界体系理论主要研究对象是对资本主义体系和传统现代化理论的批判，反对西方资本主义国家的经典现代化道路，探索非西方的现代化理论。1974 年，伊曼纽尔·沃勒斯坦出版了著作《现代世界体系：16 世纪资本主义农业和欧洲世界经济的起源》，他试图用世界劳动分工、阶级冲突、中心—边缘依附关系等变量来分析 16 世纪以来世界历史的发展与演变，重新诠释世界现代化的历史进程。沃勒斯坦被称为世界体系理论的创始人，其后的霍普金斯、弗兰克、阿明等人都是世界体系理论的代表人物。

在理论渊源与分析方法上，世界体系理论吸收了马克思的资本积累理论和阶级分析方法和法国年鉴学派的长时段研究方法等。虽然沃勒斯坦并非布罗代尔的嫡传弟子，但是两人后来交往甚密，

---

❶　衣俊卿 . 现代性的维度［M］. 黑龙江大学出版社，2011：107 - 108.

并于 1976 年成立了"费尔南·布罗代尔研究中心"，以表示世界体系论与法国年鉴学派的紧密关系。

世界体系理论不是从单个的"国家或社会"的角度，而是从一个"体系"的角度来观察世界。沃勒斯坦认为，在 15 世纪末至 16 世纪初，现代世界体系产生于欧洲，它是一个崭新的、从未有过的社会体系，虽然它拥有如帝国一样辽阔的疆域，但"它有异于帝国、城邦和民族国家，因为它不是一个政治实体，而是一个经济实体。事实上，它的范围囊括了帝国、城邦和正在出现的'民族国家'，它是一个'世界'体系，并非由于它囊括了整个世界，而是由于它大于任何从法律上定义的政治单位。它还是一个'世界经济体'，因为这个体系各个部分之间的基本联系是经济的，尽管这种联系在某种程度上是由文化联系而加强，并且最终由政治安排甚至联盟结构加强的"❶。

第一，单一的世界经济。世界体系的基础是世界经济，但是其内在的运作逻辑即生产方式是资本主义性质的，是资本主义、世界经济体和世界市场的三位一体。同时沃勒斯坦还指出，"关于现代世界体系，有三个相互不同的问题可能被提及。第一个是起源的解释，即 16 世纪的欧洲世界体系如何得以生存，而以前的体系为什么不能；第二个问题是这个体系一旦巩固以后如何运行；第三个问题是这个资本主义体系的基本趋向，以及如何解释它作为一个体系的最终衰退"❷。

第二，多重的国家体系。这是世界体系的政治层面，它主要

---

❶ ［美］沃勒斯坦. 现代世界体系（第 1 卷）［M］. 罗荣渠，等译. 高等教育出版社，1998：12.

❷ Immanuel Wallerstein. The Capitalist World Economy ［M］. Cambridge University Press，1989：160 - 161.

涉及民族国家、霸权国家、世界经济与国家体系之间的关系问题。世界体系论者认为，国家是随着资本主义世界经济产生而出现的伴生物，资本主义世界经济产生之前的封建帝国只能算是政治实体，不能称为国家。在国家体系的变化过程中存在两个过程，一个是发达国家的"中心"化过程，几个主要资本主义国家利用技术优势、国际分工和国家暴力垄断利润，形成不等价交换，并积极向外扩张，成为体系中的"核心国家"；另一个是发展中国家的"边缘化"过程，发展中国家因为技术落后等因素处于产业链的末端，最终沦为"边缘国家"。经济上中心—边缘的两极化导致政治上的两极化，而且在国家体系运作过程中也会出现周期性变化，即"霸权周期"。自从资本主义世界体系出现以来，出现了荷兰、英国和美国三个霸权国家，荷兰在 1618—1648 年的三十年战争中战胜哈布斯堡帝国，英国在 1792—1815 年拿破仑战争击败法国，美国在 1914—1945 年的两次世界大战中战胜德国，[1] 它们分别成为称霸一时的霸权国家。

　　第三，不断趋同化的世界文明。沃勒斯坦认为，16 世纪以来资本主义文明在欧洲首先诞生，它一开始是区域性的、个别性的。但是随着资本主义世界经济向全球的扩张，欧洲资本主义文明逐渐具有了"普遍性"，造成世界文明的趋同化。对于这个所谓"普遍性"的文明，处于边缘地区的那些具有独特文明的其他国家却面临一个两难选择：如果拒绝接受，这些地区就难以分享现代科技文明带来的成果；如果接受，就意味着要放弃自己的传统文明。[2] 那么，作为多种文明共存的世界体系到底要走向何方呢？

---

❶　Immanuel Wallerstein. The Politics of the World Economy [M]. Cambridge University Press，1984：41 – 42.

❷　王正毅. 世界体系论与中国 [M]. 商务印书馆，2000：211.

　　世界体系首先是一种经济体系，其政治体系只是经济体系的自然衍生物，文明的不同形态则在经济体系中被整合而出现。世界体系的基本特点是，以生产方式及其变化为基础，其中"不等价交换"和"资本积累"是这个体系的基本动力。世界体系形成后，世界范围的劳动分工与经济活动分为三个地带：中心地区（centre）、半边缘地区（semi - periphery）和边缘地区（periphery）。所谓"中心地区"是指占据产业链的前端，依靠资本和技术优势生产先进工业产品谋利，并控制整个世界经济体系中贸易和金融市场的地区；"边缘地区"是指位于产业链的末端，由于技术落后只能生产初级工业产品，并向中心地区提供廉价的原材料、劳动力和销售市场的地区；"半边缘地区"是指介于中心地区和边缘地区之间、兼具两者的某些性质和特征的地区。❶

　　世界体系理论的这种"核心—半边缘—边缘"的理论，被阿根廷经济学家劳尔·普雷维什加以深化，形成了所谓的"中心—外围"理论。在一份题为《拉丁美洲的发展和它的主要问题》的报告中，他认为，由于贸易条件的不平等，世界形成了以西方发达资本主义国家为主的"中心"国家和非西方不发达国家为主的"外围"国家两个部分，中心国家与外围国家是一种剥削与被剥削的关系。普雷维什的"中心—外围"理论后来被弗兰克和阿明等人发展成为"依附理论"，弗兰克以"大都市"与"卫星城"来形容发达国家与发展中国家之间的关系，历史上久已形成的资本主义体系中，作为"大都市"的发达资本主义国家，如同一根"依附的链条"，剥夺作为边缘的"卫星城"国家和地区的经济

---

❶　舒建中．沃勒斯坦"中心—边缘"论述评［J］．学术论坛，2002（6）：47．

剩余，造成了后者的欠发达。❶ "核心—半边缘—边缘"理论、"中心—外围"理论和"依附"理论从不同角度揭露了国际经济秩序中的不平等与不合理现象。

第二节 政治哲学的视角

国家理论是政治哲学的核心问题，古今中外思想家都对此有过精彩的论述。在西方思想界，国家的观念经历了一个从城邦主义到现代国家主义的演变过程。在现代，自由主义、保守主义、民族主义与社会主义等社会思潮不断碰撞交锋，共同推进了现代国家理论的发展。

一、古代国家思想

（一）至善：城邦政治的最高目标

古希腊是西方文明的摇篮，对于国家问题的讨论，最早起源于对古希腊城邦政治的讨论。萨拜因指出："大多数现代政治理想——比如说，正义、自由、宪政和尊重法律等理想——或至少是对这些理想的定义，都起源于古希腊思想家对各种城邦制度的思考或反思。"❷

古希腊城邦是最早的国家雏形，与现代国家相比，城邦在土地面积、人口规模、经济结构和公共生活等方面都相去太远。但

---

❶ 张敦福. 依附理论的发展历程与新进展 [J]. 山东师范大学学报，2000 (1)：28.

❷ [美] 萨拜因. 政治学说史（上）[M]. 邓正来，译. 上海人民出版社，2008：30.

是与原始氏族组织相比，它却是建立在政治生活基础之上的，社会的权威来源已经不是天然的血缘关系，而是政府与法律秩序。古代学者们在对城邦政治的考察过程中，形成了独特的国家理念。

在古希腊政治观念中，核心的概念就是正义，它是判断政治生活是非的价值标准。其中，柏拉图的《理想国》（也被译成《国家篇》或《共和国》）被人称为那个时代的"正义论"，因为这部书从头到尾都在讨论正义的问题。它的主题就是：何为理想的国家？柏拉图首先讨论了个人正义，进而探讨了国家正义，最后他得出结论，所谓的理想国或者说合乎正义的城邦就是体现或者实现了至高的"善"的城邦，这就是城邦的理念❶。柏拉图把城邦的政体分为荣誉政体、寡头政体、平民政体和僭主政体等四种类型，这四种政体都是不好的，而且是一个比一个糟糕；然后又按照社会分工理论，把城邦公民分为统治者、军人和生产者等，为了避免城邦产生危机，他提出"哲学家为王"的治国思想，哲学王用公共教育和公有制度两大手段来维持国家正义。后来在《政治家篇》中，他的政体思想趋于成熟，他按照统治者人数的多少把政体分为三类：一人统治、少数人统治与多数人统治；其中，一人统治又分为王制和僭主制，少数人统治分为贵族制（贤人政治）和寡头制，多数人统治分为共和制和平民制❷。但是，柏拉图的理想国模型是"天上才有这样一个国家的模型"，在"世界上任何地方都找不到这样的国家"❸。因此，在他晚年的著作《法律篇》中，柏拉图又结合当时希腊的政治现实，设计出一个"第二等好的理

---

❶ 徐大同. 西方政治思想史［M］. 天津教育出版社，2005：39.

❷ 徐大同. 西方政治思想史［M］. 天津教育出版社，2005：46.

❸ ［古希腊］柏拉图. 柏拉图全集（第2卷）［M］. 王晓朝，译. 人民出版社，2003：612.

想国"，将他的政治蓝图进行了调整。

在亚里士多德那里，"所有的城邦都是一种共同体"❶，都是为了"某种善"而建立起来的。亚里士多德第一次将政治学与其他学科区分开来，形成一个崭新的研究领域，并确立了政治学研究的价值目标，即政治学是研究人和城邦"至善"的科学。关于城邦与公民的关系，他提出一个著名的命题"城邦显然是自然的产物，人天生是政治的动物"❷。政体研究同样是亚里士多德政治学体系的重要内容，首先，他给政体下了个定义，"一个政体即是对城邦中各种官职的一种设置，以某种方式对官职进行安排，确定该体制中的权力所在和每一个城邦的目标所在"❸。接下来，他把政体分为正宗政体和变态政体两类，正宗政体包括君主政体、共和政体和贵族政体，变态政体包括僭主政体、寡头政体和平民政体，它们也分别由一人统治、少数人统治和多数人统治❹。在政权结构方面，亚里士多德主张混合政体，即把寡头政体与平民政体混合起来，因为单独看寡头政体与平民政体，都并非理想的政体，而将其混合之后，则可以使不同阶级的利益都能在城邦政治结构中得到体现，不同的阶级都可以参与城邦的政治生活。城邦是自由平等的公民自治团体，"轮流而治"的制度才是正义的。在城邦治理方面，亚里士多德强调了法律的作用与法治的重要性。他明确指出，"凡不能维持法律威信的城邦都不能说它已经建立了任何

❶ ［古希腊］亚里士多德. 亚里士多德全集（九）［M］. 颜一，等译. 中国人民大学出版社，1997：3.

❷ ［古希腊］亚里士多德. 亚里士多德全集（九）［M］. 颜一，等译. 中国人民大学出版社，1997：6.

❸ ［古希腊］亚里士多德. 亚里士多德全集（九）［M］. 颜一，等译. 中国人民大学出版社，1997：120.

❹ 徐大同. 西方政治思想史［M］. 天津教育出版社，2005：55.

政体。法律应该在任何方面都受到尊重而保持无上的权威，执政人员和公民团体只应在法律（通则）所不及的'个别'事例上有所抉择，两者都不应侵犯法律"❶。

（二）自然法：人类的普遍理性

罗马共和国晚期的政治家和思想家马尔库斯·图利乌斯·西塞罗熟谙古希腊政治哲学，在维护罗马共和国民主斗争的基础上，他撰写了《论共和国》和《论法律》两本书，概括了古罗马的共和理念，对古罗马的政治制度进行了初步的理论总结。在国家理论方面，西塞罗试图从城邦中抽离出"国家"这一概念，他认为"共和国"是人民的国家，"国家是人民的事业，但人民不是人们某种随意聚合的集合体，而是许多人基于法的一致和利益的共同而结合起来的集合体"❷。在法律思想方面，西塞罗从介绍古希腊斯多葛派的自然法思想入手，讨论了古罗马的法律原则，他认为，自然法是国家法权的基础，自然法"根植于自然"或"来自宇宙"，它先于国家颁布的法律而存在，因而是"正确的规则"或"最高的理性"❸。西塞罗认为，自然法是正义的根源，是人类法律的基础，是衡量人类立法和人类行为的最高准则。

托马斯·阿奎那是中世纪西欧基督教神学理论的最高权威，号称"神学界之王"。在他的《神学大全》中，阿奎那吸收利用了亚里士多德的哲学，改造了基督教的神学思想。在国家理论方面，阿奎那承认国家是人的理性产物，但是他强调，人的理性来

❶ ［古希腊］亚里士多德. 亚里士多德全集（九）［M］. 颜一，等译. 中国人民大学出版社，1997：130.

❷ ［古罗马］西塞罗. 论共和国［M］. 王焕生，译，中国政法大学出版社，1997：39.

❸ ［古罗马］西塞罗. 论共和国［M］. 王焕生，译，中国政法大学出版社，1997：120.

自上帝的理性，因此从根本上说，国家是上帝的产物。在政体方面，他继承了亚里士多德的思想，根据政体的性质与宗旨，将其分为正义的和非正义的政体两类，然后再细分为六种。在法律思想方面，阿奎那将法分为永恒法、自然法、人法和神法四种，永恒法是上帝的理性，适用于整个宇宙，是一切法律的本源，自然法是上帝理性在人类理性中的体现，人法是人类统治者制定的法律，是自然法的运用，神法是教会的法。❶ 虽然阿奎那的目的是试图论证宗教权高于世俗权，从而维护基督教的统治地位，但是阿奎那承认了自然法是人类的普遍理性，将早期基督教背景下的宗教自然法改造成理性自然法，促使神法与自然法分立，这对近代理性主义的发展具有积极的作用。甚至有人说，若没有阿奎那的思想调整和理论转向，基督教自然法理论（强调自然义务）向近代理性主义自然法理论（主张自然权利）的跨越是不可能的。❷

二、近代国家思想

（一）近代国家思想的萌芽

从 12 世纪开始，西方社会在经济生活中发生了一系列变革，社会结构发生了全方位的巨变。新兴的资本主义生产方式蓬勃发展，城市的兴起和持续不断地发起争取自治的运动，代表着世界帝国力量的罗马教会走向衰落，这一切都为现代民族国家的成长提供了一个有利的契机。到了 13—14 世纪之交，民族国家意识日渐开始萌芽，并表现在三个方面：第一，挑战教皇权力，维护民

❶ 徐大同 . 西方政治思想史 ［M］. 天津教育出版社，2005：107.
❷ 申建林 . 论阿奎那宗教自然法的理论转向及其现代意义 ［J］. 武汉大学学报，2006（3）：395.

族利益；第二，消弭封建割据，实现政治统一；第三，排除教会干扰，维护国王权威。❶

意大利政治思想家、历史学家马基雅维利是近代资产阶级政治学说的奠基人。马基雅维利的思想具有鲜明的特点，从柏拉图到中世纪的思想家们都坚持认为人性本善，理性是人与生俱来的本性；但马基雅维利却反其道而行之，从人性本恶论出发来构建他的政治理论大厦。

马基雅维利早年从过政，在政治实践中他发现，如果一个民族国家没有强大的武力做后盾，即使外交上纵横捭阖，都无法和统一的中央集权制国家相抗衡。因此，他的著作中讨论的几乎都是关于"治理之道、强国之术、扩权之策以及导致国家衰亡的各种错误"的内容❷以及政治家维持统治的各种手段。《君主论》讨论的是君主制度或专制政府，而《李维史论》讨论的是罗马共和国的扩张问题。马基雅维利认为，"从古到今，统治人类的一切国家，一切政体不是共和国就是君主国"❸。但是他只讨论君主政体，在他心目中，君主是机智与自律的完美化身，君主能够充分利用自己的美德和恶行，"君主必须是一头狐狸以便认识陷阱，同时又必须是一头狮子，以便使豺狼惊骇"❹。马基雅维利十分重视军队与法律的作用，他第一次把法律、军队、权术等治国策略视为权力的工具。当然，他对君主制的拥护也是有条件的，他真正理想中的国家形式是共和制，但是在一个动荡的国家里，要建立一种稳定的秩序，必须首先依赖一位强有力的君主。

---

❶ 丛日云．西方政治思想史（第二卷）[M]．天津人民出版社，2005：320 - 321.

❷ [美] 萨拜因．政治学说史（下）[M]．邓正来，译．上海人民出版社，2008：12.

❸ [意] 马基雅维利．君主论 [M]．潘汉典，译．商务印书馆，1956：3.

❹ [意] 马基雅维利．君主论 [M]．潘汉典，译．商务印书馆，1956：84.

几百年来，虽然人们对马基雅维利的褒贬不一，但是却无人否认他作为近代政治思想奠基者的历史地位。当代政治学理论中现代民族国家这一概念，可以在马基雅维利的思想中找到萌芽。他被称为"国家理性"（或译为"国家理由"）学说之父，他的思想也是"国家利益"这一近代国家学说重要概念的理论源头。国家利益要优先于道义考量的主张，在政治理论与实践方面都有着持久的生命力。在国际关系方面，"国家利益"是理解外交政策的一条重要原则。[1]

（二）主权：近代国家的灵魂

主权是近代国家的重要前提，法国的让·博丹是系统研究主权的第一人，他的《国家六论》将历史与哲学结合起来，研究了国家的产生、成长、发展与衰落过程，提出了国家主权学说。博丹秉承了亚里士多德的观点，认为国家是由家庭成长而来的，国家是家庭的集合体。在家庭中，家长享有最高权力，但是一旦走出家庭，和其他人共同活动时，他就是公民。博丹用家长权力比喻国家主权，既然家长在家庭中享有最高权力，那么国家也必须具有至高无上的主权，"主权是政治共同体所有的绝对且永久的权力……是凌驾于公民和臣民之上的最高和绝对的权力"[2]。主权有以下内容：立法权、宣布战争与缔约权、任命官员权、最高裁判权、赦免权、铸币权、度量衡选定权、课税权[3]。博丹根据主权者的人数，将国家分为三种政体：君主政体、贵族政体和平民政体。他还考察了政体更替、国家兴衰及其原因等问题。博丹的国家、主权和政体理论表明，他已经在现代意义上使用了国家概念，这

❶　浦兴祖. 西方政治学说史 [M]. 复旦大学出版社，1999：148.
❷　[法] 让·博丹. 主权论 [M]. 李卫海译. 北京大学出版社，2008：25.
❸　徐大同. 西方政治思想史 [M]. 天津教育出版社，2005：145.

在西方政治思想史上具有重要的意义。

博丹的国家主权理论是近代主权理论的起点，对现代国家理论的形成有着重要意义。但是，博丹的主权理论只阐述了主权对内"最高、永久、不可分割"的特性，并没有清晰地阐述主权的对外特性。在《战争与和平法》和《海洋自由论》两书中，胡果·格劳秀斯把主权概念由国内政治引申到国际政治，从国际法和国际关系角度系统地探讨了国家主权，并把主权原则确定为构建国际法和国际关系的基础。格劳秀斯的主权思想包括以下内容：第一，主权具有不可剥夺性，主权即"权力的行使不受另外一种权力的限制"❶，它表现为一国处理内部事务时不受他国控制；第二，主权具有独立性与平等性，它是独立的、平等的、其他国家不得任意干涉；第三，国家主权具有相对性，一国在对外行使主权的时候并不是完全绝对不受限制的，为了各国的共同利益，各国主权的行使必须受到国际法的制约。❷

（三）契约论：近代国家理论的源头

近代最早的契约论者都是抵抗权的倡议者，他们在契约论基础上论证对抗暴君政治的正义性，讨论国家权力来源的合法性。比如法国的于贝·朗格在 1579 年出版的《为自由反抗暴君》一书中指出，国王权力来源于他与人民订立的某种契约。苏格兰人乔治·布坎南认为，统治者的权力来自他与被统治者之间的契约，人民据此可以不服从暴君统治，甚至可以处死他。❸ 格劳秀斯也是一位社会契约论者，他认为，合法政府只能产生于被统治者的同

❶ ［美］奥尔森. 国际关系的理论与实践［M］. 王沿，等译. 中国社会科学出版社，1987：22.
❷ 何其生. 格劳秀斯及其理论学说［J］. 武大国际法评论，2004（1）：356.
❸ 唐士其. 西方政治思想史［M］. 北京大学出版社，2008：208－209.

意，由于人性的恶意与无知，会破坏自然法的基本原则，因此需要一个强有力的社会组织来予以保障，这就是国家。在人民通过社会契约建立政府的过程中，人民有权根据自己的意愿来选择政府的形式、确定政府的权力范围。其他如德国的普芬道夫、荷兰的斯宾诺莎等人，都谈及过社会契约论。

英国思想家托马斯·霍布斯从人性本恶论出发，按照几何方法来推演国家和社会生活的原理。他认为，人的本性是利己自私的和避害趋利的。在国家成立之前，人们生活在一种自然状态中，一方面每个人都是平等的、自由的；另一方面，在没有公共权力制约的情况下，人们为了利益相互竞争、相互猜忌或为了追求名誉互相争夺，"人与人"之间就像丛林里的"狼与狼"一样，公权力的缺失与个人私欲的膨胀导致了"一切人反对一切人的斗争"。为了摆脱自然状态，必须有一个大于一切的公共权力作为自然法的后盾，遏制人们无限膨胀的欲望，使人们的安全得到保障。因此，人们彼此间订立契约，约定放弃自己的权力，将其委托给一个人或一些人组成的会议机构，并承认他们在公共事务方面所做的一切都是获得大家同意的，这样一来，公共权力就建立起来了，国家就建立起来了。"伟大的利维坦诞生，用更尊敬的方式来说，就是活的上帝的诞生"❶，国家与此相同，可以用来制止内乱，维护和平。霍布斯把接受权力委托的人或会议机构称为主权者，其他人则都是主权者的臣民。他认为，主权是国家的灵魂，具有至高无上、不可分割、不可转让等特性，他反对对主权者进行任何限制，哪怕是法律的限制；他也反对分权的主张，认为权分则国分，"国分则国将不国"❷。因此，霍布斯被公认为专制主义的拥

❶ ［英］霍布斯. 利维坦［M］. 黎复思，等译. 商务印书馆，1986：132.
❷ ［英］霍布斯. 利维坦［M］. 黎复思，等译. 商务印书馆，1986：140.

护者。当然，为了防止主权者的人性弱点，霍布斯也规定了主权者的义务：主权者必须保护好其权力，不得转让给他人；主权者必须确保人民的私有财产；主权者必须制定良法，并保证公正执行。

在让－雅克·卢梭那里，契约论达到了那个时代发展的最高峰，卢梭的社会契约论带有鲜明的人民性特点，自然状态是卢梭契约论的逻辑起点，他反对霍布斯的性恶论与自然状态是"一切人反对一切人"的战争的观点；他认为，自然状态恰恰是人尚未受到文明污染的最美好、最自由的状态。卢梭认为，人虽然是生而自由的，但是为了获得政治生活的效率，通过契约的方式缔结了政治社会。在卢梭的社会契约论中，既没有产生某个凌驾于其他个体之上而获得至高无上统治权力的特殊个体；又没有处于集体力量之外或在体制之外生长的个人。他所说的政治社会是一个全能的、道德的与集体的共同体，这是一个由全体个人的结合所形成的公共人格或公共的大我，以前称为城邦，现在则称为共和国或政治体❶。这是卢梭的社会契约论不同于霍布斯以及其他契约论者的地方。卢梭还提出"公意"理论，作为其国家学说的核心概念。他认为，"国家全体成员的经常意志就是公意"❷，公意不仅是个人的意志，也是人民整体的意志，因此，个人服从公意、服从主权，也就相当于服从自己的意志。当然，卢梭也提及"为了使社会公约不至于成为一纸空文，它就默契地包含着这样一种规定，唯有这一规定才能使其他规定具有力量——即任何人拒不服从公意的，全体就要迫使他服从公意"❸。这种"不服从公意就要

---

❶ 浦兴祖. 西方政治学说史［M］. 复旦大学出版社，1999：275.
❷ ［法］卢梭. 社会契约论［M］. 何兆武，译. 商务印书馆，2005：136.
❸ ［法］卢梭. 社会契约论［M］. 何兆武，译. 商务印书馆，2005：24.

强迫服从"的思想，被许多学者看成极权主义思想的来源。在公意理论的基础上，卢梭进一步提出人民主权理论。他认为，人民是主权者，主权是由公意构成的，是绝对的、神圣的、不可分割、不可转移的。卢梭的只有人民才享有至高无上权力的思想，表明他是一个坚定的民主主义者。

（四）政府结构：权力分立与制衡

在国家的政府运转与治理方面，分权与制衡思想无疑十分重要。分权制衡思想继承了古希腊罗马关于混合政体的思想渊源，在近代通过洛克和孟德斯鸠得以充分发展。

洛克是西方近代最先提出分权理论的政治思想家。与霍布斯不同，洛克认为自然状态是一种完备无缺的、平等的和自由的状态[1]，自然法告诉我们：任何人不得侵犯他人的生命、健康、财产与自由。洛克对自由的强调，使其被看成自由主义的奠基者。但是自然状态有许多缺陷，在自然状态中，缺乏明确的、众所周知的法律，又缺乏依照既定的法律执法的裁判者，还缺少权力来支持正确的判决。洛克通过观察英国的政治现实，并吸收他人的思想，提出了法治思想。他认为，在英国政治中，对人民生命、财产和自由的最大威胁来自政府的侵害；要依法行政，用法律约束和限制君主的权力（行政权力）。在《政府论》（下篇）中，洛克运用自然法、自然状态和契约论理论，系统论证了政府的产生与运作过程。他将国家权力分为立法权、行政权（执行权）和对外权，立法权是"运用权力来指导如何运用国家力量保卫这个社会及其成员的权力"[2]。立法权是一个国家的最高权力，执行权和外

---

❶ ［英］洛克．政府论（下）［M］．叶启芳，等译．商务印书馆，1996：5.

❷ ［英］洛克．政府论（下）［M］．叶启芳，等译．商务印书馆，1996：89.

交权都必须从属于立法权，包括君主也必须服从于国会，不得僭越。但是立法权也是有限制的权力，政府权力来自人民的委托，也必须接受委托条件的限制，即不得损害人民的生命、财产和自由。

孟德斯鸠的分权理论与洛克的完全一致，即为了防止权力被滥用或防止出现专制性权力，保证自由的实现。孟德斯鸠把政府权力明确分为立法权、行政权和司法权三个部分。他强调指出，这三种权力之所以必须要分开，是因为"当立法权和行政权集中在同一个人或同一机关之手，自由便不复存在了"。因为国王或议会有可能制定暴虐的法律，并暴虐地执行这些法律。同样，"如果司法权不同立法权和行政权分立，自由也就不存在了……如果一个人或是由重要人物、贵族或平民组成的同一机关行使这三种权力，即制定法律权、执行公共决议权和裁判私人犯罪或争讼权，则一切便都完了"❶。孟德斯鸠将这三种权力进行了合理的划分之后，还使其彼此之间相互牵制、相互制约。用他自己的话来说，就是"要防止滥用权力，就必须以权力约束权力"❷。比如，他将立法机构分为两部分：贵族院和平民院，他们分别代表不同的利益集团；行政机关虽然是立法机关的执行机构，但是在必要时候也可以对立法机关的法律实施否决权；司法机构则对立法和行政机关实行违宪监督权等。

代议制最早产生于古希腊，在一些城邦国家设立公民大会、贵族会议和执政官等机构，这是代议制最早的雏形。受古典自由主义和边沁的功利主义思想影响，并在继承了托马斯·潘恩《人权论》中代议制思想的基础上，约翰·密尔完善了代议制理论。

---

❶ ［法］孟德斯鸠. 论法的精神［M］. 张雁深，译. 商务印书馆，1995：156.
❷ ［法］孟德斯鸠. 论法的精神［M］. 张雁深，译. 商务印书馆，1995：154.

在《代议制政府》中，密尔首先确定了政府设立的条件和好政府的标准。他认为，政府制度的确立是人们选择的结果，政府的建立必须满足三个条件：第一，为人民而设的政府形式必须为人民所乐意接受，或至少不是不乐意到对其建立设置不可逾越的障碍；第二，他们必须愿意并有能力去做使这一政府形式持续下去所必要的事情；第三，必须愿意并有能力去做使政府实现其目的而需要他们做的事情。❶ 关于政府好坏的标准，密尔认为，"好的政府的第一要素是组成社会的人们的美德和智慧，所以任何政府形式所能具有的最重要的优点就是促进人民本身的美德和智慧"❷。在密尔心目中，"一个完善政府的理想类型一定是代议制政府了"❸，因为代议制是"全体人民或一大部分人民通过由他们定期选出的代表行使最后的控制权，这种权力在每一种政体都必定存在于某个地方，他们必须完全握有这个最后的权力。无论什么时候只要他们高兴，他们就是支配政府一切行动的主人。不需要由宪法本身给他们以这种控制权"❹。代议制政府也存在弊病，它有两类问题，第一类是"庸人政治"，一部分才能和智力较低的人可能当选为代议团体的成员，造成议会中的普遍无知和无能；第二类是"阶级立法"，议会中的成员按照自己的阶级利益的要求去制定法律，导致多数人的暴政和对少数人自由的践踏。针对第一类弊病，密尔主张用官僚制的优点来弥补，针对第二类弊病，密尔提出在议会中保持一种对抗职能以实现阶级力量的平衡。

---

❶ ［英］J. S. 密尔. 代议制政府［M］. 汪暄，译. 商务印书馆，1982：3－4.
❷ ［英］J. S. 密尔. 代议制政府［M］. 汪暄，译. 商务印书馆，1982：22.
❸ ［英］J. S. 密尔. 代议制政府［M］. 汪暄，译. 商务印书馆，1982：52.
❹ ［英］J. S. 密尔. 代议制政府［M］. 汪暄，译. 商务印书馆，1982：65.

（五）国家与社会

黑格尔被看成是近代哲学的集大成者，他的思想也深刻地影响到政治学领域。黑格尔的国家思想主要反映在《法哲学原理》一书中，黑格尔比较完整、系统地阐释了国家与市民社会的关系，他把市民社会定义为"各个成员作为独立的单个人的联合，因而也就是在形式普遍性中的联合，这种联合是通过成员的需要，通过保障人身和财产的法律制度，和通过维护他们特殊利益和公共利益的外部秩序而建立起来的"❶。

在市民社会里，一切人追求各自的利益目标，彼此之间充满各自矛盾，因而市民社会是个人私利争夺的战场，是一切人反对一切人的战场。市民社会本身无力去解决这些矛盾，必须在市民社会之外寻找到一种高于它的力量才能解决，这个力量就是国家。黑格尔认为，市民社会只是伦理精神发展的中介，国家才是其发展的最高阶段。黑格尔把国家看作是精神、理性的东西，"国家是绝对自在自为的理性东西"，"国家的根据就是作为意志而实现自己理性的力量"❷。"国家的政权力量"是国家的本质，它具有至高无上的权威性，它对内能发号施令，对外能发起战争，因此，国家能依靠这种权威力量将一个民族凝聚为一个有机整体。国家有一种"民族精神"，主宰着全民族的意向与活动，使人们结成真正的共同体——政治国家。黑格尔认为，国家高于并决定市民社会。一个独立的但不能自足的领域即市民社会必然被国家超越。虽然黑格尔的市民社会理论存在着内在的矛盾，并被马克思等人揭示与批判，但是他第一次把政治国家与市民社会明显区别开来，具

---

❶ ［德］黑格尔. 法哲学原理［M］. 贺麟，译. 商务印书馆，1961：174.
❷ ［德］黑格尔. 法哲学原理［M］. 贺麟，译. 商务印书馆，1961：259.

有划时代的重要意义。

三、现代国家理论的新发展

19 世纪以来，资本主义由自由竞争进入垄断发展阶段，资本主义的矛盾和弊端进一步凸显，相继爆发了两次世界大战，民族独立与民族解放运动此起彼伏，自由主义、保守主义、民族主义与社会主义等各种社会思潮风起云涌、相互交织与碰撞。

（一）自由主义的国家理论

自由主义作为一种具有复杂历史变迁的学说，很难有个确切的定义，词典可以援引，但不可寄希望于此。概而言之，作为一种现代现象，自由主义是"一种基本的政治观念或信念，一种哲学和社会运动，也是一种社会体制构建和政策取向。它还是一种宽容异己、兼并包容的生活方式。它把自由当作政府的基本方法和政策、社会的组织原则，以及个人与社区的生活方式。其内容是丰富多彩的，其价值诉求也是多元主义的"❶。

自由主义经过了一个从传统自由主义（或称古典自由主义）向当代自由主义（或称新自由主义）转变的历程。虽然有人认为，自由主义的源头可以远溯到古希腊时期的哲学家，但是一般认为，近代传统自由主义产生于 17 世纪的英国，洛克被称为"自由思想的始祖"❷。传统自由主义的主张包括：第一，人们的生命、自由与财产是天赋的、不可剥夺的权利，只要在法律允许的范围内，人可以自由行动；第二，国家的建立基于社会契约，基于人们的同意，国家建立的目标是保障人权特别是私有财产的权利；第三，

---

❶　顾肃 . 自由主义的基本理念［M］. 译林出版社，2013：1.

❷　马克思恩格斯全集（第 7 卷）［M］. 人民出版社，1959：249.

国家的权力要受到限制，为此要实行分权、代议制和法治。

到了 19 世纪，自由主义思想逐渐扩大到经济领域，亚当·斯密和大卫·李嘉图大力倡导经济放任主义，提倡经济自由、契约自由和竞争自由，反对国家对经济生活的任何干涉。约翰·密尔是传统自由主义向现代自由主义转变的过渡性人物，他对自由主义的原则进行了修正，将自由问题扩大到更大的社会领域，为了维护以理性为基础的个人自由，既反对国家、教会的干涉，又反对社会习俗和舆论的奴役。此时，以边沁为代表的功利主义已经在自由主义思想体系中完全确立起来，它强调个人自由对社会进步的意义。在继承功利主义哲学的基础上，密尔重点论述了思想自由、出版自由与言论自由的必要性，个性自由的意义以及反对政府干涉的理由等问题。

现代自由主义从一开始就是民族国家、民族主义的孪生兄弟。麦克兰德指出，自由主义与民族国家是现代性的基本标志，二者之间的联系与兼容性远远超过许多人所理解的程度。而且，"某些形式的民族主义是自由主义的天然盟友"[1]。自由主义的兴起与现代民族国家的建立，特别是欧洲大陆现代民族国家的建立几乎是同步的，在许多欧洲国家，自由主义运动或革命本身就是民族统一运动的组成部分。在资产阶级革命初期，自由主义具有引领时代的进步性。安东尼·阿伯拉斯特将自由主义描述为一部从进步走向反动的历史，他以 1848 年革命为转折点，在无产阶级作为一个独立阶级开始觉醒的时候，自由主义作为资产阶级的意识形态也开始走向反动，并逐步衰落[2]。

19 世纪末以来，资本主义进入了垄断和帝国主义的发展阶段，

---

❶ 李强. 自由主义 [M]. 中国社会科学出版社，1998：264.
❷ 李强. 自由主义 [M]. 中国社会科学出版社，1998：23.

面对尖锐的国内矛盾与激烈的国际竞争，传统的自由放任主义越来越失去吸引力，思想界开始发生分化。其中，自由派主张国家发挥更多的积极作用，承担扶贫和社会福利等社会责任，以缓和社会矛盾；保守派则主张强化国家暴力机器，以服从于对内镇压和对外扩张的需要。❶ 改良论新自由主义（new liberalism，又译成新型自由主义、进步主义等）❷ 就是在这种背景下发展起来的，这一时期的代表人物有英国的托马斯·格林、鲍桑葵、霍布豪斯、霍布森、巴克，以及美国的韦尔、克罗利、威尔逊、杜威等人。第二次世界大战前，改良论新自由主义的主要特点是：首先，力求把个人自由与公共利益，个人自由与社会发展统一起来。改良论新自由主义者摒弃功利主义原则，以至善论的道德理论作为自由思想的基础。认为国家是高于社会的有机整体，个人越能给国家做出贡献，就越能成为一个完善的人。其次，改良论新自由主义反对"消极国家""最好的政府是最小政府"的论断，主张发挥国家的积极作用，扩大国家对经济生活的干预，建立自由主义的福利国家。再次，改良论新自由主义强调扩大公民的权利范围。比如罗斯福总统提出要把世界建立在"言论自由、宗教自由、不虞匮乏的自由、不虞恐惧的自由"四项原则的基础上。最后，改良论新自由主义主张社会合作，奉行改良主义。❸ 第二次世界大战以后，改良论新自由主义主要在以下几个方面展开研究：第一，深刻反思第二次世界大战的严重后果，研究极权主义的起源、特征。第二，随着福利国家制度的推行与危机，展开对正义、分配

---

❶　徐大同. 现代西方政治思想 [M]. 人民出版社，2003：11.
❷　杨玉成. 两种新自由主义与国际金融危机 [M]. 中国社会科学出版社，2018：12，92.
❸　徐大同. 现代西方政治思想 [M]. 人民出版社，2003：14 - 16.

的正义、政府与市场关系的研究。第三，重新诠释了自由民主制度。这一时期的代表人物有波普尔、阿伦特、达尔和罗尔斯等人。

20 世纪七八十年代，改良论新自由主义（new liberalism）的影响渐趋衰微，形成于 20 世纪三四十年代的保守论自由主义（neo - liberalism，又译成新古典自由主义）一度取得主流地位❶，保守论自由主义的代表人物是哈耶克、米塞斯、弗里德曼、科斯、诺斯、诺齐克、奥克肖特、伯林和萨托利❷等一批经济学家与政治哲学家。保守论自由主义反对国家干预经济，反对福利国家制度，坚决捍卫自由市场秩序，其宗旨是复兴古典自由主义的主要原则，是对改良论自由主义的否定与批判。

（二）保守主义的国家理论

保守主义随着不同的历史和地理背景而具有不同的含义，因此难以统一定义。《简明罗特利奇哲学百科全书》认为，"保守主义是人们在社会事务中对理性和革命优越性持怀疑态度，而相信在经验基础上对那些经过历史审视和考验的体制进行改良的一种自觉的思想立场观点"❸。《布莱克维尔政治思想百科全书》将保守主义定义为以 "维持有限政治为目的，以调和、平衡和节制为内容的政治艺术"❹。一般认为，保守主义起源于 18 世纪末 19 世纪初的英国，其创始人是埃德蒙·柏克。由于早期的保守主义在诸多方面与 20 世纪的保守主义有显著不同，因此又有学者将其分

❶ 杨玉成. 两种新自由主义与国际金融危机［M］. 中国社会科学出版社，2018：140.

❷ 徐大同. 现代西方政治思想［M］. 北京：人民出版社，2003：168.

❸ Anthony O'Hear. Concise Routledge Encyclopedia of Philosophy［M］. Routledge Publishers，2000：170.

❹ ［英］戴维·米勒. 布莱克维尔政治思想百科全书［M］. 邓正来，等译. 中国政法大学出版社，2011：112.

为传统保守主义与新保守主义。

以英国为代表的传统保守主义有以下特征❶：第一是极端尊重历史和传统。保守主义者认为，历史经验是一个民族或一个国家的传统，它本身就是一种理性。一个社会的秩序和国家的形式应该由它自身的历史与传统去决定，而不应由某种权威来规定某种唯一的形式。第二是尊重权威和秩序。保守主义虽然因循守旧，但它却并不一般地反对自由主义的目标，相反它捍卫自由主义的基本目标和原则，而反对那些过于激进和过分偏离基本原则的派别。第三是重视宗教和道德的作用。保守主义者强调宗教的极端重要性，并将其看成是国家和社会的基石。第四是强调社会等级的合理性。虽然人类社会的关系是一种平等的"伙伴"关系，但是这并不意味着他们在分配中是平均主义的，应该如同股份公司一样，按照股份的比例多少来进行分配。第五，保守主义关注的目标是财产神圣不可侵犯性。个人与家庭的财产不仅仅是人类的一种外部事物，它还是文明人类内在的一个组成部分。

二战前，西方社会进入了所谓的"大众时代"：人民生活得到一定改善，世俗化程度进一步加强，大众组织兴起，大众政治参与进一步加强，等等。保守主义以"精英主义"应对这种社会时代的到来，其代表人物是意大利的莫斯卡、帕累托、米切尔斯，法国的勒庞和西班牙的奥尔特加等人。其特点有三❷：第一是政治认知上的科学取向，精英保守主义者打着"科学主义"的旗号，将科学研究的方法应用于政治学科的研究，并希望以规律和事实来取代宗教和说教。第二是崇尚精英，蔑视大众，精英保守主义

---

❶　陈晓律. 英国式保守主义的内涵及其现代解释［J］. 南京大学学报，2001（3）：79.

❷　徐大同. 现代西方政治思想［M］. 人民出版社，2003：72 - 74.

把政治精英的存在看成任何社会不可否认的规律，如莫斯卡的"统治阶级论"、米切尔斯的"寡头政治铁律"和帕累托的"精英曲线"都持这种论调。第三是怀疑和批判民主，并将矛头指向以争取普选权为主的大众民主运动。

二战后的保守主义更为混杂，流派众多，不易区别。按照保守的对象，大致可以分为：主张维护市场、反对国家干预的经济保守主义，主张维护权威、反对大众参与的政治保守主义，主张传统文化（尤其是传统伦理）、反对现代文化的文化保守主义，主张维护宗教传统、反对世俗化的宗教保守主义，主张维护古典自由主义传统、反对现代新自由主义的自由保守主义（或称保守自由主义），主张维护前资本主义社会传统、反对现代生活的传统保守主义，等等❶。保守主义的代表人物有欧文·克里斯托尔、丹尼尔·贝尔、迈克尔·奥克肖特、詹姆斯·威尔逊、布热津斯基、列奥·施特劳斯、卡尔·施米特、塞缪尔·亨廷顿和弗朗西斯·福山等人。1996 年，C. 邓恩在比较、综合、筛选的基础上，归纳出了关于二战后尤其是 20 世纪 90 年代以来保守主义的九条原则：社会秩序和文化传承的连续性原则、权力的约束和限制原则、社区基础原则、敬畏原则、责任原则、民主审慎原则、自由经济原则、平等后于自由的原则、社会精英领导原则等❷。

（三）民族主义理论

民族主义一词最早出现在 15 世纪莱布茨格大学的校园学术辩论中，在一场围绕波希米亚人出生地（nations）问题的争论中，人们首度使用了"nationalism"一词。1836 年，英语中首次使用了

---

❶ 徐大同. 现代西方政治思想 [M]. 人民出版社，2003：213.

❷ 张铭. 90 年代西方保守主义政治思想研究回眸 [J]. 政治学研究，1999（4）：73.

民族主义一词，在《英语牛津词典》中，它被解释为宗教中"神造的客体"。直到 20 世纪以后，民族主义才有了今天所用的含义。但是现代学者在研究过程中发现，很难对民族主义做一个确切的定义。因为人们往往混淆民族主义与民族、民族性、爱国主义等词汇的用法，同时民族主义是历史运动中的现象与产物，是经常变化的一个概念。比如《大不列颠百科全书》将民族主义（nationalism）与国家主义混同，并把它定义为"对国家的高度忠诚，即把国家的利益置于个人利益或其他团体利益之上"❶。《布莱克维尔政治思想百科全书》将现代民族主义看成是"迄今为止世界上最强有力的意识形态"❷。有学者将民族主义的定义作了归纳，比较有代表性的是卡尔顿·海斯与安东尼·史密斯的观点，海斯认为，民族主义大致有四种含义：作为一种历史进程，它是创建民族国家政治联合体的支持力量；作为一种理论，它提供给实际历史进程以理论、原则和观念；作为一种政治行动，它包含了特定政治党派的行动；作为一种情感，它是民族成员对本民族国家超越其他的忠诚。❸ 史密斯认为，民族主义的概念应该包括：民族的形成与发展过程、民族的归属情感或意识、民族的语言和象征、争取民族利益的社会和政治运动、普遍或特殊意义上的民族信仰和（或）民族意识形态❹等。

在《民族主义：理论、意识形态、历史》一书中，安东尼·

❶ ［英］大不列颠百科全书（国际中文版·第 12 卷）［M］. 中国大百科全书出版社，1999：25.
❷ ［英］戴维·米勒. 布莱克维尔政治思想百科全书［M］. 邓正来，等译. 中国政法大学出版社，2011：397.
❸ 李宏图. 西欧近代民族主义思潮研究［M］. 上海社会科学院出版社，1997：6-7.
❹ ［美］安东尼·史密斯. 民族主义：理论、意识形态、历史［M］. 叶江，译. 上海人民出版社，2011：5.

史密斯把当代西方的民族理论分为原生主义、永存主义、现代主义和族群—象征主义❶等几个流派，并作了详尽的介绍。

"原生主义"是当代西方较早形成的民族主义理论范式，它的理论源头可以追溯到卢梭。所谓原生性，指民族乃自然形成的，而非人为建构的产物，民族具有历史久远性。民族与民族主义在前现代社会就已经存在，它们彼此之间没有任何联系。原生主义可以分为两种："有机论民族主义"和"文化施与民族主义"，前者认为，民族、族群和种族可以追溯到所有个体的根本基因再生产冲动，所有个体都运用"祖护亲属"和"包容适应"战略来实现基因最大化；后者认为，族群和民族是在依恋社会存在的"文化施与"基础上形成的❷。

在二战之前，许多学者赞同这样一种观点，即民族主义的意识形态是近现代的，但是民族的存在却是历史的，它存在于人类的每一个历史时期，这种观点被称为"永存主义"。永存主义也可以分为"持续的永存主义"和"周期性发生的永存主义"两种形式，前者认为，每个民族都有持久的、永恒的历史，它们的起源可以回溯到中世纪甚至古代；后者则认为，特定的民族是历史性的，虽然它们常常因时而变，但是作为总体的民族，却是永存的和无处不在的❸。

现代主义派的观点是，民族主义是现代化的产物，不仅民族主义是现代现象，民族、民族国家、民族认同和整个民族国家体

---

❶ ［美］安东尼·史密斯. 民族主义：理论、意识形态、历史［M］. 叶江，译. 上海人民出版社，2011：48－64.

❷ ［美］安东尼·史密斯. 民族主义：理论、意识形态、历史［M］. 叶江，译. 上海人民出版社，2011：56－57.

❸ ［美］安东尼·史密斯. 民族主义：理论、意识形态、历史［M］. 叶江，译. 上海人民出版社，2011：55.

系共同体都是现代现象❶。他们强调民族的现代性、政治性、市民（或公民）性以及其缘起的西欧性，这里的现代性是指民族主义产生于 18 世纪末的法国大革命（或至多是从美国革命开始），政治性是指民族与国家紧密结合，市民（或公民）性是指所有民族成员具有平等的法权，民族对全体成员具有动员能力；民族缘起的西欧性则是指西欧是民族的发源地，民族和民族主义这一现代历史现象是通过西欧向全世界的扩张才逐渐具有全球性的❷。现代主义派视角包括以下几种类型：（1）社会经济的，民族和民族主义源自新的工业资本主义、区域不平等和阶级冲突；（2）社会文化的，如盖尔纳认为，民族和民族主义是由学校教育体系传播的"高级文化"的表现，通过训练一支有文化的劳动大军，民族随之支持工业化；（3）政治的，民族和民族主义是由现代国家在对抗特定的（帝国的/殖民的）国家中所形成的；（4）意识形态的，民族主义是一种类似宗教力量的意识形态；（5）建构主义的，如霍布斯鲍姆认为，民族的产生应该归于"被创造出来的传统"，本尼迪克特·安德森将民族定义为一种想象的政治共同体，是资本主义、印刷技术和多样性的人类语言三重结合的产物。❸

　　安东尼·史密斯本人就是"族群—象征主义"的代表人物，他们支持民族与民族主义是现代性产物的观点，但是与现代主义学派相比，族群—象征主义学派更加强调主观因素在民族形成、民族主义的特征和影响，以及族群的持续存在中的作用，并由此

❶ ［美］安东尼·史密斯. 民族主义：理论、意识形态、历史［M］. 叶江，译. 上海人民出版社，2011：51.
❷ 叶江. 当代西方的两种民族理论［J］. 中国社会科学，2002（1）：148.
❸ ［美］安东尼·史密斯. 民族主义：理论、意识形态、历史［M］. 叶江，译. 上海人民出版社，2011：52－53.

进入并理解族群和民族主义的内在世界❶。史密斯十分重视历史记忆、文化传统和民族认同在民族与民族主义形成中的作用，他将民族认同的特点概括为以下五个方面：历史的疆域或祖国，共同的神话与历史记忆，共同的大众文化，共同的法律权利与义务，在共同领土范围内流动的经济生活。❷

第三节 马克思主义的视角

一、马克思和恩格斯的国家思想

马克思从一开始就十分重视对现代国家问题的研究，早在 1844 年，他就着手构思一部以现代国家为研究对象的大部头著作，并拟订了《关于现代国家著作的计划草稿》，但最终因各种原因搁浅，只留下一份研究大纲，包括"现代国家起源的历史或者法国革命、人权的宣布和国家的宣发、国家和市民社会、代议制国家和宪章、权力的分析、执行权力、司法权力和法、民族和人民、政党、选举权、为消灭国家和市民社会而斗争"❸ 等内容。因此，有些学者认为马克思主义缺乏对国家和现代国家的理论阐述，比如意大利学者科莱蒂认为，"马克思主义缺少一个真正的政治理论"。❹ 在东欧剧变之后，哈贝马斯发表的《社会主义的今天意味

---

❶ ［美］本尼迪克特·安德森. 想象的共同体：民族主义的起源与散布［M］. 吴叡人，译. 世纪出版集团，2011：61.

❷ Anthony D. Smith. National Identity ［M］. Penguin Group，1991：14.

❸ 马克思恩格斯全集（第 42 卷）［M］. 人民出版社，1979：238.

❹ L. Colletti. A Political and Philosophical Interview ［J］. New Left Review，1974（86）.

着什么》一文指出，马克思主义缺乏一个令人满意的法学传统，是左派要记取的最重要教训之一❶。虽然马克思把主要精力用于研究资本主义的经济结构，花费 40 年时间撰写鸿篇巨著《资本论》，然而他一刻也没有忽视对国家问题的关注，只不过这些论述散见于他的著作中，列斐伏尔曾指出："如果有人认为马克思忽视了国家，我们也可以告诉他，国家问题是马克思经常关注的问题。在他的著作中，有关于国家的一系列论述和一种显然已经确定了的方向。"❷

（一）从理性主义国家观到虚幻共同体

早期的马克思国家观受到自由主义与黑格尔主义的影响，把国家和法看成是普遍理性的代表，是理性精神的体现，是正义的化身。在《关于林木盗窃法的辩论》中，马克思从理性主义国家观出发，批判了不合理的国家制度，他说："这种把林木所有者的奴仆变为国家权威的逻辑，使国家权威变成林木所有者的奴仆。整个国家制度，各种行政机构的作用都应该脱离常规，以便使一切都沦为林木所有者的工具，使林木所有者的利益成为左右整个机构的灵魂。"❸ 在这篇文章中，马克思揭露了国家及其法律制度代表私有者利益的本质，旗帜鲜明地维护了"政治上和社会上备受压迫的贫苦群众"的权利。

在主编新《莱茵报》时期，马克思接触到了大量现实物质利益问题，促使他开始反思国家理性与社会现实之间的矛盾与冲突，

---

❶　童世骏. 哈贝马斯论事实与规范之间的关系［A］//中国政法大学. 名家大讲堂（第三辑）. 知识产权出版社，2014：5.

❷　［法］列菲弗尔. 论国家：从黑格尔到斯大林和毛泽东［M］. 李青宦，等译. 重庆出版社，1988：122.

❸　马克思恩格斯全集（第 1 卷）［M］. 人民出版社，1979：267.

并与黑格尔的国家学说进行"政治断裂"❶。在《黑格尔法哲学批判》一文中，他将黑格尔的国家思想加以批判和改造，提炼出自己的新国家理论。第一，批判了黑格尔的理性主义国家观。马克思指出，黑格尔的国家观是一种主观实体性的政治信念，其目的在于为现实的普鲁士王国寻找哲学根据，从根本上说是为普鲁士王国君主立宪制服务的。第二，明确提出"市民社会决定政治国家"的理论。在继承黑格尔"市民社会与政治国家相分离"思想的基础上，马克思进一步从前提、动力、必要条件等各方面论证了市民社会如何决定政治国家的机制，将黑格尔颠倒了的关系重新纠正过来，"家庭和市民社会使自身成为国家。它们是动力。……政治国家没有家庭的天然基础和市民社会的人为基础就不可能存在，它们对国家来说是必要条件"❷。第三，主张通过一场真正的革命，建立以人民为主体的民主制度，即建立人民主权的国家。"全部国家制度总是变化的：新的要求逐渐产生，旧的东西瓦解，等等，但是，要建立新的国家制度，总要经过一场真正的革命。"❸《黑格尔法哲学批判》是马克思运用唯物主义方法探索国家本质问题的开始，为其后与青年黑格尔派的决裂作了充分的理论准备，是马克思创立国家学说的起点。

　　《论犹太人问题》一文代表马克思国家理论的重要过渡，文中马克思进一步阐述了政治国家与市民社会的关系，着重指出了国家作为政治革命与政治解放形式的局限性，他说，"政治革命只是把市民生活分解成几个不同的组成部分，但却没有变革这些组成

---

❶ ［法］列菲弗尔. 论国家：从黑格尔到斯大林和毛泽东 ［M］. 李青宜，等译. 重庆出版社，1988：67.
❷ 马克思恩格斯全集（第 3 卷）［M］. 人民出版社，2002：11 - 12.
❸ 马克思恩格斯全集（第 3 卷）［M］. 人民出版社，2002：72.

部分本身，没有加以批判"❶。马克思第一次对政治解放与人的解放问题进行了区分，他说，"政治解放当然是一大进步"，但是它却"不是一般人的解放的最后形式"❷，革命还不能停顿，必须从政治解放发展到人类解放。"只有当现实的个人把抽象的公民复归于自身，并且作为个人，在自己的经验生活、自己的个体劳动、自己的个体关系中间，成为类存在物的时候，只有当人认识到自身'固有的力量'是社会力量，并把这种力量组织起来因而不再把社会力量以政治力量的形式同自身分离的时候，只有到了那个时候，人的解放才能完成。"❸"人的解放"命题的提出，意味着马克思开始从对特殊形式国家的批判转向对一般国家的批判，标志着马克思国家观有了本质的飞跃。马克思以《论犹太人问题》为起点，探析了实现人类解放的目标、手段和途径，成为了他政治思想发展的一根红线，以至于我们可以把"从政治解放到人类解放"称为马克思全部政治思想的主题。❹

　　1846 年发表的《德意志意识形态》是马克思主义发展史上非常重要的著作，其中包含着非常丰富的国家学说思想。它包括以下主要内容。第一，国家不是从来就有的，而是历史发展的产物。《德意志意识形态》第一次比较详尽地阐述了历史唯物主义的基本思想，构建了经济基础与上层建筑相互作用的解释框架。国家的产生与发展是私有制发展的产物，"由于私有制摆脱了共同体，国家获得了和市民社会并列并且在市民社会之外的独立存在"❺。第二，国家是个"虚幻的共同体"，是一种与人的力量相异化的力

❶ 马克思恩格斯全集（第 3 卷）［M］. 人民出版社，2002：188.
❷ 马克思恩格斯全集（第 3 卷）［M］. 人民出版社，2002：180.
❸ 马克思恩格斯全集（第 3 卷）［M］. 人民出版社，2002：189.
❹ 郁建兴. 马克思国家理论与现时代［M］. 东方出版中心，2007：71.
❺ 马克思恩格斯选集（第 1 卷）［M］. 人民出版社，2012：212.

量。马克思、恩格斯指出，"由于特殊利益和共同利益之间的这种矛盾，共同利益才采取国家这种与实际的单个利益和全体利益相脱离的独立形式，同时采取虚幻的共同体的形式"❶。由于社会不仅存在着统治阶级利益与被统治阶级利益的矛盾，而且还存在着统治阶级内部特殊利益和被统治阶级内部特殊利益的矛盾，为了使社会不被这些错综复杂的矛盾毁掉，必须采取虚幻的共同体的形式。第三，国家在本质上是维护资产阶级经济利益的工具。统治阶级总是试图把自己的利益说成是社会全体成员的普遍利益，但马克思、恩格斯指出，现代国家的本质就在于它充满了"虚幻性"，事实上，国家"不外是资产者为了在国内外相互保障自己的财产和利益所必然要采取的一种组织形式"，是"统治阶级的各个人借以实现其共同利益的形式，是该时代的整个市民社会获得集中表现的形式"❷。第四，为了有效维护社会秩序，使统治阶级的统治能够稳定持续下去，国家还具有明显的社会性和公共性。"随着城市的出现，必然要有行政机关、警察、赋税等，一句话，必然要有公共机构，从而也就必然要有一般政治。"❸

（二）国家是阶级统治的工具

马克思、恩格斯关于无产阶级专政思想的最初萌芽体现在《德意志意识形态》和《哲学的贫困》这两本书中，但是当时还没有系统化的表述。在 1848 年的《共产党宣言》中，马克思、恩格斯把国家定义为"组织成为统治阶级的无产阶级"，提出"无产阶级用暴力推翻资产阶级而建立自己的统治"❹ 的主张，开始系统地

---

❶ 马克思恩格斯选集（第 1 卷）［M］. 人民出版社，2012：164.
❷ 马克思恩格斯选集（第 1 卷）［M］. 人民出版社，2012：212.
❸ 马克思恩格斯选集（第 1 卷）［M］. 人民出版社，2012：184.
❹ 马克思恩格斯选集（第 1 卷）［M］. 人民出版社，2012：412.

论述无产阶级专政的思想。首先，马克思、恩格斯回顾了前资本主义社会各个历史阶段阶级斗争的状况，指出"到目前为止的一切社会的历史都是阶级斗争的历史"，阶级斗争是阶级社会发展的基本规律，而在现代社会，阶级对立简单化为资产阶级和无产阶级两大敌对的阵营。在此基础上，马克思、恩格斯提出了建立无产阶级专政的重要性，他们指出，"工人革命的第一步就是使无产阶级上升为统治阶级，争得民主"❶。其次，提出了无产阶级专政必须要消灭私有制及其意识形态，并发展社会生产力的重要性。他们指出，"共产主义革命就是同传统的所有制关系实行最彻底的决裂"，阶级社会的一切所有制都是私有制，以往社会的革命也都是用一种剥削制度代替另一种剥削制度，无产阶级专政将消灭人类历史上最后一种私有制——资产阶级所有制，建立生产资料的公有制。同时，它在自己的发展过程中要"同传统的观念实行最彻底的决裂"，建立无产阶级的意识形态。最重要的是"无产阶级将利用自己的政治统治，一步一步地夺取资产阶级的全部资本，把一切生产工具集中在国家即组织成为统治阶级的无产阶级手里，并且尽可能快地增加生产力的总量"❷。最后，马克思、恩格斯明确指出，在未来社会里，由于"消灭了阶级对立的存在条件，消灭了阶级本身的存在条件"，那种"一个阶级用以压迫另一个阶级的有组织的暴力"的旧式国家也将消亡；在国家消亡后，将出现"这样一个联合体，在那里，每个人的自由发展是一切人的自由发展的条件"❸。

1848 年欧洲革命是欧洲乃至世界近代史上一次意义深远的资

❶　马克思恩格斯选集（第 1 卷）［M］. 人民出版社，2012：421.
❷　马克思恩格斯选集（第 1 卷）［M］. 人民出版社，2012：421.
❸　马克思恩格斯选集（第 1 卷）［M］. 人民出版社，2021：422.

产阶级革命，马克思、恩格斯总结归纳了欧洲革命的实践经验，丰富了自己关于国家和革命的学说。在考察了法国革命之后，马克思从社会发展角度作出了"革命是历史的火车头"的论断，这一论断概括了1848年欧洲革命进程，强调了无产阶级革命在历史发展中的伟大推动作用。此外，针对当时流行的小资产阶级社会主义思潮，特别是无产阶级革命中途停止、半途而废等现象，将无产阶级长期而艰巨的革命任务简单化、片面化的观点，马克思提出"不断革命"的理论。在《1848年至1850年的法兰西阶级斗争》中，他明确指出，"社会主义就是宣布不断革命，就是无产阶级的阶级专政，这种专政是达到消灭一切阶级差别，达到消灭这些差别所由产生的一切生产关系，达到消灭和这些生产关系相适应的一切社会关系，达到改变由这些社会关系产生出来的一切观念的必然的过渡阶段"❶。在1852年致约·魏德迈的一封信中，马克思指出阶级斗争并非他的发明，资产阶级思想家早有论断，他本人只不过是提出以下几点新内容："（1）阶级的存在仅仅同生产发展的一定历史阶段相联系；（2）阶级斗争必然要导致无产阶级专政；（3）这个专政不过是达到消灭一切阶级和进入无阶级社会的过渡。"❷ 马克思关于阶级斗争的历史阶段性和无产阶级专政过渡性的论断，实际上提出了国家最终会走向消亡的命题，这对理解他的阶级理论和国家理论有着十分重要的意义。

如果说先前马克思、恩格斯提出的无产阶级专政学说还只是一种理论假说，那么1871年的巴黎公社则为无产阶级专政提供了鲜活的实践经验。马克思和恩格斯不仅全程参与了历史上的第一次建立无产阶级专政的尝试，而且作了深入的理论探索，写出了

---

❶ 马克思恩格斯选集（第1卷）[M]．人民出版社，2012：532．
❷ 马克思恩格斯选集（第4卷）[M]．人民出版社，2012：547．

《法兰西内战》等光辉文献。首先，马克思认为，巴黎公社最重要的经验就是"工人阶级不能简单地掌握现成的国家机器，并运用它来达到自己的目的"❶，不能不加任何改变地接收旧的国家机构，而是要彻底粉碎旧的国家机器，代之以工人阶级的新政权；同时废除旧式的常备军和警察，代之以人民的武装国民自卫军。其次，马克思设计了无产阶级民主的原则，在巴黎公社废除了资产阶级议会制度中立法权和行政权分离的状态，把法律制定与执行的两项职能结合起来，"公社是一个实干的而不是议会式的机构，它既是行政机关，同时也是立法机关"。公社还规定了公职人员只领取相当于普通工人工资的薪金，他们不是"骑在人民头上作威作福的老爷"，而是随时可以被罢免的"社会公仆"或"勤务员"。再次，公社宣布政教分离，摧毁压迫人民精神的工具，不仅从政治上把人民解放出来，而且从思想上把人民解放出来。

1875 年，德国工人党提出自己的革命纲领，并把建立"自由国家"或"现代国家"当作工人阶级政党奋斗的目标，这种认识严重颠倒了现存社会与国家的真实关系。马克思撰写了《哥达纲领批判》一文，严厉地批判了这种关于建立"自由国家"或"现代国家"的说法。他说，所谓的"自由国家"或"现代国家"都是建立在现代资产阶级社会的基础上，但是，无产阶级革命的目标是建立无产阶级专政，并通过它实现向无阶级、无国家的共产主义社会过渡。他说，"在资本主义社会和共产主义社会之间，有一个从前者变为后者的革命转变时期。同这个时期相适应的也有一个政治上的过渡时期，这个时期的国家只能是无产阶级专政"❷。在《哥达纲领批判》中，马克思还设想了共产主义的两个阶段，

---

❶ 马克思恩格斯选集（第 3 卷）[M].人民出版社，2012：95.
❷ 马克思恩格斯选集（第 3 卷）[M].人民出版社，2012：373.

在共产主义的第一阶段，由于它刚刚从资本主义社会中脱胎出来，还带着旧社会的各种痕迹；只有到了共产主义高级阶段，脑体对立已经消除，劳动已经不再是谋生的工具，物质财富十分丰富，只有在那个时候，"社会才能在自己的旗帜上写上：各尽所能，按需分配"❶。

（三）国家的相对自主性

在分析现代国家形成过程中，马克思和恩格斯根据阶级冲突和阶级力量的对比变化，提出了国家相对自主性（又称相对独立性）理论。他们认为，国家不是绝对"自在自为"的，而是具有"相对的独立性"的；而且，国家的相对独立性与阶级性一样同样重要，都是国家的基本属性。在《德意志意识形态》一书中，马克思指出，"正是由于特殊利益和共同利益之间的矛盾，共同利益才采取国家这种与实际的单个利益和全体利益相脱离的独立形式，同时采取虚幻的共同体形式"❷。在《家庭、私有制和国家的起源》一书中，恩格斯也指出，"国家是社会在一定发展阶段的产物；国家是表示：这个社会陷入了不可解决的自我矛盾，分裂为不可调和的对立面而又无法摆脱这种对立面；而为了使这些对立面，这些经济利益互相冲突的阶级，不致在无谓的斗争中把自己和社会消灭掉，就需要有一种在表面上凌驾于社会之上的力量，这种力量应当缓和冲突，把冲突保持在'秩序'的范围内；这种从社会中产生但又自居于社会之上并且日益同社会相脱离的力量就是国家"❸。恩格斯将这种相对独立性看成一种"例外情况"，它的产生条件是在阶级斗争过程中，由于长时间的相互厮杀，各

---

❶ 马克思恩格斯选集（第3卷）［M］. 人民出版社，2012：365.
❷ 马克思恩格斯选集（第1卷）［M］. 人民出版社，2012：164.
❸ 马克思恩格斯选集（第4卷）［M］. 人民出版社，2012：187.

阶级的力量都遭到了削弱，导致社会各阶级处于一种"势均力敌"的相对均势状态之下。恩格斯这样写道，"但也例外地有这样的时期，那时互相斗争的各阶级达到了这样势均力敌的地步，以至国家权力作为表面的调停人而暂时得到了对于两个阶级的某种独立性"❶。

马克思、恩格斯还运用相对自主性理论分析了法国的波拿巴主义和德国的俾斯麦主义。在《路易·波拿巴的雾月十八日》一文中，马克思认为，在法国农民的支持下，路易·波拿巴当选为法国总统，并随后称帝，通过攫取行政权，进而控制议会的立法权，此时的法兰西第二帝国"已完全脱离社会……它不再是一个从属于议会内阁或立法议会的阶级统治工具"❷，这个摆脱了资产阶级统治阶级控制的国家，取得了相对于社会的自主地位，此时国家"似乎成了完全独立的东西。和市民社会比起来，国家机器已经大大地巩固了自己的地位"。❸ 这种国家官僚机器的发展，越来越成为凌驾于社会之上并且与社会完全对立的寄生物，马克思形象地刻画了波拿巴政权这个寄生物的状况，"这个行政权有庞大的官僚机构和军事机构，有复杂而巧妙的国家机器，有 50 万人的官吏队伍和 50 万人的军队。这个俨如密网一般缠住法国社会全身并阻塞其一切毛孔的可怕的寄生机体，是在专制君主时代，在封建制度崩溃时期产生的，同时这个寄生机体又加速了封建制度的崩溃"❹。

恩格斯也多次批判了波拿巴主义，在 1866 年 4 月 13 日，恩格

❶ 马克思恩格斯选集（第 4 卷）[M]. 人民出版社，2012：189.
❷ 马克思恩格斯选集（第 3 卷）[M]. 人民出版社，2012：137.
❸ 马克思恩格斯选集（第 1 卷）[M]. 人民出版社，2012：761.
❹ 马克思恩格斯选集（第 1 卷）[M]. 人民出版社，2012：760.

斯致马克思的一封信中，他指出，波拿巴主义在资本主义国家是一种普遍现象，他说："波拿巴主义毕竟是现代资产阶级的真正的宗教。我愈来愈清楚地看到，资产阶级没有自己直接进行统治的能力，因此，在没有一个英国那样的寡头政治为了得到优厚报酬而替资产阶级管理国家和社会的地方，波拿巴式的半专政就成了正常的形式。"❶ 比如，17 世纪和 18 世纪的专制君主制、法兰西第一帝国、俾斯麦统治下的新德意志帝国都是这种情况❷。

（四）世界历史理论

在批判与吸收维柯、康德和黑格尔世界历史思想的基础上，马克思进行了创造性的转换，提出了自己的"世界历史"理论。他认为，世界历史的形成是资本主义工业文明的必然产物。现代大工业的出现和发展是世界市场形成的动力，世界历史是人类社会打破各民族的原始封闭状态，通过发展生产力和相互交往跨越各种空间障碍，最终使各民族相互依存并走向统一的过程。在《德意志意识形态》一文中，他就指出，"各国相互影响的活动范围在这个发展进程中越是扩大，各民族的原始封闭状态由于日益完善的生产方式、交往以及因交往而自然形成的不同民族之间的分工消灭得越是彻底，历史也就越是成为世界历史"❸。在《共产党宣言》中，马克思和恩格斯又指出，"由于开拓了世界市场，使一切国家的生产和消费都成为世界性的了。……过去那种地方的和民族的自给自足和闭关自守状态，被各民族的各方面的互相往来和各方面的互相依赖代替了。物质的生产是如此，精神的生产

❶ 马克思恩格斯全集（第 31 卷上册）[M]. 人民出版社，1972：209.
❷ 马克思恩格斯选集（第 4 卷）[M]. 人民出版社，2012：189.
❸ 马克思恩格斯选集（第 1 卷）[M]. 人民出版社，2012：168.

也是如此……"❶ 资产阶级通过发展生产力，把财富集中在少数人手中，经济的集中必然会加强政治的集中，最终形成"统一的政府、统一的法律、统一的民族利益和统一的关税的统一的民族"❷。

马克思的"世界历史"理论对于科学考察当代全球化进程具有重要的方法论意义，有的学者认为，马克思所讲的"历史向世界历史的转变"过程实际上就是指全球化过程。❸"历史向世界历史的转变"包含两层意思，第一是指历史向资本主义世界历史时代的转变（这也是"历史向世界历史的转变"过程的第一个大的阶段），是指资本主义世界历史时代及其演变发展过程。第二是人类普遍地向社会主义社会的转变（这也是"历史向世界历史的转变"过程的第二个大的阶段）。

二、列宁的国家思想

第一次世界大战时期，国际局势云谲波诡，社会问题错综复杂，列宁认真运用辩证唯物主义和历史唯物主义原理，研究了帝国主义、无产阶级革命和国家问题，得出了一系列新的结论，把马克思主义推向了一个新的水平。

（1）社会主义能在一国或多国首先胜利理论。马克思、恩格斯曾经设想，社会主义革命会在经济发达国家首先爆发，或至少在英、法、美、德等发达国家同时发生。但是，在第一次世界大战的历史时期，列宁运用唯物主义辩证法，发现了帝国主义经济政治发展不平衡的规律，提出了"社会主义不能在所有国家内同

---

❶ 马克思恩格斯选集（第1卷）[M]. 人民出版社，2012：404.
❷ 马克思恩格斯选集（第1卷）[M]. 人民出版社，2012：405.
❸ 叶险明. "历史向世界历史的转变"与全球化的本质及其发展趋势 [J]. 中国人民大学学报，2002（1）：26.

时获得胜利，它将首先在一个或者几个国家内获得胜利"❶ 的论断，这一观点冲破了传统观念的束缚，引导俄国工人阶级取得了十月革命的胜利，开创了世界无产阶级革命的新局面，迎来了人类社会历史的新纪元。

（2）关于国家与革命的理论。伯恩施坦、考茨基和普列汉诺夫等人主张用改良手段而不是革命手段夺取政权，他们坚决否定无产阶级革命是实现社会主义的先决条件的观点，引起了马克思主义思想领域的混乱。1916 年底至 1917 年 2 月，列宁用了大量时间和精力研读了马克思和恩格斯关于国家问题的论述，并做了题为《马克思主义论国家》的读书笔记（史称"蓝皮笔记"），列宁本人对这本笔记十分重视，曾托人专门保管，他甚至嘱托他的战友：如果他不幸遇险，则必须出版这本《马克思主义论国家》的笔记。❷ 后来，他利用这本笔记中的材料，写成了不朽的名作《国家与革命》。在书中，列宁论述了国家的起源、本质、特征、职能、消亡与暴力革命等一系列问题。首先，指明了国家的本质是阶级统治的工具。列宁说，"国家是阶级矛盾不可调和的产物和表现；在阶级矛盾客观上不能调和的地方、时候和条件下，便产生国家。反过来说，国家的存在证明阶级矛盾不可调和"；"国家是阶级统治的机关，是一个阶级压迫另一个阶级的机关，是建立一种'秩序'来抑制阶级冲突，使这种压迫合法化、固定化"❸。其次，强调无产阶级暴力革命的重要性。列宁指出，暴力是旧社会中孕育新社会的"助产婆"，它是社会运动借以为自己开辟道路并摧毁僵化的垂死的政治形式的工具。"马克思和恩格斯关于暴力革

❶ 列宁选集（第 2 卷）［M］. 人民出版社，1995：722.
❷ 汝信. 介绍列宁的"马克思主义论国家"［J］. 哲学研究，1959（Z1）：87.
❸ 列宁选集（第 3 卷）［M］. 人民出版社，1995：114.

命不可避免的学说是针对资产阶级国家说的。资产阶级国家由无产阶级国家（无产阶级专政）代替，不能通过'自行消亡'，根据一般规律，只能通过暴力革命。"❶ 无产阶级必须通过暴力革命来消灭资产阶级专政，用无产阶级专政来代替它，并在此基础上逐步实现无产阶级国家或半国家的自行消亡。最后，无产阶级专政是新型民主和新型专政的统一。列宁认为，马克思、恩格斯始终坚持他们在《共产党宣言》和《法兰西内战》中提出的"无产阶级必须打碎资产阶级的国家机器"的观点，并非如伯恩施坦等人所说的"马恩晚年改变了其原有的革命思想"。他援引马克思的话说，劳动者所需要的"国家"，即"组织成为统治阶级的无产阶级"。❷ 无产阶级革命的首要任务是打碎资产阶级旧的国家机器，并建立巴黎公社式的无产阶级专政国家，并通过无产阶级专政来逐步实现国家的自行消亡。

（3）探索社会主义国家建设的理论。苏维埃俄国建立在经济、政治、文化落后的基础上，如何在落后国家建设社会主义是列宁晚年社会主义思想的主题。在经济方面，俄国推行优先发展重工业的计划经济政策，并始终从人民群众利益出发，积极探索适宜俄国社会主义发展的道路，比如由于"战时共产主义"政策挫伤了农民的生产积极性，列宁及时将其调整为"新经济政策"，并尝试发展社会主义商品经济。在政治方面，加强国家政权建设和执政党建设，在加强革命政党对无产阶级专政领导的同时，强调建立和巩固工农联盟的必要性。提出"宁肯少些，但要好些"的原则，主张精兵简政，积极在国家机关开展彻底反官僚主义的斗争，等等。

---

❶ 列宁选集（第3卷）[M]. 人民出版社，1995：127.
❷ 列宁选集（第3卷）[M]. 人民出版社，1995：130.

（4）帝国主义理论。从 19 世纪下半叶开始，资本主义在全球范围迅速发展，生产的社会化程度越来越高，不同民族、不同国家之间的政治、经济与文化联系更加密切，垄断组织这种资本主义经济新形式开始出现，资本主义的政治经济体系在世界范围内最终形成。以库洛夫、希法亭、考茨基为代表的许多社会民主党理论家和领导人在帝国主义发展阶段上思想混乱。1916 年 4 月，列宁发表《帝国主义是资本主义的最高阶段》，批判了考茨基等人的"超帝国主义论"，并且对帝国主义的基本特征进行了初步概括："（1）垄断组织在经济生活中起决定作用；（2）在金融资本的基础上形成金融寡头的统治；（3）资本输出有了特别重要的意义；（4）瓜分世界的资本家国际垄断同盟已经形成；（5）最大资本主义列强已把世界上的领土分割完毕。"❶ 列宁还认为，帝国主义是"寄生的"、"腐朽的"和"垂死的"资本主义，并得出了帝国主义是"无产阶级社会革命的前夜"的结论。虽然在第二次世界大战后，主要资本主义国家经过自我调整依然垂而未死，还有一定生机活力，但是列宁对帝国主义垄断本质的揭示是正确的，其宣告了无产阶级革命时代的到来。

三、西方马克思主义的国家批判理论

早在 20 世纪 20 年代初期，时任捷克总统马萨克呼吁建立一种能与列宁主义相抗衡的理论体系——"西方的"马克思主义。随后，以卢卡奇的《历史和阶级意识》和科尔施的《马克思主义和哲学》问世为标志，西方马克思主义正式形成。国家批判理论是西方马克思主义的重要组成部分，在与各种资产阶级国家和权力

---

❶ 列宁选集（第 2 卷）[M]．人民出版社，1995：651．

学说的斗争以及马克思主义内部的思想争论中，西方马克思主义批判了国家垄断资本主义、多元自由主义、精英主义、政治系统论和法西斯极权主义等国家理论，产生了卢卡奇、葛兰西、阿尔都塞、普兰查斯、密利本德、列斐伏尔、奥菲、哈贝马斯、福柯、吉登斯、墨菲等重要学者，发展出工具主义、仲裁主义、结构功能主义、文化领导权、意识形态批判思想、世界体系理论、生活世界理论、后马克思主义等政治理论。❶ 总的来说，西方马克思主义的国家理论有两个基本特点：一是普遍反对列宁主义尤其是斯大林主义的国家观，试图对马克思的文本进行重新解读；二是对国家的一般理论提出了挑战，通过对具体历史和社会的分析，来说明国家与资本主义的关系，从而也展现了当代资本主义的新发展和新问题❷。但是西方马克思主义的流派繁多、思想复杂，没有形成完整的、系统的理论体系，因此不能面面俱到，只能择其一二，进行管中窥豹式的阐述。

（一）文化领导权与意识形态国家机器

曾经担任过意大利共产党总书记的葛兰西是西方马克思主义的早期代表人物，他的文化领导权（霸权）理论说明了国家是如何控制市民社会，普通民众是如何服从于国家的统治的。在《狱中札记》中，葛兰西给国家下了一个与众不同的定义，"人们对国家的认识离不开对市民社会的认识（因为人们可以说：国家＝政治社会＋市民社会，即强制力量保障的霸权）"❸。文化领导权（或

❶ 尹树广.西方马克思主义国家批判理论的历史与现状 [J].哲学动态，2002（7）：4.

❷ 杨雪冬.西方马克思主义的国家理论简评 [J].马克思主义与现实，2004（2）：116.

❸ [意]葛兰西.狱中札记 [M].曹雷雨，等译.中国社会科学出版社，2009：218.

称霸权）理论是葛兰西国家学说的核心内容，所谓领导权就是国家通过非暴力机器的意识形态，使被统治阶级心甘情愿地接受控制与支配，它包括政治统治权和意识形态的领导权。葛兰西认为"国家的实质总体上等于独裁＋霸权"❶，他把国家看成是政治社会与市民社会的结合，是强制与同意的结合，强制（统治）属于国家，而霸权（同意）属于市民社会。统治阶级不仅通过国家暴力机器进行强制性统治，而且由于掌握了意识形态和思想文化的领导权，它可以使民众接受与认同统治阶级的精神理念，从而就控制了市民社会。葛兰西认为，要想取得文化的领导权，必须发挥知识分子在国家中的作用。一个阶级的知识分子，不仅要具有专业技能，而且应当是具有自觉世界观的政治家，是专家＋政治家的结合。在西方发达国家，无产阶级要想取得文化的领导权，必须坚持阵地战的策略，坚持阵地战是无产阶级在资产阶级政权尚未陷入危机阶段所采取的策略，是思想文化领域一场旷日持久的攻坚战。葛兰西指出，在通过阵地战逐个夺取了文化领导权的基础上，无产阶级的最终目标是夺取国家的领导权。

在葛兰西的文化领导权理论的影响下，阿尔都塞提出了"意识形态国家机器"的理论。他认为，在马克思主义理论中，国家机器通常指政府、行政机关、军队、警察、法庭、监狱等，但事实上这些只能算是镇压性的国家机器，国家机器还应该包括宗教、教育、家庭、法律、政治、工会、信息和文化等意识形态。❷ 阿尔都塞认为，过去葛兰西只是把教会、学校、工会等社会机构看作市民社会的领域，这是远远不够的；阿尔都塞把家庭、学校等私

---

❶ ［意］葛兰西. 狱中札记 ［M］. 曹雷雨，等译. 中国社会科学出版社，2009：195.

❷ ［法］阿尔都塞. 意识形态和意识形态国家机器 ［J］. 李迅，译. 当代电影，1987（3）：104－105.

人领域的机构看成国家机器，而且它的执行方式是不同的，镇压性国家机器以"暴力方式"执行其职能，意识形态国家机器以惩戒、教育等"意识形态方式"执行其职能，而且"资产阶级在资本主义的成熟期，把教育的意识形态国家机器放到了支配地位"❶。而且，国家机器的使用手段也改变了先后顺序，"意识形态国家机器首先并且主要是利用意识形态方式来发挥其功能作用的，其次才是使用强制手段"❷。

（二）结构主义与工具主义之争

20 世纪六七十年代，结构主义的代表人物尼科斯·普兰查斯和工具主义的代表人物拉尔夫·密利本德展开过一场长达 7 年的学术交锋，被人们认为是关于马克思主义国家理论本质的争论，在西方马克思主义国家理论史上有着重要的影响。

20 世纪 60 年代，结构主义思潮在法国兴起，作为结构主义大师阿尔都塞的弟子，普兰查斯直接沿袭了其老师的理论框架，用结构主义和多元主义来分析国家问题。所谓结构主义是把某一研究对象看作一种结构整体，是各种要素的关系组合，而认为研究的目的就是要去建立特定体系的结构。❸ 普兰查斯从对生产方式与社会形态关系的分析开始，提出了"经济统治的多元决定作用"，展开了他关于结构主义国家理论的讨论。而密里本德则认为国家是统治阶级的重要工具，它不可避免地会偏袒统治阶级自身的利益，而不是充当各个相互竞争的利益集团之间不偏不倚的"中立裁判者"。

---

❶ ［法］阿尔都塞. 意识形态和意识形态国家机器 ［J］. 李迅，译. 当代电影，1987（3）：108 – 109.

❷ ［法］阿尔都塞. 意识形态和意识形态国家机器 ［J］. 李迅，译. 当代电影，1987（3）：105.

❸ 陈炳辉. 西方马克思主义的国家理论 ［M］. 中央编译出版社，2004：69.

普兰查斯与密里本德争论的中心有以下几个问题：第一是方法论问题。普兰查斯批评密里本德在分析资本主义的时候依然采用的是经验主义的资产阶级政治学，他指责密里本德过多地堆积经验材料，而缺少相应的理论框架，密里本德所使用的一些概念如"抽象主义"、"结构主义"和"超决定论"等都是模糊不清的。而密里本德则坚持经验观察的重要性，认为扎实具体的研究可以破除资产阶级理论的神秘主义色彩，人们不应该排斥经验。

第二是权力精英与统治阶级关系问题。比如两人对"经理人阶级"存在着不同理解，普兰查斯认为经理人的行为动机是企业的发展而非利润，经理人与资本家是两个不同的阶级；而密里本德却认为经理人的行为动机也和资本家一样是追逐利润，因此把他们都归入统治阶级。

第三是国家自主性问题。普兰查斯从对生产方式与社会形态关系的分析开始，提出了"一种社会形态是某一特定生产方式在历史条件下决定的"，[1] 在特定的社会形态结构中，政治环节也具有对于经济环节的相对自主性。他认为，国家在资本主义社会矛盾中扮演一种"阶级斗争压缩器"的角色，"国家的特殊职能就是要成为一种社会形态各个方面调和的因素"[2]。国家并非统治阶级的简单工具，国家既是统治阶级的国家，又相对独立自主于统治阶级之外。但是他同时又认为，这种相对自主性并非存在于所有社会形态，而是只存在于资产阶级生产方式占支配地位的国家。而密利本德则认为，一切国家都具有相对自主性，从而将国家相

---

[1] ［希腊］普兰查斯. 政治权力与社会阶级 ［M］. 叶林，译. 中国社会科学出版社，1982：4.

[2] ［希腊］普兰查斯. 政治权力与社会阶级 ［M］. 叶林，译. 中国社会科学出版社，1982：38.

对自主性看作国家的一般属性。同时，他指出："国家的相对自主性的观念是马克思主义国家理论的一个重要组成部分，而且是马克思和恩格斯以这样或那样的方式讨论得很多的一个问题。"❶ 他认为，具有相对自主性的国家主要是那些社会各阶级力量处于势均力敌状态的国家，此外，"行政权力受限制最小的政权中，国家的相对自主性就越大"，在这些国家里，"行政权力控制着国家系统的一切其他组成部分——如专制主义国家、波拿巴主义国家或俾斯麦主义国家"❷。

（三）法兰克福学派的国家理论

法兰克福学派人物众多，虽然其理论热点主要在哲学与社会批判理论等方面，但是其国家理论研究仍然取得许多不俗的成果，比如：研究法西斯主义与极权主义的作品有霍克海默的《独裁国家》、阿多诺的《专横的个性》和弗洛姆的《逃避自由》，研究晚期资本主义国家危机的作品有哈贝马斯的《历史唯物主义的重建》、《交往行为理论》和《合法性危机》，研究福利国家的有奥菲《福利国家的矛盾》，等等。

哈贝马斯的现代国家思想，是在回顾现代国家的形成历史、考察当前现代国家的发展现状以及展望现代国家的未来的基础上形成的，具有积极的现实意义和实践意义。❸ 交往行动理论是哈贝马斯整个思想体系的基石，他的《交往行为理论》对交往行为进行了分类，对交往理性进行了分析与阐述。在此基础上，哈贝马

---

❶　[英] 密利本德. 马克思主义与政治学 [M]. 黄子都，译. 商务印书馆，1982：79.

❷　[英] 密利本德. 马克思主义与政治学 [M]. 黄子都，译. 商务印书馆，1982：91.

❸　王昌树. 论哈贝马斯的"民族国家"思想 [J]. 世界民族，2009（1）：91.

斯讨论了民族、民族国家等问题。

哈贝马斯将民族和国家两个概念分开讨论，在他眼中的民族是个文化概念，他把民族定义为"一些有着相同的起源的共同体，他们定居在一定的地域，并构成邻里关系；文化上拥有共同的语言、风俗和习惯，但他们在政治上还没有达到一体化的地步，也没有出现类似于国家的组织形式"❶。他眼中的国家，是"对内和对外都代表主权的国家权力，在空间上指的是有明确的领土范围即国土，在社会层面上，指的是所有归属者的结合，即全体国民"❷。民族国家是在法国大革命和美国资产阶级革命以后形成的，它有两种不同的发展路径，即从"国家"到"民族"（国家在先，如英法）或从"民族"到"国家"（民族在先，如德意），此外，二战以后的民族国家基本上都是在反殖民主义运动过程中独立的❸。哈贝马斯认为，现代国家可以从四个方面来分析，或者说，现代国家是：（1）管理国家和税收国家，（2）享有主权的地域国家，（3）在民族国家范围内，（4）可以发展为民主法治国家或社会福利国家。❹

哈贝马斯还看到民族与国家、民族主义与共和主义之间存在尖锐的冲突，他认为，在全球化大变革的背景下，现代民族国家及其主权受到了三个方面的影响：（1）全球化使国家主权面临着空前的挑战；（2）必须以一种进取型的态度超越现代民族国家；（3）国家主权将终结于"世界公民社会"。

此外，国家合法性理论是哈贝马斯国家理论的重要内容，"合

---

❶ ［德］哈贝马斯. 包容他者［M］. 曹卫东，译. 上海人民出版社，2002：129 - 130.

❷ ［德］哈贝马斯. 包容他者［M］. 曹卫东，译. 上海人民出版社，2002：127.

❸ ［德］哈贝马斯. 包容他者［M］. 曹卫东，译. 上海人民出版社，2002：125.

❹ ［德］哈贝马斯. 后民族结构［M］. 曹卫东，译. 上海人民出版社，2002：75.

法性意味着某种政治秩序被认可的价值"❶。哈贝马斯把国家理解为一种运用合法权力的制度，只有通过这种制度，国家才能构建国民的自觉服从、支持与忠诚。如果国家丧失了自己的合法性，就会造成国家统治的危机。他还把这种危机分为经济危机、合理性危机、合法化危机和动因危机等四种，在晚期资本主义国家，合法性危机是最严重的危机。

（四）列斐伏尔的国家理论

法国学者亨利·列斐伏尔（Henri Lefebvre）的国家理论的重要性"至少与葛兰西、阿尔都塞和福柯等知名人士不相上下"❷。但是，目前对列斐伏尔国家理论的介绍与研究还处于起步状态，这种对列斐伏尔国家理论的忽视，意味着有可能"错过了从结构主义和后结构主义的全盛时期重新思考马克思主义和共产主义的手段和目的的大胆尝试"❸。

20 世纪 70 年代，列斐伏尔撰写了厚达 1600 页的《论国家》（De l'État）四卷本系列。分别是第一卷《现代世界中的国家》（1976）、第二卷《从黑格尔到马克思和斯大林》（1976）、第三卷《国家生产方式》（1977）、第四卷《现代国家的矛盾》（1978）。同时，在列斐伏尔的《马克思的社会学》《辩证法的回归》等其他著作中，也有许多关于国家理论方面的论述。列斐伏尔的国家理论涉及的范围十分广泛，主要包括以下几个主题：国家生产方式理论、国家空间理论、国家自治理论和世界化理论等。

"国家生产方式"（The State Mode of Production）指的是 20 世

❶ ［德］哈贝马斯. 交往与社会进化 ［M］. 张博树，译. 重庆出版社，1989：184.

❷ Stuart Elden. Understanding Henri Lefebvre ［M］. Continuum，2004：214.

❸ Kanishka Goonewardena. Book Reviews：Henri Lefebvre，state，space，world ［J］. International Journal of Urban and Regional Research，Volume 36（2）2012，412.

纪出现的新型政治空间安排，与凯恩斯主义国家的逐渐衰落相联系，本质上是"国家对整个社会的管理和支配方式"❶，它意味着国家通过各种手段，占有部分甚至全部社会剩余……这样一个国家将自己凌驾于社会之上，深入社会的深处，一直渗透到日常生活和行为中。国家生产方式的运作包括：（1）管理和行政；（2）保护的权力；（3）通过镇压，垄断暴力、军队和军费，发动战争等手段进行杀戮的权力。❷

空间理论是列斐伏尔思想的重要组成部分，他的名著《空间的生产》一直被学界奉为空间理论分析的经典之作。"每个国家都有自己的空间"❸，国家在其发展过程中，通过一种复杂的、不断变化的关系，经过一定的临界点，与空间结合在一起。国家诞生于一个空间里，它也可能随之消亡。列斐伏尔提出的空间包括以下几种：（1）国家的物理空间——国家领土的生产，这是一个物质空间。（2）社会空间的生产，它像一座由等级制度、法律和惯例组成的（人造的）大厦，由民族语言交流传播的"价值观"所支撑。每一个国家都是一个社会空间。（3）国家的精神空间（心理空间），包括一个社会共识（但不是直接的政治共识）。这种精神空间不能与物质或社会空间混淆，也不能与后者完全分离。❹

列斐伏尔认为，从民族国家向世界范围的转变是特别重要的，他称这一过程为世界化（mondialisation），他的这一提法借鉴了科

❶ Stuart Elden. Understanding Henri Lefebvre [M]. Continuum, 2004：223.

❷ Henri Lefebvre. State, Space, World：Selected Essays [M]. University of Minnesota Press, 2009：129.

❸ Henri Lefebvre. De l'État (4)：Les contradictions de l'État moderne [M]. Union Générale d'Éditions, 1978：261.

❹ Henri Lefebvre. State, Space, World：Selected Essays [M]. University of Minnesota Press, 2009：224 – 225.

斯塔斯·阿克塞洛斯（Kostas Axelos）的"世界与行星"理论。在"全球化"理论没有盛行之前，列斐伏尔用它来解释世界市场的形成与巩固，国家在全球范围内管理资本主义积累的日益积极的作用，以及由此导致的资本主义生产方式的根本转变。在这个意义上讲，列斐伏尔是全球化理论的先驱之一。列斐伏尔还积极关注南斯拉夫自治运动的发展，并高度评价了自治（autogestion）的意义，认真思考了自治和国家的作用。

（五）福柯的国家思想

米歇尔·福柯是法国重要的后现代主义思想家，虽然他否认自己是马克思主义者，但是有人说他的思想中一直活跃着一种马克思主义。虽然他的主要研究方向不是政治领域，但是他的国家权力、国家理性、生命政治和国家治理术等思想在学术界有着重要影响和地位。

福柯国家思想中影响较大的是他的独特的权力理论，他从后现代主义视角出发，认为权力是无主体的、分散化的、多元化的，用微观权力学取代传统的以统治权力为核心的宏观权力学❶。在《规训与惩罚》一书中，福柯区分了古代的惩罚性权力和现代的规训性权力，惩罚性权力通过暴力、镇压来实现统治，规训性权力通过严密的监视、检查和训练来控制个体。在 20 世纪七八十年代法兰西学院的系列讲座中，福柯讨论了国家理性与国家治理问题。他认为，国家理性"就是可以让国家维持在正常状态的东西"❷，国家理性有以下几个特点：从国家与历史的关系来思考国家问题，特别强调实际的政治实践同政治知识的正常合理关系，看重国家

❶ 陈炳辉 . 西方马克思主义的国家理论［M］. 中央编译出版社，2004：93.
❷ ［法］福柯 . 安全、领土与人口［M］. 钱瀚，等译 . 上海人民出版社，2018：381.

与个人的关系，尽可能地使每一个公民都能够为增强国家实力做出贡献，尽可能使政治权力的运作机制合理化，使权力的运作巧妙地同最有效的社会力量、组织机构、文化因素以及灵活策略结合起来等❶。

福柯还发现，从 18 世纪开始，一种新的国家治理术在欧洲被广泛使用，它不再是肉体的解剖政治学，而是涉及生命、人口、卫生、健康、寿命等方面的治理问题，福柯称为生命政治学❷。生命政治学表明资产阶级在控制与规训个人方面，创造出一系列细腻而灵活的治理策略和技艺，它以生命为主轴，实现了对个人和社会的双重控制，确保了资本主义社会的权力关系网络，是现代资本主义的灵魂和核心❸。

（六）杰索普的国家理论

英国学者鲍勃·杰索普（Bob Jessop）长期以来致力于对二战以后西方马克思主义各个国家理论流派的总结与综合，他试图超越工具主义—结构主义、阶级决定论—资本决定论、社会中心论—国家中心论等国家理论的二元对立，将这些相互竞争的理论综合起来，以提高自己国家理论的说服力。

杰索普的国家理论深受制度主义、葛兰西和普兰查斯的西方马克思主义政治理论、批判的话语分析理论、卢曼的自组织理论和哈贝马斯的生活世界理论的影响，❹ 并系统借鉴了战后复兴的三个马克思主义国家理论流派"国家垄断资本主义""国家形式与功

---

❶ 高宣扬. 论福柯对国家理性的批判 [J]. 求是学刊，2007（6）：69.

❷ ［法］福柯. 必须保卫社会 [M]. 钱翰，译. 上海人民出版社，2018：266.

❸ 高宣扬. 当代法国哲学导论（下卷）[M]. 同济大学出版社，2004：918.

❹ 尹树广，等. 雅索普的资本主义国家理论 [J]. 马克思主义与现实，2005（2）：67.

能的衍生学派（主要是资本逻辑学派）""新葛兰西主义"的研究方法，并形成了自己独特的理论特色，他的"策略关系"国家理论在西方学术界具有广泛的影响。"策略关系"国家理论是一个有关社会化（societalization）的理论建构方法，杰索普认为，战后马克思主义国家理论可以从宏观上划分为"阶级理论"与"资本理论"，但是它们会分别导致"阶级还原论"和"经济还原论"，因此必须用策略关系方法来统合"阶级理论"与"资本理论"。策略关系方法把国家描绘成一个竞争平台、代表形式和干预形式的结合，以及国家机构的结合形式。依据积累策略、政治策略和领导权方案，策略关系方法重新调整了马克思主义的经济、政体和意识形态的三角关系。❶

除了策略关系方法理论，杰索普还在空间尺度理论、治理理论等方面有所建树，关于现代民族国家，杰索普认为，全球化并不会导致民族国家的消亡或终结，既不可能产生一种超越民族国家之上的"帝国"主权，也不可能产生"世界国家"或"全球政府"，"现代国家不是正在消亡，而是正在被重新想象、重新设计、重新调整以回应挑战"。❷

四、马克思主义中国化的国家理论

（一）民主革命时期中国共产党的国家理论

鸦片战争以来，在资本主义列强侵略下，中国面临主权沦丧、领土被瓜分的悲惨局面，如何实现民族独立、国家富强、人民解放、社会民主的历史任务，是当时的时代主题，也是人民的呼唤。

❶　郁建兴. 杰索普国家理论述评［J］. 求是学刊，2007（4）：35.

❷　［英］杰索普. 后福特制和国家［A］//格雷夫. 比较福利制度. 重庆出版社，2006：176.

经过艰辛探索，以毛泽东为代表的中国共产党人创造性地开辟了中国国家现代化的历史路径，把马克思主义基本原理与中国革命的现实结合起来，创立了毛泽东思想，实现了马克思主义中国化的第一次历史飞跃，完成了民族国家建设和民主国家建设的双重任务。

民主革命时期，中国共产党先后提出了苏维埃工农民主政权理论、抗日民主政权理论、新民主主义革命理论及人民民主专政国家理论。

在土地革命时期，马克思主义中国化的国家理论表现为：第一，高度重视武装斗争在夺取国家政权中的重要性，在八七会议上，毛泽东同志提出"枪杆子里面出政权"的主张，要用暴力革命的手段对付武装到牙齿的反动势力，并亲自领导了秋收起义。后来，他又进一步指出，中国"革命的中心任务和最高形式是武装夺取政权，是战争解决问题"❶。第二，探索农村包围城市的革命新道路。中国的革命是在落后的农业国里进行的，这不仅和马克思、恩格斯设想的社会主义革命在发达的资本主义国家首先爆发相去甚远，也和列宁领导的十月革命首先在城市取得胜利的历史条件相去甚远。毛泽东指出，中国革命的实质是无产阶级领导的农民战争，必须发动农民、组织农民，实行工农武装割据，开展土地革命，走农村包围城市的道路，直至取得最后的胜利。第三，探索土地革命时期政权建设的经验。土地革命时期的政权建设是中国共产党第一次局部执政的尝试，1931 年 11 月 7 日，中国共产党在江西瑞金召开了工农苏维埃第一次全国代表大会，建立了全国性政权机关——中华苏维埃共和国临时中央政府，毛泽

---

❶ 毛泽东选集（第 2 卷）[M]. 人民出版社，1991：541.

东当选为中央政府主席，统一领导各根据地建设，并通过了宪法、土地法、劳动法等一系列法律法令。其中，《中华苏维埃共和国宪法大纲》规定，中华苏维埃共和国的性质是代表工人和农民的民主政权，苏维埃政权全部属于工人、农民、红军兵士及一切劳苦大众。

在抗日战争阶段，马克思主义中国化的国家理论表现为：第一，进一步深入研究了国情，深刻剖析了当时中国的历史与社会主要矛盾。在《中国革命与中国共产党》一文中，毛泽东详细论述了中国沦为半殖民地半封建社会的历史进程，并对这个社会的特征作了准确的概括，他指出，帝国主义与中华民族的矛盾，封建主义与人民大众的矛盾，是中国社会的主要矛盾，其中民族矛盾又是各种矛盾中的最主要矛盾。中国革命的主要任务是"打击两个敌人，就是对外推翻帝国主义压迫的民族革命和对内推翻封建地主压迫的民主革命，而最主要的任务是推翻帝国主义的民族革命。"❶ 第二，指出中国革命不可能毕其功于一役，应当实行分"两步走"战略。中国社会主要矛盾，决定了中国革命的性质与任务是反帝反封建的资产阶级民族民主革命，革命要分为两步走，第一步，进行民族民主革命，取得全国政权；第二步，进行社会主义革命。"第一步，改变这个殖民地、半殖民地、半封建的社会形态，使之变成一个独立的民主主义的社会。第二步，使革命向前发展，建立一个社会主义的社会。"❷ 第三，提出了新民主主义革命阶段的政治、经济与文化纲领。1940 年 1 月，毛泽东发表了《新民主主义论》，提出了要建立一个"新民主主义共和国"的主张，并提出新民主主义的政治、经济与文化纲领，确立了新民主

❶ 毛泽东选集（第 2 卷）［M］. 人民出版社，1991：633.
❷ 毛泽东选集（第 2 卷）［M］. 人民出版社，1991：666.

主义的国家理论，并在实践中探索了"三三制"等政权建设的方法。新民主主义的国家既不同于欧美的资产阶级国家，也与苏联式的无产阶级专政有区别，是各革命阶级的联合专政，政体是民主集中制，是抗日统一战线的共和国❶。同时，新民主主义国家是一种过渡性的国家形态，最终会过渡到社会主义。

在中华人民共和国即将成立之际，为了阐明如何进行新政权建设的基本主张，1949 年 6 月，毛泽东发表了《论人民民主专政》一文，全面、深刻地总结了中国革命的历史经验，对将要建立的新型国家政权即人民民主专政作了全面系统的理论阐述。根据一百多年来中国革命的历史经验，毛泽东阐述了人民民主取代资产阶级民主，人民共和国取代资产阶级共和国的历史必然性。他指出，"人民民主专政需要工人阶级的领导。因为只有工人阶级最有远见，大公无私，最富于革命的彻底性"，"人民民主专政的基础是工人阶级、农民阶级和城市小资产阶级的联盟，而主要是工人和农民的联盟"❷。毛泽东对人民民主专政理论的提出，创造性地发展了无产阶级专政学说，发展了马克思主义国家理论，回答了社会主义时期如何建设国家和社会关系的问题。

（二）中华人民共和国成立后中国共产党的国家构建理论

新中国成立后，中国共产党建立了统一的全国政权，并领导全国人民在较短的时间内就成功地实现了社会主义改造，全面建立了社会主义制度。在中华人民共和国成立以来 70 多年尤其是改革开放 40 多年的政权建设过程中，经历了曲折和失误，但也积累了丰富的经验和教训，形成了具有新时代特色的社会主义国家理论。

---

❶ 毛泽东选集（第 2 卷）[M]. 人民出版社，1991：675 –677.
❷ 毛泽东选集（第 4 卷）[M]. 人民出版社，1991：1479.

第一，成功地实现了中国共产党从"革命党"向"执政党"角色的转型。中华人民共和国成立后，中国共产党已经从一个领导人民为夺取全国政权而奋斗的党，转变成为一个领导人民掌握全国政权并长期执政的党。革命党角色围绕"夺权"这一中心任务展开，经济上关注的中心问题是如何变革生产关系，政治上主要代表处于被压迫地位的中下层弱势群体的利益，意识形态上以"两极对立""破旧立新"为主要特征；执政党角色围绕"建设"这一中心任务展开，经济上关注如何推动生产力发展，政治上代表多元利益群体的共同利益，意识形态上以"求同存异""兼包并容"为主要特征。

第二，确立了社会主义国家国家治理的重要原则。毛泽东从矛盾的普遍性出发，批评了斯大林的社会主义不存在矛盾的观点，认为社会主义也存在着矛盾。在1956年3月的一次政治局会议上，毛泽东指出，矛盾无处不在、无时不在，社会主义依然存在矛盾，这种观点后来体现在《关于正确处理人民内部矛盾的问题》一文中。这篇文章区分了人民内部矛盾与敌我矛盾，提出了以"团结—批评—团结"方式化解人民内部矛盾的基本原则，是社会主义国家政治管理的重要原则，是人民民主专政条件下国家政治建设的根本指南。

第三，重新认识了社会主义本质，突破单一的苏联模式，探索出社会主义国家发展建设的新道路。中华人民共和国成立初期，制度建设方面主要学习和模仿苏联模式。所谓苏联模式，概括来说，就是共产党作为执政党的一党高度集权、指令性的计划经济体制和文化的一元主义。❶ 这种模式在社会主义国家发展初期发挥

---

❶ 黄宗良. 从苏联模式到中国特色社会主义 [J]. 中共党史研究，2010 (7)：36.

过一定的作用，但是久而久之，也显露出缺乏民主、效率低下、国民经济比例失调等弊端。早在 20 世纪 50 年代，毛泽东就在《论十大关系》中探索了一条不完全同于苏联模式的社会主义建设道路；以邓小平为首的中国共产党人进一步提出社会主义初级阶段理论、社会主义市场经济理论等，开辟了一条崭新的中国特色社会主义道路。邓小平在 1992 年南方谈话中，进一步揭示了社会主义的本质，"社会主义本质是解放生产力，发展生产力，消灭剥削，消除两极分化，最终达到共同富裕"❶。社会主义本质论的提出，是马克思主义思想史上的又一次重大飞跃，为发展社会主义国家观奠定了基础。

第四，社会主义国家需要不断改革创新。恩格斯指出，"所谓'社会主义'不是一种一成不变的东西，而应当和任何其他社会制度一样，把它看成经常变化和改革的社会"❷。近代，中国长期处于一种封闭的状态之中，坐井观天、夜郎自大，以至于落后挨打。以邓小平为首的中国共产党人用宽广的眼光观察世界，明确指出中国的发展离不开世界，提出对外开放的重大战略决策，开创了社会主义事业的新局面。同时，坚持解放思想、实事求是的思想路线，对内不断改革，在国家建设方面，不断推进政治体制改革，早在 1980 年 8 月，邓小平就发表《党和国家领导制度的改革》讲话，吹响政治体制改革的号角。他高度指出了政治体制改革的重要性，"只搞经济体制改革，不搞政治体制改革，经济体制改革也搞不通，因为首先遇到人的障碍。事情要人来做，你提倡放权，他那里收权，你有什么办法？从这个角度来讲，我们所有的改革

❶ 邓小平文选（第 3 卷）[M]. 人民出版社，1993：373.
❷ 马克思恩格斯文集（第 10 卷）[M]. 人民出版社，2009：588.

最终能不能成功，还是决定于政治体制的改革"❶。

　　第五，建设社会主义法治国家。中国有两千多年的封建统治历史，深受儒家"人治"思想的影响，个人权威往往容易凌驾于法律与制度之上。党的十五大提出依法治国、建设社会主义法治国家的基本方略，要求坚持法律至上、司法公正和权利平等的原则，实行广泛的权力制约和多渠道的监督机制，不断克服党政不分和权力过分集中现象，最终实现广泛的人民民主。

　　第六，推进国家治理体系和治理能力现代化。在党的十八大以后，推进国家治理体系和治理能力现代化被确定为全面深化改革的总目标。国家治理是在扬弃国家统治与国家管理两个概念基础上提出的一个新概念，它吸收了治理理论、善治理论与公司治理理论的合理内容。❷ 习近平同志指出，"国家治理体系和治理能力是一个国家制度和制度执行能力的集中体现。国家治理体系是在党领导下管理国家的制度体系，包括经济、政治、文化、社会、生态文明和党的建设等各领域体制机制、法律法规安排，也就是一整套紧密相连、相互协调的国家制度；国家治理能力则是运用国家制度管理社会各方面事务的能力，包括改革发展稳定、内政外交国防、治党治国治军等各个方面"❸。国家治理体系和治理能力现代化可以推进国家治理的民主化、法治化、文明化与科学化，是马克思主义国家理论的重要创新，标志着中国共产党人朝着政治现代化又迈进了重要的一步。

---

❶　邓小平文选（第 3 卷）［M］. 人民出版社，1993：164.
❷　何增科 . 理解国家治理及其现代化［J］. 马克思主义与现实，2014（1）：11.
❸　习近平 . 习近平谈治国理政［M］. 外文出版社，2014：91.

第二章

历史回顾：现代国家的成长轨迹

波拉德（A. F. Pollard）说过，古代历史基本上是城邦（city – state）的历史，中世纪是普世世界国家（universal – world – state）的历史，近代历史是民族国家（nation – state）的历史。❶ 要研究现代国家发展的历史规律，必须回溯其前身古代国家，并了解如何经历部落—酋邦—古代国家—绝对主义国家—民族国家等形态的演变，最终演变为今天的现代国家。现代化进程经历了三次大潮，并有内源性现代化和外源性现代化两种模式，且民族国家体系不断向全球扩张，已经成为当代维系世界秩序的国际关系体系。

---

❶ 李宏图. 论近代西欧民族主义和民族国家［J］. 世界历史，1994（6）：8.

第一节　古代的国家形态

一、古代国家的起源

近年来，对国家的起源和发展的研究已经呈现一种多学科交叉的趋势，"为了阐明发展中地区国家形成的多样性，比较政治学领域的学者已经开始了这样的分析，过渡经济学的学者也已经发现了分析早期民族国家如何建立市场经济、创建约束统治者的制度结构和形成官僚制管理的价值。在国际关系领域，随着结构现实主义的主导地位的逐渐下降，学者们已经开始认识到国际体系中的政治体性质与国家的性质从根本上影响着体系的结构特质"。●

（一）游团、部落与酋邦

1877 年，摩尔根在《古代社会》一书中提出了"氏族—胞族—部落—部落联盟—国家"的国家起源与演进的模式。摩尔根指出，人类的进步是由发展的底层阶梯开始的，根据生产力与生活技术的发展状况，他把人类社会的发展过程分为蒙昧、野蛮和文明三个时代，并把前二者再各分为低级、中级和高级三个状态，从而将人类社会分为"低级蒙昧社会、中级蒙昧社会、高级蒙昧社会、低级野蛮社会、中级野蛮社会、高级野蛮社会、文明社会"❷ 七个阶段。通过分析易洛魁人的氏族制度，摩尔根还把人类

● ［美］斯普拉伊特. 现代国家的起源、发展和可能发生的衰落［J］. 王向东，译.
国外理论动态，2012（7）：11.
❷ ［美］路易斯·亨利·摩尔根. 古代社会［M］. 杨东莼，等译. 商务印书馆，
2007：7－8.

社会的发展史分作氏族社会和政治社会两大类型：氏族社会即亲属关系社会，它以人身和氏族制度为基础，存在于蒙昧和野蛮阶段；政治社会出现在文明时代，它以地域和财产为基础，产生了国家。❶

摩尔根的研究成果，证实了人类进化的早期曾经存在过一个没有私有制与剥削压迫的完全自由平等的社会——氏族社会，这一发现令马克思和恩格斯深受鼓舞❷。恩格斯高度称赞了《古代社会》，认为它在论述原始社会状况方面是"一本像达尔文学说对于生物学那样具有决定意义的书"❸。马克思仔细研读了《古代社会》，并写下详细的人类学笔记；恩格斯接下马克思传来的火炬，写下了名为《家庭、私有制和国家的起源》的经典著作。

但是，摩尔根的理论也受到了质疑，因为历史学家和人类学家发现原始部落里存在许多并非完全平等的现象。埃尔曼·塞维斯（Elman R. Service）出版了《国家与文明的起源》《原始社会组织的演进》等书，首次系统阐释了"酋邦"概念，提出了"游团（bands）—部落（tribes）—酋邦（chiefdoms）—国家"的国家起源与演化模式，指出了从氏族社会到国家之间存在"酋邦"这样一个过渡形态。"酋邦理论"被誉为西方近年来解释国家起源最有影响力的理论模型。游团是指地域性的采集或狩猎群体，以血缘为纽带的原始群体，人数不足百人，分父系游团和混合游团。部落是比游团更大的社会结构，但其内部关系也是平等的。酋邦是

❶ ［美］路易斯·亨利·摩尔根. 古代社会［M］. 杨东莼，等译. 商务印书馆，2007：5.

❷ 沈长云. 酋邦理论与中国古代国家起源及形成问题研究［J］. 天津社会科学，2006（3）：114.

❸ 马克思恩格斯选集（第4卷）［M］. 人民出版社，2012：563.

一种"永久性协调机制的再分配社会"，❶ 是一个由若干部落组成的等级制的社会系统，其社会结构中存在不同的特权和义务的等级差异。❷ 酋邦制最重要的特征是酋长有权进行生计资料的再分配，酋邦社会的权力结构具有"集中的管理、世袭等级制、神权权威、非暴力的组织"❸ 等四个特点。用塞维斯自己的话说，"酋邦是家庭式的，但是不平等；它没有政府，但是拥有权威与集中的管理；它没有资源上的私有财产，没有经营性质的市场贸易，但是在对物品与生产的掌控方面，却是不平等的；它有阶等区分，但是没有明显的社会经济阶级，或者政治阶级"❹。在这一国家演进结构中，游团和部落社会组织以血缘关系为基础，且成员之间相对平等。而酋邦和国家则等级分明，它们不是以血缘关系，而是以领土为基础来行使权力。酋邦作为介于原始平等社会与国家社会之间的一种过渡形态，成为探究早期国家起源的一个关键性概念。

　　塞维斯的国家起源学说是一种整合理论，弗里德的国家起源学说则是一种社会内部冲突理论。❺ 在《政治社会的演进》一书中，弗里德（Morton II. Fried）提出了"平等社会—阶等社会—分层社会—国家社会"❻ 的人类早期社会演进模式。在弗里德的理论体系中，甚至取消了部落这个阶段。平等社会（egalitarian society）

---

❶ Elman R. Service. Primitive Social Organization：An Evolutionary Perspective ［M］. Random House，1971：133.

❷ 陈淳. 文明与早期国家探源 ［M］. 上海书店出版社，2007：95.

❸ Elman R. Service. Origins of the State and Civilization：The Process of Cultural Evolution ［M］. Norton，1975：16.

❹ Elman R. Service. Primitive Social Organization：An Evolutionary Perspective ［M］. Random House，1971：164.

❺ 易建平. 部落联盟与首邦 ［M］. 社会科学文献出版社，2004：235.

❻ 陈淳. 文明与早期国家探源 ［M］. 上海书店出版社，2007：80.

以狩猎采集为生，是一种典型的平均主义经济。阶等社会/等级社会（rank society）以血缘关系为基础，以村落聚居为主，其经济关系是一种互惠的交换，但是出现了明显的世系来区分群体的关系。分层社会（stratified society）可能出现在新石器时代中晚期，这一阶段人口出现增长，在这个社会的成员可能并不一定拥有平等的权利，这一点甚至有点像马克思主义的阶级社会。国家社会（state society）则是"超越血缘关系基础上建立起来的社会政权❶"。

戈登·柴尔德（V. G. Childe）认为，每一个新时代的出现，都是由一些可以与欧洲 18 世纪产业革命媲美的事件促成的。他认为，在古代社会和文明发展过程中的大事件，就是出现了"新石器革命"（第一次革命）和"城市革命"（第二次革命）；柴尔德把农业起源或"新石器革命"看作文明和国家起源的先决条件，把"城市革命"看作是文明和国家形成的标志。❷ 在旧石器时代，人类的生存完全依靠采集和狩猎活动。到了新石器时代，人类发展出能自己掌控的农业经济，带来了粮食供应的增长，从而促使人口大量增长。到了青铜时代，手工业的发展促进了商贸业的专门化和城市的发展，城市革命把许多自给自足的小型农村，变成了人口众多的城市，并最终组成国家。但是，有的学者认为，柴尔德的研究具有较大局限性，首先，他的视野局限在西亚、北非和印度河流域，对中国和美洲文明起源的情况几乎没有涉及。此外，柴尔德认为城市的出现就是国家的出现的标志也是不准确的。李学勤指出："城市、城邑或都市，虽说可以视为许多民族文明社

❶ Morton H. Fried. The Evolution of Political Society ［M］. Random House，1967：229.

❷ 陈淳. 文明与早期国家探源 ［M］. 上海书店出版社，2007：118.

会形成的充分条件，但也并不是每一个民族都具备的。"❶ 城市对于农业民族来说十分重要，但是对于游牧民族来说就不是绝对性的东西；即使是农业民族，也有例外，比如古埃及就是一个"没有城市的文明"。

在塞维斯与弗里德人类社会演进理论体系的基础之上，约翰逊和厄尔（Allen W. Johnson and Timothy Earle）将人类社会的发展过程划分为三大社会进化阶段：家庭层次上的团体——地方性的团体——地区性的团体。❷ 在第三阶段，他们又将塞维斯的酋邦与国家糅合在了一块，再细分为"简单酋邦（the Simple Chiefdom）、复杂酋邦（the Complex Chiefdom）与早期国家（the Archaic State or the Early State）"❸ 三种形式。还有些学者提出"四级聚落等级的国家论"❹，以使酋邦与国家相区别。

（二）古代社会演进的动力

从原始简单的狩猎采集社会向古代国家的演进是一个复杂漫长的过程，解释这种国家起源演进动力的理论也有多种，包括魏特夫的"治水论"，斯宾塞、卡内罗和哈斯的"战争冲突论"，拉斯耶的"贸易论"，亚当斯和弗兰纳里的"系统论"，等等。

在《东方专制主义》一书中，魏特夫（Karl A·Wittfogel）认为，灌溉是古代农业的核心，早期文明大多数存在大规模的灌溉农业，需要对水资源进行集中的调控与管理，需要修建大型公共工程，如运河、水库和防洪工程等。这些大型工程必然需要大规

❶　李学勤. 中国古代文明与国家形成研究 ［M］. 云南人民出版社，1997：6.
❷　易建平. 部落联盟与酋邦 ［M］. 社会科学文献出版社，2004：262.
❸　Allen W. Johnson, Timothy Earle. The Evolution of Human Societies：from Foraging Group to Agrarian state ［M］. Stanford，1987. 转引自易建平. 约翰逊和厄尔的人类社会演进学说 ［J］. 世界历史，2003（2）：81.
❹　王震中. 国家形成的标志之管见 ［J］. 历史研究，2010（6）：14.

模的一体化协作，需要高度集中的行政权力，从而会导致国家的出现。他将这种模式称为"治水社会"，并认为治水社会最终必然会导致"专制主义"。但是，新发现的考古资料对魏特夫的理论提出了批评，比如人们发现，美索不达米亚的大规模灌溉体系是在国家形成很长一段时间以后才出现的，灌溉农业的形成似乎应该是国家形成的结果，而非原因。

关于国家起源于战争的理论源远流长。早在 2500 年前，赫拉克利特就写道，"战争是万物之父"，古往今来不少学者都提出过战争理论。19 世纪的英国学者赫伯特·斯宾塞认为，"战争是政府内部发展的工具，又是一个集团控制另一个集团使政府实行欺压的工具"，❶ 他的观点成为国家起源于战争理论的代表。卡内罗提出一种"强制理论"，认为冲突和战争是强权统治机制产生的原动力，是国家起源的决定性因素，而人口增长与自然资源紧缺的矛盾导致族群之间的冲突与战争，在战争过程中国家形成了。与卡内罗将国家形成动力归因于对外冲突不同，哈斯的冲突论强调社会内部的冲突是强权和国家的动力。❷ 哈斯认为，权力是理解国家起源的关键，他将社会内部的差异、矛盾和冲突看作是社会复杂化和早期国家的主动力，这和马克思主义强调阶级冲突是国家形成的原因的观点十分相似。❸

关于贸易是国家起源的理论，柴尔德曾经指出，两河流域、埃及和印度等地区的人们建立了复杂的贸易网络，用商品交换来换取必要的生活资料，商业贸易的发展最终促进了国家的建立。拉斯耶（W. L. Rathje）根据中美洲玛雅地区的考古发现，也提出

---

❶ ［美］哈斯. 史前国家的演进［M］. 罗林平，等译. 求实出版社，1988：118.
❷ 陈淳. 文明与早期国家探源［M］. 上海书店出版社，2007：130.
❸ 陈淳. 文明与早期国家探源［M］. 上海书店出版社，2007：131.

了贸易促进国家起源的学说。他以危地马拉佩滕地区的低地居民为例，由于十分缺乏食盐和制作工具用的石料等重要资源，他们不得不通过贸易与邻近高地的居民进行物质交换，为此他们发展出复杂的组织机构以提高竞争力，这样国家就产生了。但是拉斯耶的贸易论被看作是一种较低层次的理论，只能说明某些特定国家的形成，不能看作是早期国家形成的一般性规律。❶

美国考古学家罗伯特·亚当斯认为，国家起源不是一种因素，而是多种因素共同造成的，他从技术、生存和文化等多方面的渐变来说明社会的复杂转化过程，用系统论的观点来考察国家的起源。受亚当斯的影响，肯特·弗兰纳里提出了一种更加清晰的系统论观点，他认为，社会系统有许多不同的亚系统构成，这些亚系统包括自然环境限制、人口压力、农业灌溉、商业贸易、战争等方面，这些因素导致社会内部不断"分异"和"集中"，"分异"是指社会系统内部的不断分化和专门化，"集中"指各亚系统之间的联系和控制机制的不断加强。国家社会就是在这多种因素和变量的相互作用下，通过社会系统运转的互动和促进，最终形成一个集中政府管理的国家机构。❷

二、城邦、王国与帝国

（一）城邦与王国

大约在 1 万年前，人类社会经历了农业革命，进入新石器时代，人类从完全依赖于狩猎采集生活的束缚中解脱出来。与之相适应的是社会关系的变化，由以血缘关系为基础的旧社会，开始

---

❶　陈淳. 文明与早期国家探源 [M]. 上海书店出版社，2007：134.
❷　陈淳. 文明与早期国家探源 [M]. 上海书店出版社，2007：136 - 137.

向以政治关系为基础的新社会过渡或转变。城邦就是这一新旧社会关系发生转变时期的产物。

古代城邦是早期人类社会里最早的一种较为普遍存在的国家形态，比如在古希腊、古罗马就有众多的城邦。20 世纪以来，人们发现在古代两河流域以及其他地区也长期存在过一种以城市为中心、结合周围地区而形成的小国，它们极其类似古希腊、罗马的城邦❶。林志纯也指出，古代城邦具有普遍性，"最早的国家，就现在所知道的，都是城市公社，城市国家，或简称城邦……奴隶制城邦是古代一切奴隶制国家必经的阶段"❷。

但是学术界也有人认为并非"任何文明都存在城邦"，比如顾准在《希腊城邦制度》一书中对古希腊城邦制度作了全面而又详尽的剖析，但他同时认为，"希腊政治演变中的僭主、立法者与民选调节官都不见于我国古代"❸，从而认为古代中国可能不存在城邦制度。此外，林甘泉也认为，一些游牧民族建立的早期国家就不具备城邦的特点；即便是那些定居生活的民族，也不能说他们早期的政治和社会组织都是城邦❹。这些游牧民族的国家，不以城为中心，而是由部落结合而成，这样的国家可称为部落国家；古希腊人也用 Ethnos 一词来称部落国家，以区别于城邦国家（city - state）。❺

所谓城邦，就是一个城市连同其周围不大的一片乡村区域就是一个独立的主权国家❻。世界上最早的城邦出现在古代苏美尔。

---

❶ 王敦书. 略论古代世界的早期国家形态 [J]. 世界历史, 2010 (5): 116.

❷ 林志纯, 等. 世界上古史纲 (上) [M]. 人民出版社, 1979: 25.

❸ 顾准. 顾准文集 [M]. 贵州人民出版社, 1994: 183.

❹ 转引自王敦书. 略论古代世界的早期国家形态 [J]. 世界历史, 2010 (2): 119.

❺ 王敦书. 略论古代世界的早期国家形态 [J]. 世界历史, 2010 (2): 124.

❻ 顾准. 顾准文集 [M]. 贵州人民出版社, 1994: 70.

大约公元前4000年—公元前2300年，两河流域建立了统一的阿卡德王国，此外，基什、乌鲁克、苏鲁帕克、乌玛、拉格什等数以十计的苏美尔城邦也陆续出现❶。大约公元前2135年，苏美尔的统治扩大到亚述、埃兰及美索不达米亚西北部。苏美尔经历了经济增长及文化发展的阶段，全国范围内正在有计划地建立庙宇，文学的发展达到一个顶峰，汉谟拉比法典的前身——苏美尔法典初步形成。但是，首先是阿卡德的萨尔贡国王们，以及侵略者对苏美尔人课以重税的社会经济效应；其次是随着需要管理的领土不断扩展，国王相对于神庙的权限也在增加；最后是战争、毁坏、掠夺与土地盐碱化的共同作用❷，苏美尔城邦解体了。

古希腊城邦大约形成于公元前8世纪，城邦并非希腊最早出现的古代国家形式，在此之前更早的是受到古代近东文明影响的米诺斯宫殿国家（约公元前2000年—公元前1450年），以及受到米诺斯宫殿国家影响的迈锡尼王国（约公元前1600年—公元前1100年）。在一定意义上说，"米诺斯—迈锡尼时代的国家是近东中央集权专制王国在爱琴海地区的复制品"❸。从迈锡尼王国时代到城邦时代，其间存在着一个巨大的断裂——"黑暗时代"（约公元前1100年—公元前800年），这个时代希腊经济和文化经历了一次倒退。"黑暗时代"的部落入侵带来了动荡并引发了人口逃亡，虽然强大王权顷刻颠覆、王宫经济同时崩溃，但却使普通民众在经济社会中获得了独立生产和生活的自由。大约公元前900年，希腊各地间的贸易以及与东方的贸易重新得到恢复，人口也不断增长，

---

❶ 易宁. 论南部两河流域古苏美尔时期城邦政体 [J]. 北京师范大学学报（社会科学版），1994（3）：97.

❷ ［英］塞缪尔·芬纳. 统治史（第一卷）［M］. 王震，等译. 华东师范大学出版社，2014：135.

❸ 徐晓旭，蔡丽娟. 古代希腊城邦的形成 [J]. 史学集刊，2008（3）：49.

这一切反过来又促进了公元前8世纪的文化复兴。在这种历史条件下，自由农民的公社迅速发展，公社的发展又为城邦的形成打下了民意基础、奠定了制度的准备，当经济的飞跃与人口的膨胀使得仅仅依靠伦理与习俗的约束力来管理社会的体制不能适应现实的需求，公社共同体逐渐演变为一种更为紧密的政治社会。在这种情势下，城邦应运而生了。

古代中国也历经了城邦时代，中国学者田昌五将古代中国分为"洪荒时代""族邦时代""封建帝制时代"三段，其中"族邦时代"就是指从氏族社会到宗族城邦，再到文明社会演变的历史，族邦的本质特点是族权政治❶。王震中用"邦国—王国—帝国"来描述中国古代进入文明社会以后的政治实体的演进，其中小国寡民式的邦国就是古代中国最早的国家形态。❷ 20世纪50年代以来，研究中国古代史的日本学者也用"城市国家/或邑制国家—领土国家—帝国"的模式来阐述中国先秦到秦汉的国家形态的演进❸。

古代城邦的外在特征是小邦寡民、公民整体主义与邦内自给自足❹。据Starr估计：一般的典型希腊城邦的面积在50～100平方公里，公民人数在625～1250人，能够提供的战士人数为225～625人❺，总人口能达到几万人的并不多。马文·佩里曾经提及，多数城邦的男性公民不足5000人，雅典是当时的大城邦，也不过大约

❶ 田昌五. 中国历史体系新论续编［M］. 山东大学出版社，2002：207，230.
❷ 王震中. 邦国、王国与帝国：先秦国家形态的演进［J］. 河南大学学报，2003（4）：30.
❸ 王震中. 邦国、王国与帝国：先秦国家形态的演进［J］. 河南大学学报，2003（4）：29.
❹ 杨共乐. 古代希腊城邦特征探析［J］. 北京师范大学学报，2008（6）：66.
❺ G Starr. Individual and Community，The Rise of the Polis［M］. Oxford University Press，1986：46.

35000 名男性公民，其余是没有参政权的妇女、儿童、外来人口和奴隶。城邦居民大多数有血缘关系，彼此共同参与社会与文化生活，因此具有归属感❶。

　　古代城邦国家的实质是奴隶主和贵族的专政，是阶级统治的工具。其政体一般都有城邦首领、贵族会议和公民大会这三种政治机构，这三种政治机构权力的大小，以及公民之间的相互关系与地位的差别，随着政体和历史条件而异，不可忽视❷。另外，它保留了氏族制、公有制、军事民主制等大部分原始社会制度的残存。希腊城邦政治一般经历"国王统治（君主政治），拥有土地的贵族统治（寡头政治），由夺取权力的个人统治（僭主政治）和人民治理国家（民主政治）"❸ 四个阶段。

　　杜正胜（Tu Cheng Sheng）认为，作为一种国家形态，城邦在中国乃至世界各地的文明中都存在过，小国寡民是古代城邦的普遍现象。希腊城邦的特质在于市民权，苏美尔城邦的特质在于城邦神的庙宇，中国古代城邦的特质在国人，国人是居住在城市、隶属于不同宗族的自由民，和居住在乡下、身份较低的"野人"不同，居住地对于中国古代城邦人民的地位具有绝对影响❹。

　　有城邦，就会有城邦联盟，几乎所有早期文明和国家都留下了城邦时代城邦联盟的证据。比如在苏美尔的原始文字中，出现了"君"和"王"等文字符号，王可能就是指城邦联盟的首领；

❶　［美］马文·佩里．西方文明史（上）［M］．胡万里，等译．商务印书馆，1993：70.

❷　王敦书．略论古代世界的早期国家形态［J］．世界历史，2010（5）：124.

❸　［美］马文·佩里．西方文明史（上）［M］．胡万里，等译．商务印书馆，1993：73.

❹　Tu Cheng Sheng. City－state in Ancient China［A］//《中西古典文明研究》编写组．中西古典文明研究．吉林人民出版社，1999：473.

埃及的"纳尔迈调色板"雕刻着国王纳尔迈统治的画面，说明埃及也出现了城邦联盟及其首领❶。在中国的春秋战国时期，城邦联盟的盟主或称王，或称霸❷。随着历史的发展，城邦和城邦联盟的各种组织终归解体，进入帝国时代。

（二）古代帝国

古代文明大多数都历经过由小国寡民的城邦国家到地区性的王国，再到跨地区的大帝国的发展阶段。在世界古代文明史上，先后兴起过各式各样的帝国，包括埃及、巴比伦、波斯帝国、罗马、希腊、拜占庭、莫卧儿、阿拉伯哈里发、中华帝国、从封建体系衰落时期到绝对专制时期的欧洲国家、殖民扩张时期的西班牙属美洲帝国、法属帝国和印度的英属殖民帝国❸等。

巴里·布赞曾经指出从城邦过渡到帝国的过程，"城邦体系为帝国的建立创造了条件，即一个强大的城邦可以通过控制与征服其他城邦，将自己扩张成为一个帝国。雅典、巴比伦、迦太基、德里、尼尼微、罗马、特诺奇蒂特兰以及乌尔等都是擅长这一技巧的比较著名的城邦"❹。一个稳定的帝国形成过程有四个重要特征：第一个特征是形成了一种非地方性意识形态，这种意识形态能够使帝国作为一个凝聚力的实体得以巩固；第二个特征是有效的官僚机构和常备军的出现；第三个特征是行政管理技巧的进步，加强了中央对分散到各地的行政官员的控制；第四个特征是为了

---

❶ 林志纯（日知）. 古代城邦史研究 ［M］. 人民出版社，1983：19.

❷ 林志纯（日知）. 古代城邦史研究 ［M］. 人民出版社，1983：24.

❸ ［以］艾森斯塔得. 帝国的政治体系 ［M］. 阎步克，译. 贵州人民出版社，1992：13.

❹ ［英］巴里·布赞，等. 世界历史中的国际秩序 ［M］. 刘德斌，译. 高等教育出版社，2004：155.

保持书面记录和帝国各种协议的条款，书面语言成了必要❶。

迈克尔·多伊尔（Michael Doyle）将帝国定义为"有某些政治社会强加于另一些政治社会有效统治权之上的控制性政治关系"❷，帝国不仅仅是政治和军事高压的产物，不要低估帝国所带来的合法性。农业帝国是古代帝国的主导形式，但不是唯一形式，在与农业文明密切联系的游牧民族中，部落帝国也经常兴起。在距今2000年以前的时期，游牧部落和游牧帝国在世界舞台上曾经发挥过重要影响，比如建立于公元13世纪的蒙古帝国，是迄今为止世界上最庞大的陆地帝国；游牧帝国也与世界上伟大的文明之一——伊斯兰文明联系在一起。建立帝国的主要动机是控制贸易路线和征税的需要，通过创建财富生产和需求中心，发展中心城市来刺激贸易的发展。帝国的地理疆域通常具有弹性，即使"在固定的边界内，帝国没有程度一致的统治权，而是随着对一些区域控制的日益减弱而递减"❸。军事与政治领袖对于帝国的形成与统治至关重要，帝国通常伴随亚历山大大帝、查理大帝、成吉思汗、汉谟拉比等著名统帅的出现而形成，也经常因为统治者软弱或王室继承规则遭到破坏而瓦解。比如从395年罗马帝国正式分裂为东西两个帝国之时算起，到1453年君士坦丁堡陷落、佩利奥洛格斯王朝覆灭之时为止，拜占庭帝国先后有107位君主占据了皇位，其中只有34人正常死亡，8人死于战场或意外事故，其余那些人或者自愿退位，或者被迫退位，或者暴毙，包括被毒死、被闷死、被绞死、被刺死以及因被致残而死……在这段时期内一共

❶　[英] 巴里·布赞，等. 世界历史中的国际秩序 [M]. 刘德斌，译. 高等教育出版社，2004：152.
❷　Michael Doyle. Empires [M]. Cornell University Press，1986：19.
❸　[英] 巴里·布赞，等. 世界历史中的国际秩序 [M]. 刘德斌，译. 高等教育出版社，2004：157.

发生过 65 次夺取皇位的叛乱❶。

古代历史上的帝国基本是官僚制帝国，其政治体系的基本特征是政治领域的有限自主性，它表现为：（1）统治者，在某种程度上还有政治斗争的参与者的自主政治目标的发展；（2）政治活动和政治角色的有限分化的发展；（3）把政治共同体组织为一个中央集权单位的企图；（4）专门性的行政组织和政治斗争组织的发展❷。各个历史官僚社会的统治者各自的具体目标各不相同，它包括领土的统一、扩张和征服，政权的富足，经济的发展，以及某种既定文化模式的维系或扩展❸。为了能够贯彻其目标，他们就被迫发展出一些新的、进一步的一般性目标，这就为其更为具体的政策和目标提供了发展框架。其中最首要的一般性目标，就是建立统一的中央集权的政权，确立统治者的最高主权；当政权确立以后，维持政权的正常运作就成为另一个重要目标。其次，历史官僚社会的统治者，发展了动员有关资源的能力。他们要确保能够从不同的社会群体那里获得源源不竭的资源，以维持国家的运转以及统治者的消费之用❹。

在 16 世纪之前，帝国体系的统治形式一直在世界政治发展史上占据中心地位。"在人类绝大部分的发展过程与历史演进当中，帝国一直是典型的政治形态。帝国无意在某个国际体系中运作，

---

❶ 转引自厉以宁. 论拜占庭帝国的灭亡 [J]. 北京大学学报，2005（9）：139. 参看迪尔. 拜占庭：辉煌与衰败 [M]. 鲁吉斯大学出版社，1957：127 – 129.

❷ [以] 艾森斯塔得. 帝国的政治体系 [M]. 阎步克，译. 贵州人民出版社，1992：20.

❸ [以] 艾森斯塔得. 帝国的政治体系 [M]. 阎步克，译. 贵州人民出版社，1992：118.

❹ [以] 艾森斯塔得. 帝国的政治体系 [M]. 阎步克，译. 贵州人民出版社，1992：119 – 120.

它期望把本身建立为一个国际体系。"❶ 帝国体制的主要代表是罗马帝国、阿拉伯帝国和帝制时代的古代中国。

古代罗马帝国是一个地跨亚非欧，融汇了东西方古典文明的世界帝国。公元前 27 年，屋大维在罗马共和国的基础上，建立了以皇帝（元首）为中心，以元老院、骑士团为代表的奴隶主阶级的中央集权制。古罗马帝国拥有强大的军队，不断开疆拓土，实行等级制统治。由于疆域辽阔，人口庞大，为了加强管理，罗马帝国在数世纪之内不断创制并完善了法律，"历史上第一次，由于法律，我们说的私人生活才有了可能：个体自由的范围被创造了出来，法律规定其他人不得穿越其中"❷，法律制度是古罗马帝国留给人类的重要思想与政治财富。

公元 7—11 世纪，伊斯兰教的兴起与阿拉伯帝国的崛起是世界历史上一个重要转折点。在政治上，阿拉伯帝国实行政教合一的制度，哈里发是集政权、神权与军权于一身的最高统治者。在经济上，阿拉伯帝国的商业与贸易十分发达，特别是它的特殊地理位置，使其成为东西方经济交流的重要桥梁。在文化上，阿拉伯—伊斯兰文明曾经十分繁荣，它吸收、融合了被征服地区的文化，尤其是公元 8—10 世纪，阿拉伯帝国翻译了大量东西方的典籍，为人类保存了文明的火种。

帝制时代的古代中国（也有人称为中华帝国）实行名为"宗藩体系"的国际体系或国际秩序颇具特色，宗藩体系又被称为封贡体系、华夏秩序或天朝礼治体系，这个体系的基本框架是：将与周边民族或地区的关系视为国内各地区间关系的延伸，用解决

---

❶　［美］亨利·基辛格. 大外交［M］. 顾淑馨，林添贵，译. 海南出版社，1998：5.
❷　［法］菲利普·内莫. 罗马法与帝国的遗产［M］. 张竝，译. 华东师范大学出版社，2011：3.

国内问题的思路和方法处理和其他地区间的关系。它经过方国体系、郡县体系、羁縻（土司）体系与宗藩体系四种历史时期，到明清才最终形成了宗藩体系❶。也有学者将宗藩体系称作"华夷秩序"，认为它的基本内涵是"以中华帝国为中心，在中国封建皇权的约束和保护下，建立国际和平局面；在中华封建文明的影响与制约下，促进各国的进步与繁荣"❷。明清有十几个藩属国，双方的宗藩关系主要表现在册封和朝贡等关系上，比如，这些藩属国的国君对中国只能称王，不能称帝，而且只有在中国皇帝册封后才具有合法性。因此，宗藩体系建立的是一种以中华帝国君临天下的垂直型国际关系体系。宗主国与藩属国之间的关系，并非一种平等的国家关系，而是一种以臣事君和以小事大的等级关系，体现的是一种中华文明至上的等级制度。

三、专制主义与绝对主义

专制主义是指"一种统治者与被统治者的关系是主奴关系的统治形式"❸，但是"专制"一词的含义经常变化不定，它在不同历史时期有不同含义，在亚里士多德眼里，"专制主义"特指东方的政治统治形式，它是五种君主政体中的一种，意为东方国家的君主一人对所有臣民实行的主人对奴隶式的政治统治。古罗马时代的"暴君"和"独裁"与专制有联系，"暴君"意为君主的统治手段残暴、破坏法律、恣意妄为，是对统治方式的批判；"独裁"是应对危机的合法授权统治形式，是一种宪法允许的紧急状

---

❶ 杨军. 中国与古代东亚国际体系 [J]. 吉林大学学报（社会科学版），2004（2）：34.

❷ 何芳川. "华夷秩序"论 [J]. 北京大学学报，1998（6）：37.

❸ [英] 韦农·波格丹诺. 布莱克维尔政治制度百科全书 [M]. 邓正来，等译，中国政法大学出版社，2011：180.

态下"独掌全权，处理危机"的特殊授权以及在此授权之上的政治管理❶。在西方学者眼中，东方专制主义作为一种政体，具有非自由性、强制性、奴役性和专断性；正因为专制主义压制人的自由天性，因此专制主义社会具有内在的停滞性，只有空间而没有时间（黑格尔），而要打破这一停滞性只有借助于外力❷。

前面已经提及，卡尔·魏特夫于1957年出版了《东方专制主义》一书，书中魏特夫提出了治水经济和治水社会最终会导致东方专制主义的命题。关于古代东方社会专制组织和以灌溉为基础的农业之间存在联系的思想并非魏特夫的专利，亚当·斯密和穆勒等人都提出过相应的假设。但是魏特夫发明了"治水社会"、"治水文明"与"治水专制主义"之类的新术语，并将其等同于"东方社会"、"东方专制主义"和"亚细亚社会"。用魏特夫的话来说，"这种社会形态主要起源于干旱和半干旱地区，在这类地区，只有当人们利用灌溉，必要时利用治水的办法来克服供水的不足和不调时，农业生产才能顺利地和有效地维持下去。这样的工程时刻需要大规模的协作，这样的协作反过来需要纪律、从属关系和强有力的领导"；治水工程具有相当的复杂性，更是涉及人、财、物各种资源的调配，"要有效地管理这些工程，必须建立一个遍及全国或者至少及于全国人口重要中心的组织网。因此，控制这一组织网的人总是巧妙地准备行使最高政治权力"❸。在这种背景下，所谓的"东方专制主义"制度便产生了。

---

❶ 常保国. 西方文化史语境中的专制主义、绝对主义与开明专制 [J]. 政治学研究，2008（3）：48－49.

❷ 徐勇. 东方自由主义传统的发掘：兼评西方话语体系中的"东方专制主义" [J]. 学术月刊，2012（4）：7.

❸ ［美］魏特夫. 东方专制主义 [M]. 徐式谷，译. 中国社会科学出版社，1989：18.

据考证，"东方专制主义"一词最早出现在 1758 年爱尔维修的著作《精神论》中，并在 1761 年布朗热的《东方专制主义起源之研究》一书出版之后开始流行❶。在魏特夫的《东方专制主义》一书出版之后，尤其是他把马克思的"亚细亚生产方式"概念改造为"治水社会"。

其实，除了治水的需要，军事竞争的压力，似乎更适合解释古代东方专制主义的产生与存在。在中国的整个北方，长期存在游牧民族的入侵问题。北方的地理和气候特点不适合农业生产，而且冬季的寒冷和粮食短缺迫使这些游牧民族寻找更理想的栖居之地，向中原扩张是他们的必然选择。而对于中原政权而言，建立统一的中央集权机构，不仅能提高行政效率和征税能力，更重要的是能提高经济和军事实力。因此，专制主义政权的建立完全是生存的需要，否则就有亡国的危险，事实上，北方少数民族不止一次完全征服过中原，并建立过全国政权。所以，正如查尔斯·蒂利指出"战争制造了国家，而国家也制造了战争"那样，在古代中国，战争制造了专制主义，专制主义保卫了国家。

有人认为，西欧民族国家的进程一般被分为三个阶段，即绝对主义国家、民族国家和福利国家❷。1796 年绝对主义（absolutism，或译为绝对专制主义）一词最早出现在法语中，1830 年左右出现在英语和德语中；而专制主义（despotism）一词源于古希腊的柏拉图和亚里士多德❸。绝对主义和专制主义虽然都是指中央集权的君主制，但是前者通常指西欧国家，而后者通常用在东方国家，

❶ 廖学盛. 关于东方专制主义 [J]. 世界历史，1980（1）：89.
❷ 郭圣莉. 货币、税收与军事暴力：西欧绝对主义国家的形成 [J]. 复旦政治学评论，2009：134.
❸ [英] 戴维·米勒. 布莱克维尔政治思想百科全书 [M]. 邓正来，等译. 中国政法大学出版社，2011：136.

应该把绝对主义与专制主义区别开来。❶

　　绝对主义指"拥有绝对权力且不受法律限制和宪法控制，通常是君主制的政府"❷。绝对主义国家所建立起来的国家架构是欧洲民族国家体系的起源❸，它是指 15—18 世纪西欧从分散的封建社会向民族国家转型的一种普遍政治形式，具有强烈的过渡时期特色。在封建社会末期，随着农奴制度退出历史舞台，封建主阶级的权力也岌岌可危，权力不断向上集中，中央集权化、军事化的绝对主义国家开始形成。因此佩里·安德森指出，"从本质上讲，绝对主义就是：经过重新部署和装备的封建统治机器，旨在将农民再度固定于传统社会地位之上——这是对农民由于地租广泛转化所获得的成果的漠视和抵抗。换言之，绝对主义国家从来也不是贵族与资产阶级之间的仲裁者，更不是新生资产阶级反对贵族的工具：它是受到威胁的贵族的新政治盾牌"❹。"充分把握住贵族国家结构上以及封建地产中发生巨大变化的逻辑和内涵，是至关重要的，因为正是由此产生绝对主义这一新现象。"❺ 战争是绝对主义国家的深层逻辑，对于塑造欧洲的版图至关重要，它将 1500 年时期欧洲 500 多个自治性政治单位缩减到 1900 年的 25 个。绝对主义产生时期封建君主因战争等因素，需要维持稳定的财政

---

❶ ［英］韦农·波格丹诺. 布莱克维尔政治制度百科全书［M］. 邓正来，等译，中国政法大学出版社，2011：2.

❷ ［英］韦农·波格丹诺. 布莱克维尔政治制度百科全书［M］. 邓正来，等译，中国政法大学出版社，2011：1.

❸ ［英］安东尼·吉登斯. 历史唯物主义的当代批判［M］. 郭忠华，译. 上海译文出版社，2010：192.

❹ ［英］佩里·安德森. 绝对主义国家的系谱［M］. 刘北成，译. 上海人民出版社，2001：6.

❺ ［英］佩里·安德森. 绝对主义国家的系谱［M］. 刘北成，译. 上海人民出版社，2001：6.

收入，扩大税收的来源；资产阶级需要建立国内统一市场，促进商品经济的发展，二者各取所需而结成联盟，重商主义就是绝对主义君主与商业资产阶级结盟最典型的表现❶。但是，绝对权力也并不完全是君主个人的专断权力，"绝对主义的产生从来都不是支配阶级自然而平稳的进化过程：它是以封建贵族内部剧烈的分裂冲突为标志的，而绝对主义首先要照顾的却是封建贵族的集体利益。在政权集中于处在社会秩序顶峰的中央集权化君主政体的情况下，作为客观补充，王权之下的各个封建所有权单位在经济上得到巩固"❷。从16世纪的尼德兰革命直到20世纪的俄国革命，资产阶级革命相继爆发，历经几个世纪，欧洲各国的绝对主义最终走向解体。

第二节　现代国家的生成

什么是现代世界诞生与演变的"第一推力"？在19世纪的历史学家和哲学家中，有些人认为，"历史是被大的精神和思想变化推动的"，他们认为"上帝、理性精神或对自由的渴望推动着世界运转"，❸他们相信欧洲的基督徒对文明的开化承担了使命。也有些人认为，种族和文明按照竞争、生存和衰落的自然法则起落更替。20世纪中叶，唯物主义者把工业资本主义的逻辑看作解释

---

❶ 常保国. 西方文化史语境中的专制主义、绝对主义与开明专制 [J]. 政治学研究，2008（3）：53.

❷ [英] 佩里·安德森. 绝对主义国家的系谱 [M]. 刘北成，译. 上海人民出版社，2000：7.

❸ [英] 贝利. 现代世界的诞生 1780—1914 [M]. 于展，刘美兰，译. 商务印书馆，2013：5.

1750 年后人类事务的主要力量，按照这个标准，他们把 19 世纪关键的历史变化看作强大的国家和社会面对城市工业资本主义实行变革的结果。然而，即使是 19 世纪晚期真正"资本的年代"，也不能把一切都"简化"为资本，它既是资本家的年代，同时也是贵族、牧师和地主的年代，甚至更多的是农民的年代。20 世纪末，另一些历史学家把国家与政府，尤其是占主导的西方类型的国家作为其历史剧中的第一推力，但这也没有真正解决问题❶。一些古老的政治形式如城邦、城市联盟和帝国，都没有朝现代国家方向发展，只有在最近数百年内，导致欧洲和世界各地分离的是资本权力和强权政治之间复杂的辩证逻辑，导致了现代国家的产生。现代国家的特征是，它是"军事、征税、行政、再分配和生产性组织的结合，'统治着许多毗邻地区及其城市'，在现代国家形成及其缔造帝国的过程中，把资本与强权政治合二为一"❷。

一、通向资本主义的过程

（一）地理大发现后的商业革命

由于欧洲地理环境的因素，尤其是在希腊、罗马地区，由于缺乏大规模的平原和可耕作的土地，粮食生产受到一定的限制，但是漫长而曲折的海岸线给海上贸易提供了极好的发展条件，积累了丰富的商业与贸易传统。

早在 13—14 世纪，地中海沿岸各个国家的商业关系高度发展，已接近发生质变的临界点，欧洲孕育着一场商业革命。15—16 世

---

❶ ［英］贝利．现代世界的诞生 1780—1914 ［M］．于展，刘美兰，译．商务印书馆，2013：6.

❷ ［英］巴里·布赞．世界历史中的国际体系 ［M］．刘德斌，译．高等教育出版社，2005：219－220.

纪的地理大发现和新航路的开辟是迄今为止世界经济史上最重大
的事件之一，欧洲社会经济生活因此而发生了翻天覆地的巨大变
革，国际贸易飞速发展，世界市场开始形成。虽然此时贸易还只
是停留在互通有无的阶段，以国际分工为基础的世界市场还没有
完全建立，在市场上占支配地位的是商业资本，而不是工业资
本❶。但是，"世界贸易和世界市场在十六世纪揭开了资本的近代
生活史"❷，商品贸易的发展，成为资本产生的历史前提。

16 世纪欧洲开始海外扩张和殖民征服，其中西班牙和葡萄牙
两个国家独占鳌头。殖民者从美洲大陆运回大量的金银等贵重金
属，有人估计，从 1500 年—1650 年，从美洲流入欧洲的金银让欧
洲黄金的总存量增加了 5%，白银总存量增加了 50%❸。德国学者
贡德·弗兰克认为，在 18 世纪末工业革命前全球经济一直是亚洲
时代，其中中国和印度更加长期是全球经济体系的中心，欧洲在
很长时间里处于世界经济的次要边缘地位。19 世纪以后"欧洲人
从他们在美洲发现的金银矿那里获得了金钱"，从而才使得欧洲的
经济"爬到亚洲的肩膀上"。❹ 贵金属的流入不仅加快了欧洲各国
经济和社会生活的货币化过程，改变了欧洲金银缺乏的局面，加
速了企业的资本积累；也导致欧洲出现了旷日持久的通货膨胀，
使得 16 世纪末的价格水平比 16 世纪初高出 3 ~ 4 倍之多，这就是
欧洲有名的价格革命❺。价格革命加快了封建制度的瓦解和资本主

---

❶ 高德步，王珏. 世界经济史 [M]. 中国人民大学出版社，2016：140.
❷ 马克思恩格斯全集（第 23 卷）[M]. 人民出版社，1972：167.
❸ [意] 卡洛. M. 奇波拉. 欧洲经济史（第 2 卷）[M]. 胡企林，等译. 商务印书馆，1998：450.
❹ [德] 贡德·弗兰克. 白银资本 [M]. 刘北成，译. 中央编译出版社，2000：373.
❺ [美] R·卡梅伦，L·尼尔. 世界经济简史 [M]. 潘宁，等译. 上海译文出版社，2012：124.

义的发展过程，恩格斯指出："美洲的黄金和白银在欧洲泛滥起来，它好似一种瓦解因素渗入封建社会的一切罅隙、裂缝和细孔。"❶

商业革命的发展，还导致了经济领域的其他革命，比如复式簿记制度的产生。意大利人弗拉·卢卡·巴其阿勒发明的这种复式簿记法对于资本主义萌芽企业至关重要，斯宾格勒甚至将其比喻成"可以毫不含糊地与他的同时代人哥伦布和哥白尼并驾齐驱"❷的一项发明。复式簿记催生了以严密计算为基础的理性化职业观念，促进了新教宗教伦理向世俗社会的传播与渗透，被马克斯·韦伯称为一种"资本主义精神"。因为它贯彻"有借有贷，借贷相等"的原则，把资产等同于负债加上所有者权益，准确反映每项业务的来龙去脉，也让追求利润成为企业最重要的目标。

在领地分封制盛行时期的欧洲各国，封建领主对其领地享有垄断权，从而形成关卡林立的现象。但是在商业革命出现以后，出现了一系列市场制度的创新，"这些创新包括：使人们能够作出带预见性而不是带随意性决定的法律体系；开始使用汇票以便利货币的转移并为商业交易提供所需贷款；保险市场的兴起；政府收入制度从任意剥夺转为系统的征税"❸。

贸易和经济规模的扩大，必须有高效的商业组织相匹配。这时一种超越家庭企业血缘关系，建立在契约信任基础之上的经济组织开始诞生了。意大利人最先创造了合伙制，并将其推而广之，合伙制企业提高了商人们在贸易中的筹资能力和抗风险能力，迅

---

❶ 马克思恩格斯选集（第 3 卷）［M］. 人民出版社，2012：482.

❷ ［德］奥斯瓦尔德·斯宾格勒. 西方的没落（下）［M］. 齐世荣，田农，译. 商务印书馆，1991：754.

❸ ［美］罗森堡，小伯泽尔. 西方致富之路：工业化国家的经济演变［M］. 生活·读书·新知三联书店，1989：128.

速成为风行于欧洲的主要经济组织。16—17 世纪，出现了特许公司，特许公司是由政府授予一定的外贸垄断权，享有某些优惠待遇（如自治权、铸币权），甚至还拥有一定军事力量，代行部分国家主权的商业组织。❶ 随着贸易与经济规模的急剧扩大，许多特许贸易公司被国家授权开发某一地区，由于资金短缺而不得不采用向社会募股的方式筹集，于是股份公司应运而生。但是这个时候的股份公司主要存在于商业、交通和金融等领域，还没有和工业相结合。随着生产规模的扩大，对企业组织形式提出更高要求，股份公司以其在生产和资本集中方面的优势迅猛发展。19 世纪下半叶，在主要资本主义国家相继完成工业革命后，公司制度也完成了和现代工厂制度的结合，股份公司成为现代经济的主要组织形式。

（二）世界市场与殖民主义

直到中世纪末期之前，世界各大洲仍然由几个几乎自我封闭的区域组成，跨洲际的贸易十分稀少。15 世纪末以来，地区之间的经济联系逐渐加强，到了 16—19 世纪世界市场初步形成，这也是全球经济史上最重要的事件之一。

首先，资本主义生产方式的发展是世界市场产生的前提，也是世界市场发展的最终归宿。新航路的开辟是世界市场形成的历史前提，但是工业革命和资本主义经济的迅猛发展才是世界市场产生的强大推动力。正如马克思指出的那样，"对外贸易和世界市场既是资本主义生产的前提，又是它的结果"❷。其次，铁路、轮船、电报等交通和通信技术的出现为世界市场的形成提供了物质基础，从时空角度缩短了世界各地的距离，使世界融为一体。恩

---

❶ 高德步，王珏. 世界经济通史（中）[M]. 高等教育出版社，2005：10.
❷ 马克思恩格斯全集（第 26 卷，第三册）[M]. 人民出版社，1974：278.

格斯曾经在《资本论》第三卷的注释中指出，"由于交通工具的惊人发展——远洋轮船、铁路、电报、苏伊士运河——第一次真正地形成了世界市场"。❶再次，世界市场摧毁了传统国家的经济基础，使欧洲经济开始领先于世界，亚非拉国家逐渐沦为欧洲的经济附庸和殖民地。马克思和恩格斯指出，"资产阶级奔走于全球各地。它必须到处落户，到处开发，到处建立联系。资产阶级，由于开拓了世界市场，使一切国家的生产和消费都成为世界性的了。使反动派大为惋惜的是，资产阶级挖掉了工业脚下的民族基础。古老的民族工业被消灭了，并且每天都还在被消灭"❷。并且，"正像它使农村从属于城市一样，它使未开化和半开化的国家从属于文明的国家，使农民的民族从属于资产阶级的民族，使东方从属于西方"❸。沃勒斯坦指出，在世界市场体系中，各个国家和地区所扮演的角色各不相同，贸易地位的差异也将市场分为中心区、边缘区和半边缘区。这种中心—边缘—半边缘的区域划分在16世纪国际分工刚刚出现萌芽的阶段就已经形成，西欧和北欧是当时世界市场的中心区，欧洲其他地区是半边缘区，而美洲、亚洲等地是边缘区。

根据资本主义发展的特点，一般把殖民主义史分为三个时期：商业资本主义时期（16—18世纪），自由资本主义时期（18—19世纪下半叶），帝国主义时期（19世纪下半叶至二战后）❹。通过殖民扩张，资本主义国家不仅建立起统一的世界市场，而且利用政治控制、军事侵略与经济压榨等手段，使亚非拉国家和地区的

❶　马克思恩格斯全集（第25卷）[M]. 人民出版社，1974：554.
❷　马克思恩格斯选集（第1卷）[M]. 人民出版社，2012：404.
❸　马克思恩格斯选集（第1卷）[M]. 人民出版社，2012：405.
❹　高岱. 英美学术界有关殖民主义史分期问题研究评析 [J]. 历史教学，2000（9）：27.

人民长期处于被剥削和被奴役的地位。

（三）工业资本主义与技术革命

18世纪中叶，经历了一系列飞跃式的发展后，欧洲走到了一个不可逾越的门槛面前：地中海地区正在走向衰落，荷兰发展放缓，法国也停滞不前。一方面，人口与资源的矛盾相当突出，当时的欧洲已经走到了技术生产力的先天极限，从自然界中再也榨不出更多的东西，人口也已经在现有框架内达到能够支撑的最高限度。另一方面，侵略和掠夺的倾向终于带来恶果，意大利和德国正在被战争摧毁；西班牙、葡萄牙和法国被过度扩张和社会等级制一点点地耗干；掠夺式的发展让荷兰在走向银行业、贸易、重商主义财富的路途中深受困扰，欧洲从发现美洲大陆中获得的利益基本上被消耗殆尽❶。

而恰在此时，在英格兰发生了一场世界经济史上独一无二的工业革命和农业革命，在这两场革命的推动下，英格兰发生了划时代的历史巨变，形成了工业资本主义。英格兰也由一个小小的岛国发展成大英帝国，并统治世界达一百多年。

历史学家认为，工业资本主义是解释1750年以后人类事务变化的主要力量❷，而科学技术作为生产力中最重要的因素，又当仁不让地充当了"第一推动力"。从15世纪初就开始出现的技术革命，加速动摇了宗教在欧洲的统治地位，让民主和公民等观念深入人心。虽然近代科技最早的进步首先发生在与航海与地理学有关的天文学领域，但是这一技术革命的核心却是印刷术的引进，更确切地说，是活字印刷术的引进，它改变了欧洲人的知识

---

❶ ［英］艾伦·麦克法兰. 现代世界的诞生［M］. 管可秾，译. 上海人民出版社，2013：38.
❷ ［英］贝利. 现代世界的诞生［M］. 于展，何美兰，译. 商务印书馆，2013：5.

论、认识论等重要思想。有人甚至认为，印刷术的出现可以看作是"现代世界的首次民主革命"。❶ 科学技术的合理应用无疑是工业革命的推进器，以机器生产代替手工劳动是这场革命最基本的特点。

工业革命和农业革命只是某个更恢宏事物的组成部分，那就是市场资本主义。市场资本主义是一个集态度、信仰、建制于一身的复合体，是一个寓经济和技术于其中的大网络❷。首先，是经济组织的变革，工厂制度确立起来了。从技术层面上看，近代的工厂与中世纪手工工场相比并无特殊之处，但从组织形式上看却是一次伟大的创新，"现代工厂真正突出的特征一般并不是所使用的劳动工具，而是劳动场所、劳动手段、动力来源和原料的所有权一并集中在一个人手中，也就是集中在企业家手中"❸。经济组织的变革对于经济增长至关重要，诺思指出，一个有效率的经济组织在西欧的发展正是西方兴起的原因所在❹。其次，是对财富态度的变化。15—17 世纪，巴黎、罗马等欧洲大城市虽然充斥着奢侈、金钱和消费主义，但其基本精神依旧是"前资本主义的"。但市场资本主义对财产权、利润最大化、财富积累和财富消费的态度却完全不同，展现的是一种资本主义的意识形态。最后，是阶级分化加快。资本主义生产加快了对工人的吸收，将越来越多的人拉入市场体系中，但随着机器的广泛使用，失业率也在逐渐上

❶ ［英］玛丽·伊万丝. 社会简史：现代世界的诞生［M］. 曹德骏，译. 复旦大学出版社，2010：8.

❷ ［英］艾伦·麦克法兰. 现代世界的诞生［M］. 管可秾，译. 上海人民出版社，2013：57.

❸ ［德］马克斯·韦伯. 经济通史［M］. 姚曾廙，译. 生活·读书·新知三联书店，2006：190.

❹ ［美］诺思，托马斯. 西方世界的兴起［M］. 厉以平，译. 华夏出版社，2009：4.

升，产业工人阶级正在形成。

英国工业革命席卷全球，欧洲通过推进工业与技术革命、开展对外贸易以及开拓殖民地，成功地绕过了"马尔萨斯陷阱"。据麦迪逊统计，由于工业化，16 个发达国家的生产总值在 1820 年—1980 年的一个半世纪里增长 60 倍，按人口增长 4 倍计算，人均产值增长 13 倍，每个劳动者的生产力增长 20 倍以上❶。世界人口的增长超出了亚当·斯密根据 18 世纪的能源状况所设想的绝对极限的 20 倍❷。罗森堡与小伯泽尔认为，西方之所以爆发工业革命，源于其以独特的方式运用技术和组织管理的试验，以利用各种资源来满足人类的需要。这个体系的主要因素是：进行试验所必要的资源和权力的广泛分散；几乎没有政治和宗教对试验的限制；以及赏罚结合的刺激，即对将试验成果广泛利用到经济上的成功给予丰厚的报偿，而对试验失败则予以严厉的处罚❸。

从传统社会迈向现代民族国家的过程中，尤其是 18 世纪以来经济增长已经经历了五个不同阶段，并伴随着五次相继出现的技术革命。分别是 18 世纪 70 年代左右以英国纺织业为中心的产业革命时代，19 世纪二三十年代以英国为中心并扩散到欧美的蒸汽机和铁路时代，19 世纪七八十年代以美国、德国赶超战略为中心的钢铁、电力和重工业时代，20 世纪初以美国为中心并扩散到欧洲的石油、汽车时代，20 世纪中后期以美国为中心的原子能和信息时代。

---

❶ 转引自钱乘旦，等. 世界现代化进程 [M]. 南京大学出版社，1999：63.

❷ ［英］艾伦·麦克法兰. 现代世界的诞生 [M]. 管可秾，译. 上海人民出版社，2013：37.

❸ ［美］罗森堡，小伯泽尔. 西方致富之路：工业化国家的经济演变 [M]. 刘赛力，等译. 三联书店（香港）有限公司，1989：34.

二、思想启蒙与人的解放

（一）文艺复兴、宗教改革与启蒙运动

西欧文明源于古代日耳曼村社制度、古典希腊罗马文明和基督教三个不同特质的文化，它发端于公元 5 世纪，并大约于 11—15 世纪定型。日耳曼人的马尔克村社制度是欧洲文明的胚胎，古代罗马法奠定了西方社会的法治传统，基督教的政治哲学与政治斗争构建了民族国家政治的初步框架。经过几个世纪的发展，在一定社会条件下，三要素熔为一炉，逐渐形成西欧文明的雏形❶。

在欧洲文明史上，文艺复兴、宗教改革和启蒙运动对现代世界的诞生意义重大。"文艺复兴"是 15 世纪的知识分子创造的一个词，意思是新生或再生，它代表了中世纪这个"黑暗时代"的终结与后古典文化的再生❷。文艺复兴起源于意大利，并持续了两个多世纪。文艺复兴秉承古希腊的"努斯"精神和"逻各斯"精神的传统，唤起了理性主义的兴起。它以彰显人的主体性为己任，将矛头指向封建专制与宗教神学，以人性反对神性，以人权反对神权，宣告了启蒙时代的到来，催生了科学主义与人文主义思潮的蓬勃发展。文艺复兴结束了中世纪欧洲长达千年的黑暗时代，欧洲文明由此走在了世界先进文明的前列。

马丁·路德和约翰·加尔文的宗教改革加速了封建神权的崩溃与人性的解放。马丁·路德提出了"因信称义"的观点，打破了宗教与世俗之间壁垒森严的对立状态，创立了新的教派。恩格斯指出，由于中世纪的各种意识形态都笼罩在神学的统治之下，

---

❶　侯建新. 交融与创生：西欧文明的三个来源 [J]. 世界历史，2011 (4)：15.

❷　[美] 斯塔夫里阿诺斯. 全球通史（下）[M]. 吴象婴，译. 北京大学出版社，2005：372.

"当时任何社会运动和政治运动都不得不采取神学的形式……要掀起巨大的风暴，就必须让群众的切身利益披上宗教的外衣出现"❶。因此，这种所谓的新教异端，实际上是代表当时商品货币经济发展新生力量的市民阶级的思想，市民阶级把他们的思想，用宗教改革的形式表达出来。理查德·H. 托尼指出，"宗教改革乃是商业精神对传统基督教社会道德准则的胜利"❷，它开创了一个肆无忌惮的商业主义时代。宗教改革促进了思想的解放、政治与经济权力的重大转变，为欧洲资本主义的发展与近代民族国家的成长奠定了基础。

　　文艺复兴和宗教改革之后，对西方资本主义精神与人性解放形成影响最大的事件当属启蒙运动。德国思想家康德这样阐释启蒙运动，他说，"启蒙运动就是人类脱离自己所加之于自己的不成熟状态。不成熟状态就是不经别人的引导，就对自己的理智无能为力。而其原因不在于缺乏理智，而在于不经别人的引导就缺乏勇气与决心加以运用，那么这种不成熟就是自己所加之于自己的了。Sapere aude！要有勇气运用你自己的理智！这就是启蒙运动的口号。"❸ 启蒙运动发端于 17 世纪的英国，蓬勃兴盛于法国，影响遍及欧洲乃至整个世界，涌现出洛克、霍布斯、斯宾诺莎、伏尔泰、孟德斯鸠和卢梭等一批灿若群星的伟大思想家。启蒙思想家的基本理念是：理性万能、科学至上、自由平等高于一切。"十八世纪天才的思想家们的理智力量、城市、明晰、勇敢和对真理的无私的热爱指导今天还是无人可与之媲美的。他们所处的时代是

---

❶　马克思恩格斯选集（第 4 卷）［M］. 人民出版社，2012：262.

❷　［英］R. H. 托尼. 宗教与资本主义的兴起［M］. 赵月瑟，等译. 上海译文出版社，2006：85.

❸　［德］康德. 历史理性批判文集［M］. 何兆武，译. 商务印书馆，1991：22.

人类生活中最美妙、最富有希望的乐章。"❶ 启蒙运动高举理性、科学与自由的旗帜，并使之成为指导人类思想和行动的准则，为近代文明的发展奠定了思想基础。

（二）资本主义精神

19 世纪末以前，资本主义已经经历了一段较长时间的自由竞争式发展。思想家们开始对资本主义进行阶段性总结，并进行历史和哲学的反思。1902 年，维尔纳·桑巴特发表了《现代资本主义》，两年以后，马克斯·韦伯发表了著名的《新教伦理与资本主义精神》，此后的学者如理查德·亨利·托尼发表了《宗教与资本主义的兴起》，格林菲尔德发表了《资本主义精神：民族主义与经济增长》，他们都试图系统总结与反思资本主义的精神。

这些学者对资本主义精神的理解各不相同。比如，桑巴特把资本主义定义为"一种一定的经济制度，具有以下的特征：它是一种交通经济的组织，在此项组织中通常有两个不同的人口集团对峙着：即生产手段的所有人和无产的纯粹工人，前者具有指导权，为经济主体，后者则为经济客体，他们经过市场，互相结合，共同活动，此项组织并且受营利原则与经济的合理主义的支配"❷。营利原则表现为经济的直接目的不仅仅是满足一个生存人的需要，而在于货币增殖即利润的增长。经济合理主义就是"从原则上调整一切行动，使之尽可能地切合目的"；而要实现营利目的，必须有远大的计划、正确的手段和正确的计算❸。桑巴特认为资本主义

---

❶ ［英］以赛亚·伯林. 启蒙的时代 ［M］. 孙尚扬，译. 译林出版社，2005：18.

❷ ［德］维尔纳·桑巴特. 现代资本主义（第 1 卷）［M］. 李季，译. 商务印书馆，1959：205.

❸ ［德］维尔纳·桑巴特. 现代资本主义（第 1 卷）［M］. 李季，译. 商务印书馆，1959：206.

精神包括：欧洲精神、企业家精神和市民精神，资本主义是由欧洲精神深处发生出来的，企业家的精神表现在征服与营利，市民的精神表现为秩序与保存。● 桑巴特还认为资本主义是奢侈的产物，它起源于个人对财富和享乐的追求，奢侈曾在多方面推动过资本主义的发展。●

马克斯·韦伯笔下的资本主义精神是一个复合的历史概念，是"西欧兴起的市场经济所要求的一套新的经济伦理规范与生活态度"●，在《新教伦理与资本主义精神》一书中，韦伯引用本杰明·富兰克林和雅各布·福格的话语阐释了资本主义精神，它包括诚实、信用、守时、勤奋等内容。他指出，"资本主义精神和前资本主义精神之间的区别并不在赚钱欲望的发展程度上"●，资本主义精神并不等同于不择手段、贪得无厌和唯利是图，相反，它可能更等同于尽职、节俭和禁欲主义，这和加尔文教的"天职观"与新教的伦理是契合的。韦伯认为，资本主义精神的首要原则——"在现代经济制度下能赚钱，只要赚得合法，就是长于、精于某种天职的结果和表现"●，就是一种美德，就是至善。而资本主义精神的精髓则是理性主义的张扬，包括理性的计算、理性的获利、理性的组织、理性的技术、理性的法律和理性的国家制度。"资本

● ［德］维尔纳·桑巴特. 现代资本主义（第 1 卷）［M］. 李季，译. 商务印书馆，1959：215.

● ［德］维尔纳·桑巴特. 奢侈与资本主义［M］. 王燕平，等译. 上海人民出版社，2000：150，154.

● 杨春学. 近代资本主义精神与新教伦理的关系：韦伯命题的历史评论［J］. 经济研究，1994（5）：74.

● ［德］马克斯·韦伯. 新教伦理与资本主义精神［M］. 于晓，陈维纲，译. 生活·读书·新知三联书店，1987：40.

● ［德］马克斯·韦伯. 新教伦理与资本主义精神［M］. 于晓，陈维纲，译. 生活·读书·新知三联书店，1987：38.

主义精神的发展完全可以理解为理性主义整体发展的一部分，而且可以从理性主义对于生活基本问题的根本立场中演绎出来。"❶韦伯利用新教伦理突出资本主义精神的意义，它使以正当的、合法的途径追求利益、谋取财富的手段在伦理与道德上得到了宗教和社会的认可，使新兴资产阶级放下了心理包袱，成为近代资本主义发展的强大精神动力。

理查德·托尼跟韦伯一样，十分重视宗教与资本主义的关系，认为宗教信仰是推动资本主义发展的精神动力。在《宗教与资本主义的兴起》一书中，他"对韦伯学说作了最精致的书面辩护"❷，以至于人们将他们两人有关资本主义起源的论点合称为"韦伯—托尼"学说。托尼承认合法追求财富的正当性，他说，"物质财富的获得是人努力的最高目标，同时也是判断人成功的最终标准"❸，这一理念已经被大多数宗教改革者接受了。当然，他还是十分担心资本主义经济活动中道德和伦理的丧失，认为"经济利益不是生活的全部"，他借用基督教的话说，如果过分照顾和满足经济欲望，"就会毁坏灵魂，给社会带来混乱"。❹

韦伯和托尼等人的观点受到了里亚·格林菲尔德的批评，格林菲尔德认为，韦伯等人的命题是用个人主义解释资本主义，但是"社会对物欲驱动力及其戏剧性的稳定机制"的背后因素已经发生了变化，这个因素是一种"新的世俗集体意识形态"——民

❶　［德］马克斯·韦伯. 新教伦理与资本主义精神［M］. 于晓，陈维纲，译. 生活·读书·新知三联书店，1987：56.

❷　［美］P. L. 拉尔夫，等. 世界文明史［M］. 赵丰，等译. 商务印书馆，1998：931.

❸　［英］R. H. 托尼. 宗教与资本主义的兴起［M］. 赵月瑟，等译. 上海译文出版社，2006：173.

❹　［英］R. H. 托尼. 宗教与资本主义的兴起［M］. 赵月瑟，等译. 上海译文出版社，2006：172.

族主义❶。格林菲尔德指出，"资本主义精神就是民族主义，民族主义是现代经济发展背后的伦理动力"❷。但是有人认为，她以"英格兰民族主义"为资本主义兴起与持续发展动因的论述，既不能解释资本主义的兴起，也不符合资本主义发展的历史❸。

三、民族主义与民族国家

民族国家的形成与民族、民族主义息息相关、密不可分。一般认为，民族主义是一种"政治单位与民族单位全等"❹ 的现代运动和意识形态，大约在 18 世纪晚期在西欧和北美最先出现。民族主义甚至早于民族的建立，霍布斯鲍姆指出，"并不是民族创造了国家和民族主义，而是国家和民族主义创造了民族"❺。

前面提到，里亚·格林菲尔德直接将民族主义与资本主义精神划等号，得出了民族主义决定和促进了现代经济增长的结论。她说："我曾经说过，民族主义是资本主义精神的源头。我想现在重新予以表述：资本主义精神就是民族主义。民族主义是现代经济发展背后的伦理动力。"❻ 那么，资本主义精神又是什么促成的？马克斯·韦伯曾经认为新教伦理是近代资本主义发展的精神动力，马克斯·舍勒超越了韦伯的观点，他不否认盈利欲、工作欲、勤

❶ ［美］格林菲尔德. 资本主义精神：民族主义与经济增长 ［M］. 张京生，译. 上海人民出版社，2009：24.

❷ ［美］格林菲尔德. 资本主义精神：民族主义与经济增长 ［M］. 张京生，译. 上海人民出版社，2009：66.

❸ 董正华. 资本主义精神：新教伦理、个人主义还是"民族主义" ［J］. 世界历史，2007（1）.

❹ ［英］欧内斯特·盖尔纳. 民族与民族主义 ［M］. 韩红，译. 中央编译出版社，2002：3.

❺ ［英］霍布斯鲍姆. 民族与民族主义 ［M］. 李金梅，译. 世纪出版集团，2006：9.

❻ ［美］格林菲尔德. 资本主义精神：民族主义与经济增长 ［M］. 张京生，译. 上海人民出版社，2009：66.

俭、契约感是资本主义精神的特征，但他认为资本主义精神的实质是"怨恨"。他指出，"不是新教的禁欲伦理促成了资本主义精神，而是怨恨心态作为宗教改革者的原动力推动着现代资本主义精神的形成"❶。他认为，"怨恨是一种有明确的前因后果的心灵自我毒害。这种自我毒害有一种持久的心态，它是因强抑某种情感波动和情绪激动，使其不得发泄而产生的情态"❷。从 13 世纪起市民精神开始逐渐取代基督教精神，并在法国大革命中发挥了精神旗帜的功效，在此后的现代社会运动中，怨恨成为一股改变现行伦理的强大力量，推动资本主义形成与发展。既然怨恨是资本主义形成与发展的动力，而资本主义精神的实质又是民族主义，那么由此马克斯·舍勒可以断言，怨恨也是民族主义形成与发展的动力，怨恨作为一种"想象的报复"，由此进入了民族主义这个"想象共同体"的心理空间。❸

　　"怨恨"是民族主义产生的心理根源，并常常被看作操纵民族主义的一柄双刃剑，❹ 它既曾经"造成了辉煌成就，也犯下了骇人罪行"❺。在现代性总体性转变的过程中，民族主义在各个历史时期所起到的作用是不同的。在早期民族国家形成的历史过程中，怨恨往往直接催生民族主义，民族主义"常常是创伤的产物，这种创伤是一个民族在自尊或领土方面加之于另一个民族的"❻，这种历史创伤虽然给人们带来怨恨，却起到了更能凝聚人心的作用，

---

❶　刘小枫. 现代性社会理论绪论［M］. 上海三联书店，1998：357.

❷　［德］舍勒. 舍勒选集［M］. 罗悌伦，译. 上海三联书店，1999：401.

❸　罗兆麟. "怨恨"与想象的共同体——现代性视域下的民族主义［J］. 广西民族研究，2016（2）：37.

❹　罗兆麟. "怨恨"与想象的共同体——现代性视域下的民族主义［J］. 广西民族研究，2016（2）：38.

❺　［英］以赛亚·伯林. 现实感［M］. 潘荣荣，等译. 译林出版社，2004：291.

❻　［英］以赛亚·伯林. 自由论［M］. 胡传胜，译. 译林出版社，2003：396.

正如勒南指出的那样，"在国族记忆中，哀伤要比胜利更有意义，因为它带来的是责任感，能调动万众一心的努力"❶。

民族主义与现代民族国家的形成有一个从兴起到成型的逐步发展过程。这种发展不是整个西欧国家的同步统一行动，而是一部分国家率先起步，完成了由绝对主义君主国家向现代民族国家转化的历史任务，其他国家随之跟进的过程。霍布斯鲍姆把现代民族主义的发展分为五个阶段：革命的年代（1789—1848 年）、自由主义年代（1830—1880 年）、转型时期（1870—1918 年）、民族主义最高峰（1918—1950 年）和 20 世纪晚期❷。但本尼迪克特·安德森却讥讽"西欧为民族主义发源地"的观点为"地方主义"❸之见，他认为 19 世纪初南北美洲的殖民地独立运动才是第一波民族主义，在这种"美洲模式"民族主义影响下，欧洲出现了第二波的"群众性的语言民族主义"；第三波是欧洲内部的所谓"官方民族主义"，最后一波是"一战"后亚非拉的"殖民地民族主义"❹。

从中世纪末到法国大革命，是欧洲民族国家的孕育和成长阶段。早期西欧如西班牙、葡萄牙等封建君主国虽然都具有某些民族国家的特性，然而又都不充分；其统治者控制着一定的疆域，能够行使对内和对外的大部分的国家权力，但其民众除了血缘的认同外，却并没有现代意义上的公民权利，统治者也不能宣称自己的统治代表着民族的利益❺。荷兰是世界上第一个民族国家，但

---

❶ ［法］厄内斯特·勒南. 国族是什么？［J］. 陈玉瑶，译. 世界民族，2014（1）.

❷ ［英］霍布斯鲍姆. 民族与民族主义［M］. 李金梅，译. 世纪出版集团，2006：17，35，99，128，159.

❸ ［美］本尼迪克特·安德森. 想象的共同体［M］. 吴睿人，译. 世纪出版集团，2011：导读9.

❹ ［美］本尼迪克特·安德森. 想象的共同体［M］. 吴睿人，译. 世纪出版集团，2011：48－136.

❺ 陈晓律. 欧洲民族国家演进的历史趋势［J］. 江海学刊，2006（2）：139.

是它的诞生不是一个独立主权国家的整体变迁，而是西班牙统治下的尼德兰人民举行独立革命的胜利成果❶。荷兰民族国家的民主程度不高，实际上是商业金融资产者和贵族的联合政权。相比之下，英国虽然是继荷兰之后出现的第二个民族国家，但却更具有典型意义，因为它是整体的王权国家向民族国家转型的第一例。英国在这一历史转型的过程中抢先一步实现华丽转身，在法国大革命之前成为欧洲其他国家实现民族国家转型的样板。❷

菲利普·罗伊德认为，"美国《独立宣言》和法国《人权宣言》开启了一个民族主义的时代，创建民族国家的意识由此觉醒。在1815年法国最终战败后的185年里，大部分国家都以民族国家的新逻辑来重新定义其自身，那就是他们的国家性质是人民主权的表达"❸。从法国大革命到二战结束，是欧洲民族主义大规模扩展与冲突的阶段，以法国与德国为典型构成了欧洲民族主义发展的主线。❹早期的法国并没有明显的民族主义思潮，普通民众认为自己首先是个基督教徒，其次是某个地区如勃艮第或康沃尔的居民，仅仅最后——如果实在要说的话——才是法兰西人❺。人们一直把国家与君主混为　谈，以至于路易十四洋洋得意地声称"朕即国家"。法国民族主义起源于对封建君主残暴统治的反抗，有助于人们从臣民身份向公民身份的转化，法国民众喊出"专制之下无祖国"的口号，以"人民主权"原则为主导思想，掀起了轰轰烈烈的法国大革命，最终推翻了旧的王朝国家，建立了新型民族

❶ 郭华榕，徐天新. 欧洲的分与合［M］. 京华出版社，1999：143.
❷ 陈晓律. 欧洲民族国家演进的历史趋势［J］. 江海学刊，2006（2）：139.
❸ 郭忠华，郭台辉. 当代国家理论：基础与前沿［M］. 广东人民出版社，2017：5.
❹ 陈晓律. 欧洲民族国家演进的历史趋势［J］. 江海学刊，2006（2）：141–142.
❺ ［美］斯塔夫理阿诺斯. 全球通史（下）［M］. 吴象婴，等译. 北京大学出版社，2005：532.

国家，法国大革命被看成近代民族主义最终形成的标志。

法国民族主义情绪的高涨迅速传到了邻国，主要是德国，而且这种情绪也激起了德国民众对法国侵略和统治的反抗，以至于民族主义情绪迅速在德国民众中蔓延，德国也开始努力培育属于自己特质的民族文化与民族精神，最后，在俾斯麦那马基雅维利式的外交手腕和"铁血"的战争政策下，成功实现民族的独立与统一。德国的统一当然极大地推动了德国的经济发展，使德国从一个后发国家一跃成为世界强国。但同时也在德意志民族心中埋下了"强权即公理"的理念，这一理念进而导致畸形的种族主义倾向。此外，德国式的民族主义一个最大的问题就是自由主义和民主主义的缺失，德国民族主义兴起和民族国家转型过程中的这些缺陷，为后来的两次世界大战埋下了伏笔。

1815年维也纳会议召开，会议原本想恢复拿破仑战争时代被推翻的封建王朝，重新划分欧洲的领土和疆域，重构欧洲的政治版图与统治秩序。但是这个领土解决方案却使欧洲四分五裂，一些国家遭受外族统治，反而使欧洲民族主义情绪高涨，各个国家的民族反抗运动此起彼伏。最后，希腊从土耳其统治下赢得独立，比利时摆脱了荷兰的统治，意大利终于建立了一个独立、统一的国家。到1871年，除了中欧和东欧的奥匈帝国、沙皇帝国和奥斯曼帝国仍然是"各民族的牢狱"之外，民族主义原则已经在西欧大获全胜，并逐渐成为欧洲生活的主要精神力量。

四、革命、战争与民族国家

16世纪的尼德兰原本是西班牙哈布斯堡王朝的领地，人口将近300万，是西欧经济较为发达的一个地区，其中荷兰省的阿姆斯特丹是当时世界上最繁忙的港口。但是，西班牙的封建独裁统治日渐成为尼德兰资本主义发展的严重阻碍。1566 年，为抗议西班牙统治者利用宗教裁判所镇压异端等血腥暴行，尼德兰爆发了大规模民众起义。1581 年，尼德兰北方 7 省的代表在海牙召开会议，宣布正式独立，成立了联省共和国，又称荷兰共和国。虽然西班牙统治者派兵镇压，但由于此时西班牙忙于和英、法开战，尤其是在 1588 年无敌舰队被英国击溃后，西班牙统治者更是无力应对尼德兰人不屈不挠的斗争，1609 年，西班牙事实上承认了荷兰的独立。尼德兰革命既是世界历史上第一次资产阶级革命，创立了世界上第一个资产阶级共和国；也是世界历史上的第一次近代民族解放运动，创立了世界上第一个"民族国家"。

除了工业革命、技术进步和民族主义等推力以外，欧洲现代民族国家的形成肯定离不开政治革命的推动。"政治革命的实质是结束了人类分成统治者和被统治者是由神注定的观念，人们不再认为政治高于人民，也不再认为人民在政府之下。政治革命有史以来首次在一个比城邦更大规模上显示出政治与人民是密不可分的——民众已觉醒并行动起来，不仅参与了政治，而且把这样做看成是自己固有的权利。"❶ 欧洲的政治革命与经济革命一样是分阶段并行发展的：它始于 17 世纪的英国资产阶级革命，并在美国独立战争和法国大革命中进一步发展，直至影响整个欧洲，最后在 20 世纪席卷全球❷。

影响欧洲政治革命的主要有三种思潮：自由主义、社会主义和民族主义。它们共同激励着欧洲各民族、各阶层的人们行动起

---

❶　［美］斯塔夫里阿诺斯. 全球通史（下）［M］. 吴象婴，等译. 北京大学出版社：2005：428.

❷　［美］斯塔夫里阿诺斯. 全球通史（下）［M］. 吴象婴，等译. 北京大学出版社：2005：511.

来，极大地促进了民族国家的形成与欧洲的整合。首先是自由主义。中世纪的欧洲有贵族、教士和农民三个主要社会集团，但只有农民从事农业生产并供养其他两个集团，随着经济的发展，新兴的城市资产阶级开始崛起，他们对封建与宗教特权、市场经济中的各种人为障碍愈加不满。为了反对宗教特权，资产阶级与君主结成联盟，国王们从资产阶级那里获得财政支持，反过来资产阶级则从国家建立起来的法律和秩序中受益。但是这种联盟是短暂的和不稳定的，随着资产阶级的强大，他们要求进一步摆脱王室对经济的剥夺、摆脱日益加重的赋税、摆脱对宗教信仰的限制，资产阶级与君主的矛盾逐渐明显突出，并最终引发各国资产阶级革命。其次是社会主义。随着工业革命的到来，城市工人阶级的阶级意识日益觉醒，队伍日益壮大，资产阶级与工人阶级的矛盾日益尖锐。此后，在一批工人阶级知识分子和革命领袖的指导下，工人阶级不仅成为挑战资产阶级的重要力量，也成为主导欧洲事务的主要力量，并影响 20 世纪的国际格局。最后是民族主义。正是在民族主义思潮的影响下，广大民众开始忠于自己的民族，忠于自己的国家。

英国资产阶级革命是欧洲政治革命的肇端，从 1640 年查理一世召开新议会开始，斯图亚特王朝与议会的斗争就不断激化升级，并演变为内战，虽然 1688 年光荣革命最终在形式上保留了王权，但资产阶级取得了实质性的胜利，议会成为名义上的权力中心。

美国的独立战争既是近代西方民族主义的滥觞，同时也开创了殖民地民族主义的先河。美国革命之所以重要，因为它不仅创造了一个独立的国家，更重要的是它创造了一个崭新的国家。由于美国是个殖民地国家，没有封建统治传统，专制王权在这里缺乏基础，民主主义和自由主义得以在此生根发芽，资本主义才能在此飞速发展，美国才能最终成为世界头号强国。

　　法国是启蒙运动的故乡，这场思想革命从纯粹理性的层面彻底消除了专制制度在人们心中的一切合法性，推动了市民社会的快速成长。从一开始，法国人民就喊出了"第三等级是整个民族"的口号，并成立了以第三等级为主导的国民议会。1789—1830 年，法国依次走过了君主立宪、共和国、军事独裁、王朝复辟和重建君主立宪政体等各个阶段，法国大革命从一开始就是整个欧洲乃至整个世界的民族国家运动的灵魂。❶ 以法国大革命为契机，欧洲民族国家与王权国家之间的全面冲突拉开帷幕，一场巨大的政治风暴在欧洲社会深处酝酿，并随时可能爆发。法国大革命带来了一场全欧洲的战争，这场战争也调整了欧洲那种中世纪式的邦国林立、分封割据的地方版图。

　　查尔斯·蒂利有句名言，战争催生了（民族）国家，国家又发动战争；战争编织起欧洲民族国家之网，而准备战争则在国家内部创造出国家的内部结构。❷ 正是欧洲国家各种内外战争的爆发，推动了早期欧洲不同类型的国家向民族国家演变，比如，伊比利亚半岛的西班牙人在驱逐阿拉伯人的"收复失地运动"中造就了现代西班牙民族国家，英法百年战争铸就了两个不同的民族国家。18 世纪是西欧最初一批民族国家形成的时代，而在 19 世纪就已经扩大到整个欧洲，并在 20 世纪成为全世界殖民地人民民族解放运动的主要旋律。当然，各种战争的条件是不同的，每个国家发动战争的具体标志取决于三个紧密相关的因素：该国主要竞争对手的特点、它的统治阶级的外部利益和统治者代表自己和统

---

❶　郭华榕，徐天新. 欧洲的分与合［M］. 京华出版社，1999：153.

❷　［美］查尔斯·蒂利. 强制、资本和欧洲国家［M］. 魏洪钟，译. 上海出版集团，2007：84.

治阶级利益所进行的保护活动的逻辑❶。杰克·列维列举了1495—1975年世界主要大国（以欧洲为主）之间的主要战争，其中16世纪爆发了34场战争，17世纪29场，18世纪17场，19世纪20场；威廉·艾克哈特所列举的战争更多，其中18世纪就有50场，19世纪有108场。❷

第三节　民族国家与世界体系

一、现代国家的发展类型与模式

（一）现代化的三次浪潮

传统国家向民族国家的转变过程，实际上也是一个现代化的过程。在坚持马克思主义史学观的基础上，罗荣渠先生提出"一元多线"的历史发展理论，他认为，生产力是各文明发展推动社会财富增长的根本动因，其中技术的增长是最活跃的因素，生产方式与交换方式的发展构成社会经济结构发展的基础，政治结构在世界不同地区呈现出更大的多样性，文化模式又比基本政治结构呈现更大的多样性，人类整体演进的宏观图式力图通过历史的复杂多样性呈现出来❸。为此，他给出了现代化的定义，"广义而言，现代化作为一个世界性的历史过程，是指人类社会从工业革

---

❶　［美］查尔斯·蒂利. 强制、资本和欧洲国家［M］. 魏洪钟，译. 上海出版集团，2007：78.

❷　［美］查尔斯·蒂利. 强制、资本和欧洲国家［M］. 魏洪钟，译. 世纪出版集团，2007：79－80.

❸　罗荣渠. 现代化新论［M］. 商务印书馆，2009：82－85.

命以来所经历的一场急剧的变革，这一变革以工业化为推动力，导致传统的农业社会向现代工业社会的全球性大转变过程，它使工业主义渗透到经济、政治、文化、思想各个领域，引起深刻的相应变化。狭义而言，现代化又不是一个自然的社会演变过程，它是落后国家采取高效率的途径（其中包括可利用的传统因素），通过有计划地经济技术改造和学习世界先进，带动广泛的社会改革，以迅速赶上先进工业国和适应现代世界环境的发展过程"❶。现代化包括工业化、城市化、市场化、世俗化、民主化等主要内容。根据现代化创新性变革与传导性变革两种方式不同，它又可以分为内源性现代化（modernization from within）和外源性现代化（modernization from without），内源性现代化是由社会自身力量产生的内部创新，经历漫长社会变革而来；外源性现代化是受外部冲击而引起内部思想政治变革，并推动经济变革而成。❷

　　世界现代化进程经历了三次大潮。第一次大潮是18世纪60年代以后至19世纪中叶，英国发起政治革命，并通过工业革命领先世界，在经历法国大革命和美国独立战争后，法国和美国相继进入了工业化。本书在上一节所叙述的现代国家的生成的整个过程，实际上是一种内源性现代化模式。第二次大潮是从19世纪下半叶到20世纪初，德国、日本、意大利和俄国等进入了世界主要资本主义国家行列。而且，这次大潮中的后发国家都有较为明显的赶超意识，它们积极运用国家的推动力，加快发展科学技术与新兴工业部门，缩小与先进国家的差距。在争夺殖民地和世界市场的过程中，各国矛盾冲突日益尖锐，最后使人类社会罹受两次世界大战的巨大灾难。第三次大潮是20世纪后期以来，以新技术革命、

❶　罗荣渠.现代化新论［M］.商务印书馆，2009：17.
❷　罗荣渠.现代化新论［M］.商务印书馆，2009：131.

新能源开发为主的趋势如火如荼，各国经济持续高速增长；20 世纪 80 年代，亚洲"四小龙"首先起飞，进入 21 世纪以后，中国经济发展风景独好，世界格局面临新的调整与挑战。❶

（二）西风与欧化

工业革命以及第一波现代化浪潮在上一节中已经论述过了，这里不再赘述。当工业化和现代化在欧洲核心地区取得巨大成功后，就迅速向周边地区扩散，形成了以"西化"和"欧化"为主要特色的第二次浪潮。其中，德国、俄国和日本是几个主要的国家。

从理论上来说，如果把英国看作是最早发展起来的工业化国家，那么其之后发展的国家都应该算作后发国家。为了论述的方便，这里我们放宽范围，将荷兰、英国、法国和美国等工业化国家看成现代化的第一波浪潮发展起来的先发国家，在此之后的国家看作是后发国家，或者这是一种民族国家现代化发展的外源性模式。根据亚历山大·格申克龙"后发优势理论"的观点，后发国家既有劣势也有优势，它的劣势就是资本贫乏、制度保守、经济落后；它的优势就是，有了先发国家成功的经验和失败的教训，后发国家可以走捷径，不需要按部就班地沿着先发国家的道路前进❷。后发优势理论有三点重要内容：第一，随着开始发展时间向后推移，以强组织力的机构指导发展的趋势越来越强；第二，企业的组织形式也由分散到集中、由小到大；第三，政治形态越来越容易走向专制制度。❸ 当一个落后的国家最终发动工业化时，其

---

❶ 罗荣渠．现代化新论［M］．商务印书馆，2009：140．

❷ ［美］格申克龙．经济落后的历史透视［M］．张凤林，译．商务印书馆，2009：8－37．

❸ 朱天飚．比较政治经济学［M］．北京大学出版社，2006：65－66．

工业化进程与更先进的国家相比将显示出相当大的不同；这不仅体现在发展的速度（工业增长率）上，而且还体现在从这些进程中产生的工业的生产结构与组织结构方面❶。

　　德国的现代化问题一开始就与德国的统一紧紧地交织在一起，在西欧民族国家纷纷出现的时候，德国还处于四分五裂的状态。在 17 世纪欧洲的三十年战争中，德国战败，它的分裂也达到了极点，从三十年战争到拿破仑入侵的 160 年间，德国有大大小小 360 多个诸侯国，1000 多个独立骑士领，以及一大批各自为政的自由市。❷ 因此，实现国家统一是当时德国的头等大事。法国大革命之后，拿破仑的军队横扫德国，柏林沦陷。但是拿破仑给德国带来的不仅仅是失败，也带来了德意志民族意识的觉醒，德国人意识到国家的分裂是失败与落后的根源，德国开始寻求统一。1861 年，有强烈专制主义倾向的威廉一世即位普鲁士国王，不久之后任命强力人物俾斯麦担任首相，俾斯麦认为，拯救德国的不是自由，而是铁与血。德国作为后发国家，通过加强国家权力对经济活动的干预，进行政治与社会改革，为工业化启动提供了必要的条件。因此，俾斯麦在很短的时间内把德国变成一个统一司法、统一行政、统一货币、统一市场的帝国。但是德国的统一建立在专制立宪和军国主义的基础上，虽然德国由此走上一条通向强大的现代化道路，但同时也在逐渐走向灾难。

　　日本作为东亚岛国，地理位置的分割、资源的缺乏、文化的落后，使其历史上就有积极学习外国，尤其是学习中国文化的传统。虽然在 19 世纪中叶之前日本一直闭关锁国，但是在目睹了晚

---

❶ ［美］格申克龙．经济落后的历史透视［M］．张凤林，译．商务印书馆，2009：10.

❷ 钱乘旦，等．世界现代化进程［M］．南京大学出版社，1999：47.

清中国受到西方国家侵略后，日本朝野震动。尤其在 1853 年佩里叩关以后，日本迅速深刻反思，并随后发动明治维新，开启了现代化之路。日本现代化分为几个阶段，明治维新之后的三十年是准备期，中日甲午战争之后进入加速期，到第一次世界大战前后基本完成。日本的现代化也有明显的政府主导色彩，明治政府建立之初就确立了殖产兴业、文明开化与富国强兵的三大国策，并提出"脱亚入欧"的口号，决心"求知识于世界"，全盘学习西方先进的文化技术与政治制度。在完成自身现代化的同时，日本推行军国主义，大规模地向亚洲乃至全世界扩张，并于 1894 年打败中国，1910 年吞并朝鲜，尤其是 1904 年在日俄战争中大败俄国，成为远东乃至世界历史的一个重要转折点。

俄国在地理上地跨欧亚，由欧亚之间的一大块缓冲地带构成，曾经在经济上被看成"欧洲落后的地区"。俄罗斯的历史文化与欧洲文化有显著差别，比如在宗教信仰方面，在公元 990 年左右，莫斯科大公弗拉基米尔决定接受拜占庭东正教形式的基督教，拒绝罗马天主教形式的基督教。从而逐步与欧洲渐行渐远，自我孤立，甚至藐视正在改变欧洲的许多伟大变革。再加正当欧洲在进行文艺复兴、宗教改革、海外扩张与商业革命的伟大变革时期，蒙古人的入侵，使得俄国在近两个世纪内隔断了与欧洲其余地区的联系。但是，富有进取心的沙皇彼得一世很快就发现了自己的国家在经济与技术上与西方的差距，他甚至亲自去西方国家考察学习，然后以强力措施改革了他的军队，建立了学校以及西方式的行政机关。此后，叶卡捷琳娜二世继承彼得一世的事业，实行"开明"专制统治，使俄国的经济、文化得以迅速发展。在亚历山大二世统治下，俄国又进行了自上而下的废除农奴制的改革，并相应地进行了上层建筑领域的一系列改革。在数代人努力下，俄国终于登上了世界主要资本主义国家的大舞台。但是，俄国的现代化改革只是"用野蛮制服了俄国的野蛮"，沙皇专制统治十分严酷，俄国的政治体制十分落后；与其他资本主义国家相比，经济发展也十分缓慢。从整体上看，俄国属于资本主义链条上最薄弱的那个环节。

在民族国家第二波现代化浪潮中，一方面，是德国、日本、俄国和意大利等后发国家的奋起直追，通过各种争斗与博弈，终于跻身于世界列强的行列。另一方面，是亚非拉美等传统文明或古国沦为殖民地或半殖民地。1952 年，法国学者索菲第一次将亚非拉独立出来的原殖民国家称为"第三世界"。1974 年，毛泽东在会见赞比亚总统卡翁达时提出"三个世界"理论，由此第三世界理论更加广为人知。第三世界是在世界资本主义扩展中被"创造"出来的，这一"创造"可以分为三个阶段：1400—1770 年，商业资本主义的发展使东欧和拉美成为西欧的经济附庸；1770—1870 年，工业资本主义逐步将自己的势力范围扩大到全球，垄断资本主义瓜分世界并建立起世界帝国主义体系；第二次世界大战以后则是第三世界国家重新获得独立的时代❶。第三世界的现代化是全球现代化的重要组成部分，虽然第三世界的现代化过程充满血腥与屈辱。

（三）苏联社会主义与殖民地民族民主革命

民族国家现代化的第三波是苏联和亚非拉等殖民地国家的现代化，它们同属于外源性现代化模式，其中苏联等社会主义国家开创了一种不同于资本主义工业化的新模式，这是因为苏联的工

---

❶ 钱乘旦，等 . 世界现代化进程［M］. 南京大学出版社，1999：192.

业化是在资本主义世界经济体系之外形成和发展的❶。

社会主义运动是落后国家采取非资本主义方式向现代工业社会过渡的特殊方式❷。苏联的国内经济和社会背景决定了它不可能步资本主义工业化的后尘，苏联所继承的俄国是一个传统结构老化，但却牢固掌握控制权的国家。在这样一个专制制度和中央集权长期存在的国家建立新式政权，因此如何有效调动资源，摆脱资本主义世界的包围，是当时的苏联的当务之急。经过党内博弈与斗争，采取计划经济与政治革命相结合的方法，无偿没收地主土地、没收资本家资产，实现国有化，然后通过农业集体化与工农业价格剪刀差，将农业剩余转移到工业部门，大大减少了工业化初期的交易成本，苏联的计划经济手段，迅速完成了工业化的原始积累。在国际环境十分恶劣的历史条件下，苏联缺乏与国际市场的联系与交流，因此它的重工业化战略，其实是一种极端进口替代战略。这种进口替代战略，为苏联建立了一套独立、完整而强大的国民经济体系，使苏联由一个沙俄时代的二流农业国家变为一流的工业强国，并经受了第二次世界大战的考验。

但是，在工业初期的这种极端进口替代战略与国家对经济的全面干预不利于经济的长期发展。❸从 20 世纪 60 年代开始，苏联经济增长开始减速，计划经济的弊端十分突出，中央集权的政治体制僵化停滞，官僚利益集团形成，贪污腐败恶性蔓延，1991 年，苏联社会主义政权最终解体。苏联虽然建立了世界上第一个社会主义国家，但是"在社会主义建设过程中始终未能充分发挥和利用后发优势，无法从经济基础方面去巩固已经实现的政治跨越，

---

❶ 钱乘旦，等. 世界现代化进程［M］. 南京大学出版社，1999：111.
❷ 罗荣渠. 现代化新论［M］. 商务印书馆，2009：80.
❸ 朱天飚. 比较政治经济学［M］. 北京大学出版社，2006：75.

最终不可避免地全线崩溃；但是如果从后发优势是一种人为优势的角度来看，那么苏联解体也并非完全不能避免"，● 这是历史留给我们的深刻教训。

第一次世界大战后，殖民地地区掀起了民族独立与解放的革命浪潮。虽然这些革命的根源可以追溯到一战以前，但是战争加速了革命的爆发。在这场革命浪潮中，一些国家实现了独立的目标，比如土耳其；但是大多数国家如埃及、伊拉克和印度等只获得了宪法上的适度让步，中国则陷入了长期的军阀混战。即便如此，老牌帝国主义国家对殖民地的控制还是不同程度地被削弱了。而且，在1917年苏联十月革命以后，殖民地的民族独立运动进入了新的阶段。第二次世界大战期间，原有的殖民主义列强的力量严重衰落，而反帝国主义运动却空前高涨，尤其是无产阶级领导下的民族解放运动节节胜利。在战后不到十年间，亚洲的所有殖民地相继成为独立国家；在战后二十年内，非洲的大多数殖民地也成为独立国家，并随着1990年纳米比亚的独立，宣告了殖民时代的最后终结。

二、东亚模式的兴衰

（一）由盛转衰的东亚

东亚包括东南亚和东北亚两个地区，由于地理上的高山、沙漠与大海的障碍，东亚与世界其他地区相互阻断，也因此发展出独特的文化类型。东亚很早就孕育着古老的文明，是多民族、多宗教的集聚地。传统的东亚文明有三个特点，● 其一是世俗性，东

● 侯高岚. 后发优势理论分析与经济赶超战略研究［D］. 中国社会科学院博士论文，2003：84.
● 董正华. 世界现代化进程十五讲［M］. 北京大学出版社，2009：204－205.

亚虽然有佛教、儒教、道教、伊斯兰教等多种宗教文化，但有一共同点就是注重对现实的关怀。其二是内陆型的农业经济与社会，东亚与中东、美洲同为古代农业发源地，但只有东亚农业发展出较高水平。相比于地中海地区的贸易、欧洲的游牧与伊斯兰的商业文化，东亚以农业与家庭手工业为主，也塑造了"重农轻商"的农业文化。其三是古代中华文明是东亚文明的核心，形成了以儒学为代表、兼容和吸收其他而成的东亚文化。历史上以中国为主的"朝贡贸易体系"和由此而形成的"亚洲区域经贸圈""前现代亚洲市场"，是将东亚连为一体的重要环节。以华夏文明为标志的前现代东亚，在经济发展、思想文化、科学技术和政治制度等方面，都曾经在人类发展史上长期处于领先地位，给世界文明的发展作出了重大贡献。

但是 17 世纪开始，东亚模式就受到了重大挑战并由盛转衰。随着欧洲率先实现工业化，并以此向全球殖民扩张，东亚大多数地区逐渐成为落后挨打的对象。西方对东亚的殖民侵略从 17 世纪就已经开始，1604 年，荷兰殖民者首次偷袭台湾，1642 年台湾沦为殖民地，直到 38 年后被郑成功收复。18 世纪后，英国以印度为跳板，逐渐征服东南亚，连续发动三次侵略战争占领缅甸，将新加坡、马六甲、文莱、婆罗洲等地掠为殖民地，法国从 1858 年后逐渐兼并印度支那三国，荷兰占据印尼，西班牙占据菲律宾，整个东南亚，除了泰国，几乎全部沦为西方国家的殖民地。从 1840 年开始，作为东亚模式核心的中国在鸦片战争中战败，此后又连连挨打，并逐渐沦为半殖民地半封建的国家。

但是东亚各国追求民族独立与民族解放的运动一直没有停歇。日本从"黑船事件"受到外国侵略开始就积极反省，并积极进行政治经济改革，加快学习西方，通过明治维新大力发展经济壮大实力，积极向外扩张寻求发展空间。20 世纪中叶，日本进一步扩张，首先吞并朝鲜，并挑起全面侵华战争，在二战期间侵占了东南亚国家。日本还提出"大东亚共荣圈"的口号，企图建立一个以日本为中心的"东亚新秩序"。日本的一系列举措，实际上是其沿用西方工业化国家殖民扩张的模式，争夺亚洲霸主地位的尝试，也可以理解成日本企图利用战争与暴力重新构建东亚发展模式的尝试，给亚洲人民带来深重的灾难。

（二）徘徊踟蹰中的中国

1840 年鸦片战争打破了中国天朝上国的美梦，中国人开始觉醒。从林则徐、魏源等第一批有识之士"睁眼看世界"开始，历经了百年的沧桑与曲折，中国终于找到一条民族独立与解放的道路。

研究中国历史，有以下三种西方中心模式和一种中国中心观，三种西方中心模式指"冲击—回应模式、传统—近代模式和帝国主义模式"❶。其中，冲击—回应模式认为，在 19 世纪中国历史上起到主导作用的主要因素是西方的入侵。传统—近代模式认为，西方近代社会是当今世界各国现代化模式的楷模，中国社会也将如此演变；近代中国社会发展一直停滞不前，在西方入侵的刺激下，中国才能按照西方的模式走向现代化。帝国主义模式认为，中国近代各种社会变化与民族的灾难都是帝国主义侵略的结果。中国中心观认为，（1）从中国而不是从西方着手来研究中国历史，并尽量采取中国的标准来决定历史现象的重要性；（2）按照省市县的行政区划将中国进行区域"横向"分解，以展开区域性与地

<hr />

❶ ［美］柯文. 在中国发现中国历史［M］. 林同奇，译. 中华书局，2002：序言 55.

方历史的研究；（3）按照阶层将中国社会进行"纵向"分解，推动中下层社会历史（包括民间与非民间历史）的研究；（4）学科交叉研究，将历史学以外的学科已形成的理论、方法与技巧与历史分析结合起来。❶

中国是世界上少有的几个得以延续至今的古老文明之一。中国古代的科学技术水平远远超过同时代的欧洲，著名科学史学家李约瑟指出，中国古代有"一整套自然理论体系，有着系统的有记录的实验，而且有许多其精确性令人震惊的测量"❷，虽然中国没有形成自然假说数学化的科学革命，但是"在文艺复兴前和文艺复兴间，中国在技术方面的影响占支配地位"❸。在经济制度方面，北宋末年中国的商品经济发展就达到了一个较高的水平，明清时期也出现比较明显的资本主义萌芽。中国的经济总量也一直领先于世界，据麦迪森等人统计，公元元年中国 GDP 占世界总量的26.2%，1000 年占22.7%，1500 年占25%，1600 年占29.2%，1700 年占22.3%，1820 年占32.9%，中国的人均 GDP 在公元元年和1000 年为450 美元，1300—1820 年为600 美元❹。直至1750年左右，至少欧洲并不比中国先进多少。有学者甚至认为，一直到18 世纪中后期，中国比较富裕的地区仍然在相对意义上极具经济活力，相当繁荣，那种认为中国因为人口压力或制度落后而极

---

❶ ［美］柯文. 在中国发现中国历史［M］. 林同奇，译. 中华书局，2002：201.

❷ ［英］李约瑟. 李约瑟文集［M］. 潘吉星，编译. 辽宁科学技术出版社，1986：223.

❸ ［英］李约瑟. 李约瑟文集［M］. 潘吉星，编译. 辽宁科学技术出版社，1986：219.

❹ 刘逖. 1600—1840 年中国国内生产总值的估算［J］. 经济研究，2009（10）：145. 另见［英］麦迪森. 中国经济的长期表现（960 – 2030）［M］. 伍晓鹰，等译. 上海人民出版社，2008：36.

为贫穷的观点是极其错误的❶。

中国为什么能在古代一直领先？首先，中国地处亚洲东部，它的东部和南部临太平洋，北部是茫茫的西伯利亚冰原，西部大部分地区被喜马拉雅山脉和昆仑山脉阻断，形成一个相对封闭的地理环境。在交通条件与军事技术落后的古代，除了北部的游牧部落的骚扰，客观上有利于形成大一统的帝国，也保证了国家的领土安全不受外界侵略。而欧洲却有曲折多变的海岸线，地理环境使之容易出现竞争性小国林立的状况。其次，中国处于亚热带与温带季风性气候地区，土地肥沃，又有丰富的水系，十分适合定居生活与农业生产，古代中国很早就进入了农业时代，并在农业技术方面达到了当时的较高水平。而欧洲大部分地区却处于温带海洋性气候，热量不足，多阴雨天气，并不十分适合农业生产，相反比较适合畜牧业与贸易的发展。再次，中国中原的文化对少数民族相对处于优势地位。中国北方的游牧民族对中原的战争主要是为了获得内地丰富的农业资源，当其生存压力缓解后，甚至愿意采用中原地区的政治、经济制度与文化体制实施统治。最后，中国古代的战争与和平处于一种相对平衡的状态，一方面，战争可以刺激政治与经济体制的不断调整与改革；另一方面，战争引发的民族迁徙，也在客观上加快民族的大交流与大融合。

但是，为什么一直到中世纪都保持世界科技领先水平的中国，却在近代让欧洲人反超，是什么原因导致这样的转变呢？"李约瑟之谜"如何解释？中国古代的资本主义萌芽为什么最终没有成长为参天大树呢？工业革命为什么没有首先发生在中国？在1840年经济总量还居世界第一的中国，为何却在鸦片战争中战败了呢？

---

❶　[美] 彭慕兰 . 大分流 [M] . 史建云，译 . 江苏人民出版社，2003：5.

以中国为代表的东方发展模式为什么会在近代衰落了呢？这些问题困扰众多学者。哈耶克认为，市场经济是一种"自由和扩展"的人类秩序❶，只要没有不合理的强制与干预，一个自由的市场就会自发地进行竞争与创新，提高劳动生产效率。但是，布罗代尔发现，古代中国的"资本主义的社会部门为什么好像生活在一个与世隔绝的钟罩里？它为什么无法扩展而占领整个社会？……为什么资本快速形成只可能在某些部门中发生，而没能发生在当时的整个市场经济中？"❷布罗代尔的这个疑问，被经济学家赫尔南多·德·索托称为"布罗代尔钟罩"。近代西方世界的经济起飞，是市场的自由和扩展秩序不断冲破欧洲各地的各种各样的布罗代尔钟罩，在一个国家以至整个西方世界不断扩展开来的一个外在表现和历史结果❸。古代中国为何没有突破这个"布罗代尔钟罩"，走向资本主义与现代化呢？

人类社会制度的变迁有三种路径：革命（revolution）、演进（evolution）与内卷（involution）。"革命是指一种间断性的、突发式或剧烈的社会制度（regime）的改变与更替，即从一种社会制度跳跃式地改变为另一种社会制度；而演进指一种连续的（往往是缓慢的）、增进性的（incremental）、发散性的或沿革式的社会变迁；内卷（involution）则是指一个社会体系或一种制度在一定历史时期中在同一个层面上内卷、内缠、自我维系和自我复制。"❹

---

❶ ［英］哈耶克. 致命的自负［M］. 冯克利，等译. 中国社会科学出版社，2000：28.

❷ Braudel Fernand. Civilization and Capitalism，15th – 18th Century，Vol. 2：The Wheels of Commerce［M］. Collins，1982：284.

❸ 韦森. 近代西方世界兴起原因的再思考——从斯密、黑格尔、马克思、桑巴特、韦伯、熊彼特到诺思、肯尼迪和华勒斯坦［J］. 河北学刊，2007（1）

❹ 韦森. 斯密动力与布罗代尔钟罩：研究西方世界近代兴起和晚清帝国相对停滞之历史原因的一个可能的新视角［J］. 社会科学战线，2006（1）：82.

现代经济学之父亚当·斯密认为，劳动分工和专业化所带来的劳动生产率的提高是人类社会经济增长的根本动力。换言之，人类社会经济的增长是市场的深化和扩展的结果。"从市场自发扩展的内在机制来说，市场交易是任何文明社会经济增长、人们收入增加，以及生活水平提高的原初动因和大致路径。市场交易源自分工，并会反过来促进劳动分工，而劳动分工则受市场规模大小的限制。市场扩大会加速和深化劳动分工，从而经济增长与市场的深化和扩展，实际上构成了一枚硬币的两面。这种劳动分工和市场扩展的相互促进，就构成了任何社会经济成长的'斯密动力'。"❶ "斯密动力"要求不断深化和细化劳动分工、不断扩展市场、促进技术进步、扩大国际贸易和制度变迁，近代欧洲正是在斯密动力的推动下，最终引发了人类历史上的第一次工业革命。但是这些在古代中国，由于封建政治体制的强力干预，"重农轻商"的意识形态以及明清以后的闭关锁国，市场经济得不到有效发展，资本主义萌芽也就被扼杀在摇篮之中了。换言之，中国近代历史上的各地市场经济，大致处在一个个无形的限制着市场扩展的"布罗代尔钟罩"之下，尽管在这一时期中国经济在传统的市场分工和技术基础上有了一定程度的增长，但由于同一时期中国人口的快速增长，近代中国经济和社会进入了一种有增长而无发展，或者说"量之增长质之停滞"的"内卷"状态❷。

李约瑟、黄仁宇和林毅夫等人同样强调制度的差异。对于李约瑟之谜，李约瑟本人的解释是，中国的官僚体制的目的在于维

❶ 韦森. 斯密动力与布罗代尔钟罩：研究西方世界近代兴起和晚清帝国相对停滞之历史原因的一个可能的新视角 [J]. 社会科学战线，2006 (1)：81.

❷ 韦森. 斯密动力与布罗代尔钟罩：研究西方世界近代兴起和晚清帝国相对停滞之历史原因的一个可能的新视角 [J]. 社会科学战线，2006 (1)：82.

护灌溉体系需要；西欧的贵族式封建体制有利于商人阶层产生，当贵族衰落之后，资本主义和现代科技便产生了。❶ 黄仁宇引用了诺斯的观点，认为中国社会之所以没有产生资本主义，其根本原因在于与欧洲相比，中国的产权保护制度不到位，中国缺乏有效的私人财产制度❷。林毅夫则认为，古代传统科技是通过经验获得的，现代科学是通过可控科学实验获得的，前者可以在生产生活中偶然获得，而后者需要长期专业训练后才能获得；而科举制四书五经的课程设置与升官发财的激励结构，使知识分子无心于投资现代科学研究所必需的人力资本，因而大大降低了从原始科学跃升为现代科学的概率❸。

杰瑞德·戴尔蒙德（Jared Diamond）与文贯中等人则强调地理环境禀赋的差异。在《枪炮、病菌与钢铁：人类诸社会的命运》一书中，戴尔蒙德将中国的落伍归咎于其完整的地理环境所造成的大一统的国家体制。❹ 文贯中则认为，由于宋、金、辽之间的共存与战争，南宋偏安于一隅，其地理禀赋条件对农本社会的自我延续与发展最为不利，只好求诸城市工商业和民间、海外贸易，从而促进了市场经济的繁荣以及技术的创新。元朝以后，中国的疆域空前扩大，人口与资源矛盾并不突出，反而使中国周期性地向农本社会倒退。自此，中国失去了本土性科学革命的必要条件❺。

---

❶ 王京安，许斌."李约瑟之谜"研究述评 [J]. 湖南大学学报（社会科学版），2003（4）：86.

❷ [美] 黄仁宇. 资本主义与二十一世纪 [M]. 生活·读书·新知三联书店，2006：24.

❸ 林毅夫. 李约瑟之谜：工业革命为什么没有发源于中国 [A] //制度、技术与中国农业发展. 上海人民出版社，1995：270.

❹ 姚洋. 地域、制度与李约瑟之谜 [J]. 读书，2003（1）：42.

❺ 文贯中. 中国的疆域变化与走出农本社会的冲动——李约瑟之谜的经济地理学解析 [J]. 经济学（季刊），2005（1）：520.

马克斯·韦伯与季羡林强调中西文化与宗教的差异。韦伯认为，西方宗教改革以后形成的充满理性的"资本主义精神"推动了近代科学技术革命与资本主义的发展，而中国、印度等东方古老民族的传统文化中缺乏这种理性的资本主义精神，因而阻碍了近代科学技术与资本主义在东方的产生。季羡林也认为，东西两大文化体系差异最基本的根源在于思维方式的不同，东方文化主综合（comprehensive），西方文化主分析（analytical），但他也指出，虽然现在主宰世界的是西方文化，但这只能是一时的现象。❶

伊懋可（Mark Elvin）与姚洋强调资源—经济约束解释模式。其中伊懋可提出"高水平均衡陷阱"的理论假说，他认为，近代中国之所以领先一千年后又被欧洲反超，是因为中国受到人口众多、资源匮乏的限制。由于中国人口众多，因此必须全力发展农业技术以提供粮食供给，但是农业技术的改进所带来的收益会立刻为新一轮的人口增长所吞噬，而人口的增长又进一步带动农业技术的改进。❷ 如此往复，中国在较高的农业水平上维持了巨大的人口。姚洋基本支持伊懋可假说，但对其作了修正和补充。姚洋认为，中国的农业投资回报一直高于工业的投资回报，因此这是造成资本没有大幅度流向工业的很重要的原因，工业因此缺少资金，无法发展起来。❸

（三）东亚的重新崛起

19—20 世纪的东亚经历了漫长的殖民与侵略，直到 20 世纪 50

---

❶ 季羡林. 季羡林谈东西方文化［M］. 浙江人民出版社，2016：112-114.
❷ 姚洋. 高水平陷阱——李约瑟之谜再考察［J］. 经济研究，2003（1）：72.
❸ 孙晔. 近年来经济学界关于"李约瑟之谜"研究述评［J］. 教学与研究，2010（3）：90.

年代，这个曾经是各种政治、军事对抗与冲突最激烈、最危险的地区，也是当时被普遍认为是世界上最没有希望的地区。刚刚经过第二次世界大战的摧残，又遭历朝鲜战争，东亚地区普遍面临后殖民主义时代的国家权力重建等棘手问题。

然而，奇迹偏偏就发生在这块看似不可能的地区。经过几十年的努力，日本成为世界经济大国，新兴工业化经济体韩国、新加坡和我国台湾地区与香港地区被誉为"亚洲四小龙"，东亚国家的经济也在不断改革与调整中走上快车道。经过近百年的浴血奋斗，中国终于在 1949 年获得了梦寐以求的民族独立，中国这艘巨轮重新起航，并经过改革开放，重返世界大国与强国的行列。从 20 世纪 70 年代开始，"东亚涌起了世界历史上声势空前的工业化、现代化大浪潮。到了 20 世纪 80 年代，包括中国大陆在内的东亚广大地区的经济增长速度，都远远超过西方早期工业化时期的增长速度。东亚成为当代世界发展最快、经济最有活力的地区，并且带动世界重心从大西洋地区向环太平洋地区转移，为'太平洋时代'的到来拉开了序幕"❶。1993 年世界银行出版的题为《东亚奇迹：经济增长与公共政策》一书，就将东亚的成功称为"东亚奇迹"，那么，"东亚奇迹"的成功经验是什么呢？

概括起来说，"东亚发展模式"有以下几个特点。其一，突出"国家"在发展中的作用。东亚国家有集中国家优势办大事的国家传统，为了赶超先进国家，国家主动发挥领导、组织和直接参与经济发展和工业化的作用。作为"后发型"的国家，东亚各国主动将政府这只"看得见的手"和市场这只"看不见的手"相互结合，形成比较有弹性的经济发展体制。其二，采取"比较优势"

---

❶ 梁志明. 东亚的历史巨变与重新崛起 [M]. 香港社会科学出版社，2004：41.

的经济发展战略。林毅夫等人认为，相对于赶超型的"重工业优先发展战略"或"进口替代战略"，"比较优势战略"是一种更为成功的经济发展道路，这也是日本和"亚洲四小龙"实现经济成功的核心所在；比较优势战略使得经济发展在每个阶段上都能发挥当时资源禀赋的比较优势，从而维持经济的持续增长并提升资源禀赋的结构[1]。其三，重视传统文化的作用，尤其是"新儒家思想"在东亚的复兴，在思想上起到了和西方现代化初期"新教伦理"和"资本主义精神"相等的作用。在全球化进程加快、国际竞争加剧的今天，传统儒家必须与时俱进进行自我革新与改造，并自觉适应时代发展的要求。在东亚，新儒家提倡"国家至上、家庭为根、种族和谐、宗教宽容"[2] 的理念，将民族性、本土性与现代性融合在一起，为东亚各国所推崇。

可是，正在人们还在盛赞东亚奇迹的时候，问题已经悄悄凸显。20 世纪 90 年代初期，日本经济发展增速放缓，1993—1995 年国内生产总值增长率仅为 0.56%，日本经济陷入长期停滞。更为严重的是 1997 年亚洲爆发了一场金融危机，这场危机引起了全球经济的剧烈动荡，这场危机从泰国开始，席卷了新加坡、马来西亚、韩国、日本等地，亚洲一些国家的经济开始滑向萧条，一些国家的政局也开始出现混乱，甚至有人开始谈论"东亚模式"的终结和"东亚神话"的破产。然而，事物的发展千变万化，中国在多次危机中沉着应对，不仅平稳度过危机，而且连续多年保持经济高速增长，到 2010 年 GDP 已经跃居全球第二位，人们不禁惊

---

[1] 林毅夫，等. 比较优势与发展战略——对"东亚奇迹"的再解释 [J]. 中国社会科学，1999（5）：4.

[2] 郭洪纪. 新儒家精神与东亚晚工业化的道路 [J]. 青海社会科学，1996（5）：68.

呼一个新的"中国模式"的到来。人们不禁问，难道东亚模式又复兴了吗？中国模式又复兴了吗？但是根据以沃勒斯坦和弗兰克为代表的世界体系论，中国与东亚的大部分国家尚处于从世界体系的半边缘国家走向中心国家的阶段，中国的崛起与东亚的复兴尚且是进行时。

三、民族国家体系的扩展

在整个古典时期的国际关系方面，欧洲的大部分地区处于一种停滞状态，或处于殖民边缘的状态。只有欧洲南部部分国家是这一时期的主要角色。但在 1500 年左右，一个新的单位，即现代国家，在欧洲西部边缘开始成为中心，并开始了它统治全球的进程❶。1618—1648 年，欧洲国家之间爆发了一场大规模的战争，这场战争历时三十年，史称三十年战争。战时与战后所签订的一系列双边和多边条约统称《威斯特伐利亚和约》，和约的签订解决了民族国家独立、领土纠纷以及宗教分歧的问题，重新划定了欧洲大陆各国的国界，改变了欧洲各国政治力量的对比。更为重要的是，它确立了国家主权至上的国际法基本原则，确认了国际条约必须遵守、对违约的一方可以施加集体制裁的原则，建立了以国际会议与和平谈判的方式解决国际争端的模式，是国际关系史上的一个重要里程碑。可以说，三十年战争以后确立的威斯特伐利亚体系，推动了欧洲近代民族国家体系的形成，开创了世界上第一个具有近代意义上的国际体系，是世界近代史的新开端。

威斯特伐利亚体系的行为主体是主权国家，主权国家拥有"对内最高，对外独立"两个最基本的特性。主权国家间的关系，

---

❶ ［英］巴里·布赞. 世界历史中的国际体系［M］. 刘德斌，译. 高等教育出版社，2005：216.

至少从表象上看是一种平等的关系，正如一些学者指出的那样，
"威斯特伐利亚体系是由许多大小不一的国家相互之间横的关系所
构成的。在那里并没有凌驾于其他国家之上的一个强大的中心，
构成国际秩序的基本准则是至少在法律上平等的各国间的并列关
系"❶。威斯特伐利亚体系还确立了欧洲大国之间力量相对均势的
格局，这种均势有三个必不可少的条件：第一是无政府结构，第
二是最少有两个行为体，第三是各行为体的目标应当是维护自身
的生存与安全❷。但是，威斯特伐利亚体系的均势建立在大国力量
彼此消长的基础上，在体系中实力相对弱小的国家，不仅不可能
取得与大国相同的权力和影响力，反而会在不同程度上受制于大
国。因此，威斯特伐利亚体系的权力结构本质上是一种由力量决
定的不平等结构❸。虽然在历史上欧洲并不一直是世界的中心，但
是近代国际体系却是从此开始形成，并走向世界的。

当威斯特伐利亚体系与中国的宗藩体系相遇的时候，就发生
了激烈的碰撞。1793 年英王乔治三世派团使华时，英国代表团团
长马戛尔尼要不要向乾隆皇帝下跪表面上看只是个礼节问题，但
实质上是传统中国的宗藩体系与现代民族国家体系的第一次正面
交锋，同样的案例还包括 1816 年英国阿美士德使华时的"礼仪之
争"等。

甲午战争的战败，彻底瓦解了清朝的宗主国地位。《马关条
约》第一款就明文规定："中国认明朝鲜确为完全无缺之独立自

---

❶ ［日］信夫清三郎. 日本外交史［M］. 天津社科院日本所，译. 商务印书馆，
1980：17.

❷ Avery Goldenstein. From Bandwagon to Balance – of – Power Politics［M］. Stanford
University Press，1991：38 – 41.

❸ 胡礼忠，邢新宇. 宗藩体系与威斯特伐利亚体系［J］. 国际观察，2011（6）：
10.

主，故凡有亏损独立自主体制，即如该国向中国所修贡献典礼等，嗣后全行废绝。"❶ 这一条款不仅意味着宗藩体系的最终解体，而且意味着古老的中国开始面临"三千余年一大变局"❷。这对东亚的国际格局产生了巨大影响，东亚的国际关系走向了现代化，世界最终完全纳入威斯特伐利亚体系之中。

❶ 王铁崖. 中外旧约章汇编（第一册）［Z］. 生活·读书·新知三联书店，1957：614.

❷ （清）李鸿章. 筹议制造轮船未可裁撤折［A］//李鸿章全集（第2册）. 时代文艺出版社，1998：874.

第三章

运作机理：现代国家的构建

.

　　弗朗西斯·福山认为，国家构建就是在强化现有的国家制度的同时新建一批国家政府制度。❶ 现代国家的构建可以从两个层面来理解，一个是抽象层面，或者说理论层面，即什么是国家权力？其界限何在？同时处理政治权力与社会权力、经济权力之间关系的原则是什么？另一个是具体层面，或者说操作层面，即国家如何获得对行政、法律、税收和暴力的合法垄断权的问题❷。这包括现代国家合法性的来源及其构建，现代国家政治、经济与社会制度的构建，现代国家能力体系构建等方面。

---

❶ ［美］弗朗西斯·福山. 国家构建［M］. 黄胜强，等译. 中国社会科学出版社，2007：1.
❷ 杨雪冬. 民族国家与国家构建：一个理论综述［J］. 复旦政治学评论，2011（3）：87.

第一节　现代国家的合法性构建

任何一个形态的人类社会都面临合法性问题，合法性原意指的是"国王有权即位是由于他们的合法出身，中世纪以来，合法性的意思增加了，它不再只是指'统治的合法权利'，而且指'统治的心理权利'，现在的合法性意指人们内心的一种态度，这种态度认为政府的统治是合法的和公正的"。❶ 合法性问题研究的是统治者对民众进行统治和治理的正当理由，它主要探讨统治者权利的来源，统治秩序的正当性，统治者与被统治者之间的认同与服从关系等问题。马克斯·韦伯很早就对合法性问题作了系统研究，他认为，合法性是指由法律、道德、宗教、习俗和惯例等构成的合法秩序，"任何一种真正的统治关系都包含着一种特定的最低限度的服从愿望，即从服从中获取（外在的和内在的）利益"❷。让－马克·夸克认为，"合法性就是对统治权力的承认"❸，其实质上是对统治者权力的认可，这种认可涉及"认同、价值观、同一性和法律"等一系列条件基础。李普塞特认为，合法性"涉及该制度产生并保持现存政治机构最符合社会需要的这种信念的能力"❹。尤尔根·哈贝马斯认为，"合法性就是承认一个

---

❶ ［美］罗斯金. 政治科学［M］. 林震，译. 华夏出版社，2001：5

❷ ［德］马克斯·韦伯. 经济与社会（上）［M］. 林荣远，译. 商务印书馆，2006：238.

❸ ［法］让－马克·夸克. 合法性与政治［M］. 佟心平，等译. 中央编译出版社，2002：12.

❹ ［美］李普塞特. 政治人：政治的社会基础［M］. 张绍宗，译. 商务印书馆，1993：53.

政治制度的尊严"❶，同时，他进一步强调政治合法性赖以存在的
价值基础，"合法性意味着某种政治秩序被认可的价值"❷。

一、国家权力合法性的来源

关于国家权力合法性的来源，马克斯·韦伯将其归于三类权
威：传统型权威、魅力型权威和法理型权威❸。迈克尔·曼认为，
社会是由多重交叠和交错的社会空间的权力网络构成的，它主要
有四个来源——"意识形态的、经济的、军事的和政治的"❹。一
般认为，关于国家政权合法性来源的理论大致有三种：一是世袭
制，二是契约论或选举制，三是暴力或革命论。

先看世袭制。在原始社会，氏族首领或酋长是通过民主选举
产生的，他们掌握公共权力，管理氏族的内外事务和处理纠纷。
进入阶级社会后，统治者为了维护政权的稳定性，不仅编造"君
权神授"的神圣光环，而且将名号、爵位以及财产等按照血统关
系世代传承，以世袭制为权力合法性的来源。这种理论和韦伯所
说的传统型权威具有很大的相似性。

再看契约论。近代政治哲学家如霍布斯、洛克和卢梭等人认
为，由于人们要摆脱相互争斗中的"丛林法则"，因此相互之间订
立契约，让渡自己的权利给一个"利维坦"或"公意"，也就是国
家。契约理论是近代的国家理论，它解释了国家内部统治者与被

---

❶ ［德］哈贝马斯. 重建历史唯物主义［M］. 郭官义，译. 社会科学文献出版社，
2000：262.

❷ ［德］哈贝马斯. 交往与社会进化［M］. 张博树，译. 重庆出版社，1989：188.

❸ ［德］马克斯·韦伯. 经济与社会（上）［M］. 林荣远，译. 商务印书馆，
2006：241.

❹ ［美］迈克尔·曼. 社会权力的来源（第一卷）［M］. 刘北成，等译. 世纪出版
集团，2007：3.

统治者之间关系的合法性来源。到了现代，这种契约关系发展为政治选举制，民众通过选举自己的民意代表作为社会的统治者。

最后看暴力论。暴力国家理论流行于 19 世纪末，这种理论把暴力看作阶级斗争、国家的产生和社会运动的主要工具。比如韦伯认为，国家是一个合法垄断使用暴力的政治机构❶；吉登斯认为，民族国家的统治依靠"法律以及对内外部暴力工具的直接控制"❷ 才得以维系；马克思主义认为，国家是阶级统治的工具，国家"无非是有产阶级即土地所有者和资本家用来反对被剥削阶级即农民和工人的有组织的总权力"❸。暴力确实在阶级统治过程中发挥着重要作用，但暴力不仅仅是阶级统治的手段，暴力本身必须由经济发展来解释。

二、秩序与正义

政治合法性的核心在于构建对政治统治秩序的认同。这种认同，首先来自统治秩序本身的正义性，使社会各方能自觉遵守社会规范与社会秩序。此外，这种秩序有一套强有力的实施机制，它形成法律并诉诸国家公器，得到行政机关、警察、军队等强制力量的保障。亨廷顿曾经指出，对于一个处于现代化进程的现代国家而言，"首要的问题不是自由，而是建立一个合法的公共秩序。人当然可以有秩序而无自由，但不能有自由而无秩序"❹。

---

❶ ［德］马克斯·韦伯. 韦伯政治著作选［M］. 阎克文，译. 东方出版社，2009：248.
❷ ［英］安东尼·吉登斯. 民族—国家与暴力［M］. 胡宗泽，等译. 生活·读书·新知三联书店，1998：147.
❸ 马克思恩格斯选集（第3卷）［M］. 人民出版社，2012：240.
❹ ［美］亨廷顿. 变化社会中的政治秩序［M］. 王冠华，等译. 生活·读书·新知三联书店，1989：7.

（一）秩序

秩序，按照《辞海》的解释，通常指"人或事物所在的位置，含有整齐守规则之意"❶。从法哲学的视角看，秩序是指"在自然进程和社会进程中都存在着某种程序的一致性、连续性和确定性"❷。它本质上意味着"个人的行动是由成功的预见所指导的，这亦即是说人们不仅可以有效地运用他们的知识，而且还能够极有信心地预见到他们能从其他人那里所获得的合作"❸。用英国社会学家科亨的话说，社会秩序的内涵包括以下五个方面的内容：第一，控制性（restraint），秩序是对冲动行为，尤其是暴力的约束和限制；第二，互惠性（reciprocity），人们在社会生活中的行为存在彼此的互惠互利；第三，预测性（predictability），社会生活要有可预测性，只有当人们知道对彼此有什么期望时，他们才能采取社会行动；第四，一致性（consistancy），社会生活具有持续性和一致性；第五，持久性（persistence），除非社会生活的形式经久不衰，否则就不可能有可预测性和一致性❹。

关于秩序的类型，有多种分类方法。道格拉斯·诺思认为，社会秩序是社会组织的内在逻辑，迄今为止，人类社会经历了觅食秩序、权利限制秩序（又称自然国家）与权利开放秩序三种社会秩序❺。哈耶克认为，所谓秩序，"我们将一以贯之地意指这样

❶ 辞海第七版，官方网站：https：//www. cihai. com. cn/search/words?q = % E7% A7% A9% E5% BA% 8F

❷ ［美］博登海默. 法理学——法律哲学与法律方法［M］. 邓正来，译. 中国政法大学出版社，2004：228.

❸ ［英］哈耶克. 自由秩序原理（上册）［M］. 邓正来，译. 生活·读书·新知三联书店，1997：200.

❹ P. S. Cohen. The Modern Social Theory［M］. Heinemann Educational Books，1968：18 – 19.

❺ ［美］道格拉斯·诺思. 暴力与社会秩序［M］. 杭行，等译. 上海人民出版社，2013：1 – 2.

一种事态，其间，无数且各种各样的要素之间的相互关系是极为密切的，所以我们可以从我们对整体中的某个空间部分或某个时间部分所作的了解中学会对其作出正确的预期"❶。人类社会存在着自生自发秩序和人造秩序两种形态，其中，自生自发秩序是一种受规则支配的、法治的（teleocratic）秩序，是内生的秩序，而人造秩序是一种受目的支配的（nomocratic）秩序，是外生的秩序❷。

我国学者张文显认为，迄今为止，人类社会确立了四种秩序观：等级结构秩序观、自由平等的秩序观、"社会本位"秩序观、历史唯物主义秩序观❸。第一是等级秩序观，古希腊的柏拉图和亚里士多德把因才定分、各守其分、各得其所、和谐一致作为秩序的标志。中世纪神学家奥古斯都认为，秩序就是有差别的各个部分得到最恰当的安排。每一部分都安置在最合适的地方。阿奎那把封建等级制看作不可侵犯的秩序。汉武帝和董仲舒开始把"君为臣纲、父为子纲、夫为妻纲"作为中国封建社会社会秩序的核心内容。第二是自由平等秩序观，近代思想家从个人权利出发，主张消除封建专制势力，反对政府干预，保护自由平等的竞争，发展资本主义经济。比如卢梭认为，理想的社会秩序是通过社会契约来确立的，通过人民自由的协议，将个人的权利让渡给"公意"组成国家，人民服从国家，但国家也必须依照公意服务人民，否则人民有权解除契约，夺回权利。第三是"社会本位"秩序观，这一派的观点质疑传统的自由平等的秩序观，他们对秩序的思考

❶ ［英］哈耶克. 法律、立法与自由（第一卷）［M］. 邓正来，等译. 中国大百科全书出版社，2002：54.
❷ ［英］哈耶克. 法律、立法与自由（第二卷）［M］. 邓正来，等译. 中国大百科全书出版社，2002：20.
❸ 张文显. 法理学［M］. 高等教育出版社，2007：305–308.

由个人转向社会，强调社会统治、个人与社会的和谐关系，主张以"社会化的法律"取代过分强调个人的权利与自由的法律。第四是历史唯物主义秩序观，马克思主义认为，不同的社会有不同的秩序，秩序的特殊性取决于生产方式的历史个性，来源于生产关系的历史合理性，在阶级社会中，秩序总是首先起着维护统治阶级利益的作用❶。

（二）正义

正义是建立社会秩序的基础，任何社会秩序的确立，都要以是否符合社会正义为标准。罗尔斯在《正义论》的开篇就指出："正义是社会制度的首要德性，就像真理是思想体系的首要德性一样。无论它多么精致和简洁，只要它不真实，就必须加以拒绝或修正；同样，某些法律和制度，不管它们如何有效率和安排有序，只要它们不正义，就必须加以改造或废除。"❷

在词源学意义上，"正"表示的是不偏斜，平正；"义"（義）则表示以干戈护卫财产，同利益的界分与平衡、越界行为与矫正有紧密联系。❸ 在《辞海》中，"正义"一词指的是"对政治、法律、道德等领域中的是非、善恶作出的肯定判断"。在我国古代典籍《礼记》中，就有"大同社会"和"小康社会"这样的关于公平正义社会的设想，宋代理学大师朱熹认为："公者，心之平也；正者，理之得也，一言之中，体用备矣。"❹

古希腊思想家柏拉图认为，正义是人类社会的一种美德，国

---

❶ 张文显. 法哲学范畴研究［M］. 中国政法大学出版社，2001：196.

❷ ［美］罗尔斯. 正义论［M］. 何怀宏，等译. 中国社会科学出版社，2009：3.

❸ 廖申白. 论西方主流正义概念发展中的嬗变与综合（上）［J］. 伦理学研究，2002（2）：55.

❹ （宋）黎靖德，编. 朱子语类（卷二十六）［M］. 中华书局，1986：645.

家的正义是和谐与秩序，正义的国家就是智慧、勇敢、节制三者和谐有序的结合。亚里士多德认为"公正是一切德性的总汇"❶，他认为法律是促进城邦全体人民都能进入正义和善德的永久制度。近代政治思想家强调在保证私人财产权利的前提下，实现自由平等，他们从两个角度探讨社会正义问题：一是以霍布斯、洛克和卢梭为代表的政治哲学家，他们从抽象的人道主义出发，强调通过保障个人的自由权、平等权、私有财产权实现社会正义；二是以斯密、李嘉图等为代表的古典经济学家，他们从经济关系出发，强调在保障财产权利的前提下，通过市场等价交换来实现社会正义❷。在当代西方政治思想史上，罗尔斯的分配正义论、诺齐克的程序正义论、桑德尔和麦金泰尔等人的"社群主义"等几种关于正义的理论具有较大影响。

马克思和恩格斯从历史唯物主义的角度解构与批判了资本主义正义的虚假性，他们既高度肯定了资产阶级法权在历史发展中的进步性，同时也批判了资本主义制度的非正义性。马克思和恩格斯强调指出，正义是一个时代生产力与生产关系状态的写照，政治与法律正义无法解释劳动者遭受不公正待遇的真正原因。真正的正义与否不仅仅是由法律决定的，而是最终由生产关系决定的，正义的原则不能仅从政治法律领域去寻找，而是必须到物质利益关系中去寻找。社会不公正的根源在于资本主义的生产关系的非正义性，只有变革资本主义生产关系，才能真正实现社会的正义。

要构建现代民族国家秩序，首先，要保证主权的正义性。主

---

❶ ［古希腊］亚里士多德．尼各马可伦理学［M］．苗力田，译．中国社会科学出版社，1990：90.

❷ 罗兆麟．论中国共产党对公平正义的追求［J］．前沿，2016（4）：40.

权正义意味着国家不分大小和强弱一律平等，主权是现代国家成为国际平等主体的一种资格，是现代国家对其谋求公正国际地位的一个最起码的诉求。任何一个国家如果主权平等与国家独立都不能实现，处于被压迫与奴役的地位，就根本没有条件实现国内的公平与正义，充其量只是别国的傀儡与工具。

其次，要保证制度的正义性。制度正义是"指一个国家、社会的制度体系能够充分保障个人的安全、平等、自由，能够保证和实现社会各个阶层、各个集团、各个部分的利益协调、共存，实现全社会成员的和谐关系"[1]。制度正义是一个国家至高无上的价值追求，因为"社会主要制度分配基本权利和义务，决定由社会合作产生的利益之划分的方式"[2]。评判某种社会制度正义与否的标准关键要看两条：一是这种制度是否符合社会发展的规律和历史发展的趋势；二是这种制度能否最大限度地保障每个人的权益，并尽可能达到帕累托最优。制度的正义性与合理性也是动态的，它因生产力的发展、人民群众对正义要求内容的变化而变化。恩格斯曾经指出，"关于永恒公平的观念不仅因时因地而变，甚至也因人而异"[3]。

再次，经济正义是国家秩序正义的主要内容。经济正义应该包括生产正义、交换正义、分配正义和消费正义等四个方面，这种经济正义要能突出经济效率，体现公平交易，发展成果惠及全体人民，注重可持续发展，既要实现现代国家实力的强大，也要实现社会发展的共同繁荣。

最后，正义要通过民主与法治来保障，也就是要用程序正义

---

❶　张恒山. 略论制度正义 [J]. 中共中央党校学报，2007 (4)：51.

❷　[美] 罗尔斯. 正义论 [M]. 何怀宏，等译. 中国社会科学出版社，2009：6.

❸　马克思恩格斯选集（第3卷）[M]. 人民出版社，2012：261.

来保障实质正义的实现。程序正义，又称为形式正义或自然正义，是一种"作为规则的正义"，要求严格按照程序与规则办事。但程序正义不仅是形式上的，而且是"交涉性"和"过程性"的，它可以通过机会均等、信息公开、谈判博弈等形式实现公平正义。实质正义，又称实体正义或具体正义，它强调法律或制度本身的正义，注重的是调整结果的内在公正。一个秩序良好的社会，应该不仅具有程序正义，而是既要强有力又不失公平，应该有助于界定公众利益并致力于达到实体正义❶。

三、强制、暴力与革命

要维护现代国家的良好社会秩序，除了社会秩序与制度设计的正义性以外，最为常用的就是用强制力量尤其是暴力来保障，正如本雅明指出的那样，"暴力批判可能隐含着一种以公正为目的的制度……暴力批判的任务可以概括为解释暴力与法律和正义的关系"❷。所谓暴力，是指"蓄意地运用强暴的力量或武装，对自身、他人、群体或社会进行威胁或伤害，造成或极有可能造成损伤、死亡、精神伤害、发育障碍或剥夺权益"❸，根据暴力行为的主体即施暴者的特点，世界卫生组织将暴力分为针对自身的暴力、个人之间的暴力和集团暴力三大类型。

没有任何一个国家与社会可以避免暴力，从氏族社会起，对暴力的使用就屡见不鲜。但马克斯·韦伯指出，理性的国家是

---

❶ ［美］诺内特，塞尔兹尼克. 转变中的法律与社会［M］. 张志铭，译. 中国政法大学出版社，2004：82.

❷ ［德］本雅明. 本雅明文选［M］. 陈永国，等译. 中国社会科学出版社，1999：325.

❸ 世界卫生组织. 世界暴力与卫生报告［M］. 唐晓昱，译. 人民卫生出版社，2002：15.

"垄断合法暴力和强制机构的统治团体"，只有国家才是在一定疆域之内拥有"对正当使用暴力的垄断权"，在现代民族国家，一切机构或个人"被授予使用暴力的权利，只限于在国家的允许范围之内，国家被认为是暴力使用权的唯一来源"。❶ 国家和政府对暴力的垄断首先可以约束个人之间的暴力行为，减少社会暴力事件的发生频率，并可以在全社会范围内抑制成员之间两败俱伤的相互残杀。从这种意义上，霍布斯等人的契约论恰恰是为了消除暴力泛滥状态下的无序而采取的措施。

国家的暴力又可以分为"有形的暴力手段"和"依仗合法性的暴力手段"❷。在《民族—国家与暴力》一书中，吉登斯认为，现代国家的特性应该"同暴力工具的控制或者领土权结合起来"❸。他把这种暴力分成两类：显性暴力和隐性暴力，显性暴力是国家对军事力量的运用，隐性暴力是国家通过行政力量对社会的监控。"虽然政府在维护社会秩序的过程中经常使用暴力或强制力，但是它们并不是维护社会秩序的唯一手段与途径，因为行使暴力或强制力需要很高的社会成本……政治文明的标志是把强制力法律制度化，使强制力的行使按照一定的规则、规范和合法程序进行，这一方面使强制力具有了合理性的形式，另一方面也对强制力的行使起到了制约作用。"❹ 有人认为，判断一个政府是否具有合法性的办法是看国家雇佣了多少警察，因为大量的警察，尤其是特

❶ ［德］马克斯·韦伯. 学术与政治［M］. 冯克利，译. 生活·读书·新知三联书店，1998：55.
❷ ［德］马克斯·韦伯. 经济与社会（下）［M］. 林荣远，译. 商务印书馆，2006：731–732.
❸ ［英］安东尼·吉登斯. 民族—国家与暴力［M］. 胡宗泽，等译. 生活·读书·新知三联书店，1998：25.
❹ 张康之. 论强制力的社会秩序功能的有限性［J］. 广东社会科学，2001（2）：111.

种防暴警察的存在意味着这个政权需要高压统治。警察越少，就表明其合法性程度越高，比如瑞典和挪威；警察越多，表明其合法性程度越低，比如佛朗哥时期的西班牙。

除此之外，暴力在特定情况下是达到公正目的的手段抑或非正义目的的手段。❶ 在社会学研究中，社会怨恨情绪的释放可能通过暴力表现出来，社会的不公正和被剥夺感在底层民众中积聚为委屈、仇恨，进而隐忍成怨恨，最后，不断积蓄的怨恨可能以暴力的方式突然迸发出来，甚至引发社会革命。在马克思主义者那里，"几乎所有文明国家"的无产阶级都处于资产阶级的"暴力压制"之中，用和平的、合法的斗争方式不可能解决社会矛盾与冲突，要想解决社会不公，实现制度平等，"唯一可能的出路就是暴力革命"，共产党人"只有用暴力推翻全部现存的社会制度"❷ 才能达到自己的目的。

四、文化、宗教与意识形态

戴维·伊斯顿将马克斯·韦伯的合法性理论进行扩展，并进一步细化，他把构成合法性的因素分为三个来源：意识形态的、结构的和个人的，并以此区分了合法性的三种类型❸。合法性的基础是同意与认同，因此，除了制度设计的正义性和暴力等的强制性保证外，加强文化、宗教与意识形态的认同也至关重要。

（一）文化与政治文化

文化是一个复杂的整体，爱德华·泰勒认为，文化是"包括

❶ ［德］本雅明. 本雅明文选［M］. 陈永国，等译. 中国社会科学出版社，1999：325.

❷ 马克思恩格斯选集（第1卷）［M］. 人民出版社，2012：435.

❸ ［美］戴维·伊斯顿. 政治生活的系统分析［M］. 王浦劬，等译. 华夏出版社，1999：347.

知识、信仰、艺术、道德、法律、习惯以及作为社会成员的人所获得的任何其他才能和习性的复合体"❶。哈维兰认为，文化是一套共享的理想、价值和行为准则，它是人们在代际相传的"濡化"过程中习得的，文化以语言、艺术和宗教等符号为基础，文化是一个系统，为了发挥作用，文化的各个部分必定合理地整合在一起。文化的黏合力十分重要，"只要各个部分是合理地黏合的，那么文化就会充分合理地运行。然而，如果黏合力失效了，那么文化危机的情境就会接踵而至"。❷

自从现代政治确立以来，政治文化受到两种范式或三个流派的影响：法国的社会学学派、德国的文化哲学学派和美国的政治科学学派，并形成了解释主义和实证主义两个研究范式，其中，解释主义受法国的社会学学派和德国的文化哲学学派影响较大，实证主义受美国的政治科学学派影响较大❸。

法国思想家孟德斯鸠被公认为现代政治文化研究的创始人❹，他将一个国家的气候、生活方式、自由程度、宗教、风俗、传统、财富状况等特征综合起来，分析了这些国家的制度结构、文化气质和物理环境的复杂联系，构成了他所称的"法的精神"。此后，卢梭、斯戴尔、贡斯当、基佐进一步强调社会文化习俗、惯例和传统对政治的影响，并在托克维尔那里达到了顶峰。

德国的文化哲学传统开始于康德，他发起了一场经验主义批

---

❶ ［美］威廉·哈维兰. 文化人类学（第10版）［M］. 瞿铁鹏，译. 上海社会科学院出版社，2006：36.

❷ ［美］威廉·哈维兰. 文化人类学（第10版）［M］. 瞿铁鹏，译. 上海社会科学院出版社，2006：45.

❸ ［美］迈克尔·布林特. 政治文化的谱系［M］. 卢春龙，译. 社会科学文献出版社，2013：序13.

❹ ［美］迈克尔·布林特. 政治文化的谱系［M］. 卢春龙，译. 社会科学文献出版社，2013：3.

判的哲学革命，关注人类知识与经验结构，强调人类的内心世界。并构建了一个宏大的普遍性解释框架，并在此基础上去理解一个国家政治文化的历史由来，强调政治文化是一个国家历史、文化象征、图腾长期积累的产物，而并非仅仅是对客观社会现实的抽象反映❶。此后，经过赫尔德、洪堡、黑格尔、马克思和韦伯等人的演绎，德国文化哲学传统发展成为一个重要学派。

美国的政治科学学派政治文化始于阿尔蒙德和维巴的开创性研究，他们主张通过实证的、科学的方式来研究政治文化，主张以各国的政治心理和政治理念为基础，进而对各国的政治文化进行精确的科学测量。他们亲力亲为，做了大量的田野调查工作，并于1963年出版了《公民文化：五个国家的政治态度和民主制》一书。在书中概括出五个国家的政治文化特征，分别是：疏远型的意大利政治文化，疏远与希望并存的墨西哥政治文化，超然于政治的德国政治文化，参与型的美国政治文化，驯顺型的英国政治文化。阿尔蒙德与西德尼·维巴认为，政治文化是一个民族在特定时期流行的一套政治态度、政治信仰和感情，它由本民族的历史和当代社会、经济和政治活动进程所形成❷。政治文化包括政治认知、政治情感和政治评价等主要内容，分为村民型、臣民型和参与型三种类型❸。阿尔蒙德等人还区分了政治过程中政治文化的各个层次，以及体系文化、过程文化和政策文化❹。罗纳德·英

❶ 丛日云，卢春龙. 理解政治发展的文化维度 [N]. 中国社会科学报，2015 - 6 - 15，A5 版.

❷ [美] 阿尔蒙德，等. 比较政治学 [M]. 曹沛霖，等译. 东方出版社，2007：26.

❸ [美] 阿尔蒙德，等. 公民文化：五个国家的政治态度和民主制 [M]. 徐湘林，等译. 东方出版社，2008：15 - 21.

❹ [美] 阿尔蒙德，等. 比较政治学 [M]. 曹沛霖，等译. 东方出版社，2007：33 - 48.

格尔哈特等人耗时几十年，对 90 多个国家（涵盖世界所有的文明）的文化、经济与政治变迁进行了认真细致的调查与实证研究，并出版了《发达工业社会的文化转型》《现代化与后现代化：43 个国家的文化、经济与政治变迁》等书，英格尔哈特被看作是政治文化复兴运动的推动者。

（二）宗教

宗教是关于超人间、超自然力量的一种社会意识，以及因此而对之表示信仰和崇拜的行为，是综合这种意识和行为并使之规范化、体制化的社会文化体系❶。在当今世界 70 多亿的人口中，信仰各种宗教的人超过 80%，且宗教深刻影响过人类的生活和社会的发展。在古代社会，宗教神权的地位一度高高在上，几乎所有国家都曾受到宗教不同程度的统治。当代社会，宗教文化逐渐向世俗化转型，国家统治或治理模式也逐步由"神治"到"人治"再向"法治"状态发展。

宗教有时会成为民族融合的黏合剂，有时会成为民族分裂的导火索❷。由于近代欧洲宗教冲突十分激烈，宗教战争此起彼伏，神圣罗马帝国的查理五世提出了一个妥协的办法："在谁的地方，信谁的宗教"，即"臣民的信仰服从于所在地域主人的信仰"，从而形成所谓的"一族一教一国"民族国家模式❸。在当时情况下，这种模式一定程度上适应了市场经济发展的要求，促进了生产力的发展。

---

❶ 吕大吉. 宗教学通论新编［M］. 中国社会科学出版社，2010：63.

❷ 张践. 宗教的类型对民族国家认同的影响［J］. 西北民族大学学报，2012（3）：14.

❸ 张践. 宗教的类型对民族国家认同的影响［J］. 西北民族大学学报，2012（3）：16.

欧洲以外的国家是在西方侵略的背景下进入现代社会的。在团结各种力量反抗帝国主义殖民侵略的过程中，中东地区有学者提出了"多族一教一国"的民族国家模式，认为凡是有穆斯林的地方，就是真主的土地，即真理主权理论。这种理论虽然对于发动伊斯兰国家的人民共同抗击帝国主义侵略有着非常积极的意义，但是与现代国际社会通行的民族国家模式并不协调，因此，造成了中东地区的多种冲突，也影响了中东地区的现代民族国家建设。

当今世界上，真正严格意义上的"一族一国"几乎是不存在的。因此，西方"一族一教一国"的民族国家模式，不仅给非西方国家的国家构建制造了困难，而且也给自身带来了麻烦，激发了民族之间的矛盾，加剧了现代国家认同的困难。这是现代民族国家构建中必须严肃考虑的问题。

（三）意识形态

国家与社会对意识形态的控制对合法性构建尤为重要。法国哲学家特拉西是第一个将"意识形态"概念引入哲学史的思想家，他拒绝了天赋观念的思想，把意识形态看成是"理念的科学"❶。有人认为，虽然每一种意识形态都建筑在一定的哲学信仰基础上，但是意识形态不等同于哲学，这是因为：第一，哲学是深奥的，它试图探究人类社会和世界的秘密；而意识形态是简单的、浅薄的，只是以十分简单的语言来解释世界。第二，哲学既可能是整个社会的一种行动准则，也可能是单一个体的一种信仰，哲学无须诉诸于大众；而意识形态则以群众而不是个体为诉求对象。第

---

❶ ［美］巴拉达特．意识形态：起源与影响［M］．张慧芝，等译．世界图书出版公司，2010：7.

三，哲学在于解释宇宙的法则，要求进行深刻的思考与自省；而意识形态虽然也简单地解释了世界，但更多的是要求人们采取行动来改变他们的生活❶。在意识形态术语演变的 200 多年里，形成了两条路径，其一是特拉西及其后继者坚持的理性主义观点，不过这种观点也在盎格鲁－撒克逊世界被浓厚的经验主义给修正了；其二是从黑格尔到马克思再到曼海姆和哈贝马斯的德国传统，他们不是强调经验观察，而是创造真理❷。

马克思的意识形态学说诞生于 19 世纪 40 年代，他在批判黑格尔的客观唯心主义和费尔巴哈的机械唯物主义的基础上，创立了具有天才思想的新世界观——历史唯物主义。在《德意志意识形态》一书中，马克思认为，意识形态是一种"观念的上层建筑"，他认为，"思想、观念、意识的生产最初是直接与人们的物质活动，与人们的物质交往，与现实生活的语言交织在一起的"❸。俞吾金梳理了马克思关于意识形态学说的形成历史，认为马克思主义的意识形态概念是"在阶级社会中，适应一定的经济基础以及竖立在这一基础之上的法律的和政治的上层建筑而形成的，代表统治阶级根本利益的情感、表象和观念的总和，其根本特征是自觉和不自觉地用幻想的联系来取代并掩蔽现实的联系"❹，意识形态具有实践性、总体性、阶级性、掩蔽性和相对独立性等特征。

列宁继承了马克思主义的意识形态理论，并根据革命理论与实践的需要，创造性地发展了意识形态学说。比如在《唯物主义和经验批判主义》一书中，列宁首创了"科学的意识形态"这一

❶　[美] 巴拉达特. 意识形态：起源与影响 [M]. 张慧芝，等译. 世界图书出版公司，2010：11.
❷　[英] 麦克里兰. 意识形态 [M]. 孔兆政，等译. 吉林人民出版社，2005：12.
❸　马克思恩格斯选集（第1卷）[M]. 人民出版社，2012：151.
❹　俞吾金. 意识形态论 [M]. 上海人民出版社，1993：129.

新概念，使科学与意识形态辩证统一起来。他认为，既然意识形态在阶级社会里是统治阶级借以维护自己统治的工具，那么无产阶级也可以有自己的意识形态，意识形态是无产阶级进行革命斗争的有力武器。在进行意识形态斗争时，要坚持党性原则。他还提出"最高限度的马克思主义＝最高限度的通俗化"❶ 的命题，马克思主义意识形态要想掌握群众，就必须实现通俗化与大众化，对无产阶级的意识形态教育需要采取"灌输式"的方法等。

西方马克思主义者葛兰西强调了控制意识形态的重要性，他提出了文化领导权（文化霸权）理论，指出控制文化领导权是控制政治社会领导权的前提条件。阿尔都塞进一步将意识形态问题纳入社会物质生产结构当中进行讨论，提出了"意识形态国家机器"的理论，指出意识形态是国家机器的一部分，现代资本主义国家的统治手段是暴力强制和文化控制的结合，意识形态国家机器与镇压性国家机器同等重要，关于文化领导权和意识形态国家机器的理论，前文已经提及，这里不再赘述。

五、国家认同

国家认同在现代国家构建过程中至关重要，有人说，它是现代国家的生命所在，失去了国家认同，现代国家也就失去了所有意义❷。"认同"是英语 identity 一词的汉译，identity 原有身份、个性的意思，至于其演绎为"认同"一词则有归属感的含义。在弗洛伊德看来，认同意味着"个人与他人、群体或模仿人物在感情上、心理上趋同的过程"❸。曼纽尔·卡斯特认为，"认同的建构

---

❶ 列宁全集（第36卷）[M]．人民出版社，1985：467-468．

❷ 林尚立．现代国家认同建构的政治逻辑 [J]．中国社会科学，2013（8）：26．

❸ 陈国强．简明文化人类学词典 [M]．浙江人民出版社，1990：68．

所运用的材料来自历史、地理、生物、生产与再生产制度、集体
记忆与个人的幻想、权力机器与宗教启示等"，认同的形式与起源
可分为合法性的认同、拒斥性的认同和计划性的认同等三种类
型❶。也有学者指出，现代国家的认同，指的是"国民对本民族和
本国家的语言、文化、传统、边界、制度、价值、利益和身份的
一种自觉的认可和接受。现代国家认同是人类社会中具有核心意
义的政治认同，它直接决定着人们对国家政权的基本态度和基本
情感，它是公民政治支持、政治服从、政治忠诚和政治归属的基
础"❷。现代国家是一个政治共同体，因此，国家的政治认同包括
国家主权认同、政治制度认同、政府合法性认同等方面。同时，
现代国家又是一个文化共同体，因此，国家认同还要从文化认同
和民族认同等方面来理解❸。

　　对于主权认同，法国思想家博丹认为，"主权是政治共同体所
有的绝对且永久的权力"❹。它是一个国家中不可分割的、统一的、
持久的、凌驾于法律之上的权力❺。主权因对内获得民众的同意，
对外获得国际体系中平等主体的公认而具有至高无上性，因此它
又成为立法权、行政权、司法权及其他一切法律权力的来源。随
着 1648 年威斯特伐利亚体系的产生，完整的近代意义的国家主权
正式形成，随着历史的发展，主权原则已经成为处理当今国际关
系的最基本原则。承认国家的主权，国家才有立足于世界民族之
林的资格与条件。吉登斯指出，国家拥有"在有限的领土之内，

---

❶ ［美］曼纽尔·卡斯特. 认同的力量 ［M］. 夏铸九，等译. 社会科学文献出版
社，2003：4.
❷ 俞可平. 论全球化与国家主权 ［J］. 马克思主义与现实，2004（1）：17.
❸ 罗兆麟. 当代民族国家的认同危机及其治理 ［J］. 民族论坛，2015（12）：24.
❹ ［法］让·博丹. 主权论 ［M］. 李卫海，译. 北京大学出版社，2008：25.
❺ 王沪宁. 国家主权 ［M］. 人民出版社，1987：6.

有能力立法，有效地制裁其组成部分，垄断对暴力手段的处置权，控制与政府的国内政治与行政形式相关的基本政策，以及处置作为岁入基础的国民经济成果"❶ 的权力，国家才有可能独立自主地处理自己对内与对外事务。

在制度认同中，制度是指"为约束在谋求财富或本人效用最大化中个人行为而指定的一组规章、依循程序和伦理道德行为准则"❷。罗尔斯认为，公正的政治制度会产生公正的社会，而不是公正的社会产生公正的政治制度。制度不仅是"游戏的规则"，它们也影响到一个社会应建立什么样的价值，也就是我们所谓的公正、集体认同、财产、信任和团结❸。在现行的政治系统中，如果人们认为当前的制度安排是最合适的，自愿服从这种制度安排，并承担某些政治义务，由此就产生了制度认同，从而减少国家治理的成本，提高国家与社会的稳定性。

政府合法性是政府系统的组织结构和制度安排及其所制定和实施的公共政策，是不是以及为什么应该获得社会成员的自愿忠诚和支持的问题❹。政府是代表国家行使阶级统治职能和公共管理职能的强制性权力系统，包括立法机关、行政机关和司法机关等。政府合法性存在的基础来自民主政府、分权政府、法治政府、绩效政府。政府的合法性来源于：政府存在的时间长短、政府的政绩、政府的组成结构以及对国家象征的操纵等❺。人民主权理论认

---

❶ ［英］安东尼·吉登斯. 民族—国家与暴力［M］. 胡宗泽，译. 生活·读书·新知三联书店，1998：331.

❷ ［美］道格拉斯·诺思. 经济史中的结构与变革［M］. 厉以平，等译. 商务印书馆，2002：195－196.

❸ ［美］罗伯特·古丁. 政治科学新手册［M］. 钟开斌，等译，生活·读书·新知三联书店，2006：204.

❹ 谢庆奎. 政府学概论［M］. 中国社会科学出版社，2005：141.

❺ ［美］迈克尔·罗斯金，等. 政治科学［M］. 林震，译. 华夏出版社，2001：6.

为：政府权力来源于人民，人民为了保障自己的天赋权利才成立了政府，政府的权威是相对的，政府权力的合法性只能来自人民的同意；政府机关及其掌权者如果违反作为主权者的人民当初委以权力的目的，损害了人民的天赋权利，人民就有权废除或推翻这个政府，重新成立或组建新的政府❶。

　　文化认同指对人们之间或个人同群体之间的共同文化的确认。使用相同的文化符号、遵循共同的文化理念、秉承共有的思维模式和行为规范，是文化认同的依据。认同是文化固有的基本功能之一。在前现代社会中，社会结构的封闭性、人们活动的单一化、交往范围的固定化，决定了文化认同是理所当然和不言而喻的。现代性在促使社会转型的同时，还直接引发了空前的文化危机，使文化认同成为突出的时代课题❷。

　　民族认同是民族意识的基本构成，指的是社会成员对自己民族归属的认知和感情依附❸。民族认同最早产生于 18 世纪的启蒙运动，它是指一个民族的人们对其自然及文化倾向性的认可与共识。安东尼·史密斯认为，民族认同具有"历史形成的领土、共同的神话传说和历史记忆、共同的大众文化、所有成员所具有的法律权利和义务、自由流动的共同经济"❹ 等基本特征。在现代世界范围内，缺乏民族认同的国家内部会经常面临民族分离主义、极端民族主义等难题，国家之间也会陷入无休止的纠纷甚至战争。

❶　谢庆奎. 政府学概论［M］. 中国社会科学出版社，2005：142.
❷　崔新建. 文化认同及其根源［J］. 北京师范大学学报，2004（4）：104.
❸　王希恩. 民族认同发生论［J］. 内蒙古社会科学，1995（5）：31.
❹　Anthony Smith. National Identity［M］. University of Nevada Press，1991：14.

第二节　现代国家的制度构建

一、产权、经济绩效与国家兴衰

　　国家能否推动经济发展？又该如何推动经济发展？经济的增长、衰退和产权结构、制度变迁之间有何关系？这是经济学家与政治学家们长期苦苦追索的问题。20 世纪 30 年代以来，以科斯、威廉姆森、阿尔钦、诺思等人为代表的新制度学派，分别提出了交易费用理论、产权理论、企业理论、制度变迁和国家理论等几大理论，以此来解释国家的起源、经济的增长与国家的兴衰。其中，经济制度的核心是产权理论，政治制度的核心是国家理论。其核心观点是：国家决定着制度结构（其中最主要的是产权结构），制度结构决定着制度安排，制度安排决定着经济绩效。❶ 合法性政权和良好的制度安排所导致的有效政府能力和经济绩效即制度竞争力，是一个国家持久强大的根本保证，因此，上述这个制度范式可以进一步简化为：制度结构决定制度绩效。❷

　　交易费用理论是新制度学派产权理论的基础。新制度学派的奠基人罗纳德·科斯在《论企业的性质》一文中，首次提出交易费用理论，他认为，交易费用是"运用市场价格机制的成本"❸，但其概念尚且处于混沌状态，也没有进一步深入下去。威廉姆森

❶　杨光斌. 中国经济转型中的国家权力 ［M］. 当代世界出版社，2003：11 - 12.

❷　杨光斌. 制度的形式与国家的兴衰 ［M］. 北京大学出版社，2005：29.

❸　黄家明，方卫东. 交易费用理论：从科斯到威廉姆森 ［J］. 合肥工业大学学报，2000（3）：33.

进一步发展与完善了交易费用理论，将其分为"事前的"交易成本与"事后的"交易成本，其中，"事前的"交易成本指合同达成之前的成本，包括起草、谈判、签约、保障合同落实等成本；"事后的"交易成本指合同订立后，合同不能完全履行所引起的成本❶。威廉姆森还开创性地把交易成本的概念应用到对市场组织、市场监管、公司治理结构、政府垄断与反垄断等各种经济制度的比较和分析中，建立了一个全新的分析体系。1990 年，道格拉斯·诺思发表了一篇名为《交易费用政治学》的论文，运用交易费用经济学的框架来分析政治问题，创立了"交易费用政治学"。交易费用政治学弥补了理性选择理论的缺点和不足，它将制度分析纳入理性选择模型中，从而，使过去许多在传统理性选择模型那里不能解释的政治行为，能得到很好的解释❷。

　　产权，又称财产权，其实是一个很古老的概念。在古罗马法里就有对所有权的明确规定，古罗马法学家认为，所有权是物权的核心，是权利人直接行使于物上的最完全的权利，具有绝对性、排他性和永续性三个特点❸。近代自由主义者洛克从个人权利与国家权力关系角度诠释了财产权，洛克认为，财产权是个人劳动的创造，是个人的自然权利，也是政治发展的基础。财产权神圣不可侵犯，它的性质就是"未经本人同意，任何人的财产不能剥夺"❹。政府的目的就是保护人民的生命、自由和财产权。关于产权，新制度学派经济学家并无一个统一的定义，比较有代表性的如阿尔钦认为，"产权是一种通过社会强制而实现的对某种经济物

---

❶ 黄家明，方卫东．交易费用理论：从科斯到威廉姆森［J］．合肥工业大学学报，2000（3）：34.

❷ 马骏．交易费用政治学：现状与前景［J］．经济研究，2003（1）：84.

❸ 何勤华．外国法制史［M］．法律出版社，2006：72.

❹ ［英］洛克．政府论（下）［M］．叶启芳，瞿菊农译．商务印书馆，1964：121.

品的多种用途进行选择的权利"❶。再如巴泽尔认为，产权概念与
交易费用概念密切相关，"个人对资产的产权由消费这些资产、从
这些资产中取得收入和让渡这些资产的权利或权力构成"❷。产权
可以分解为所有权、使用权、用益权和让渡权，为了有效发挥产
权的作用，它必须是排他的、可转让的、可分割的和永久的。产
权具有激励与约束、外部性内在化、资源配置、资本积累等功能。
例如，在考察了西方经济的发展史后，诺思等人认为，有效率的
组织需要在制度上作出安排和确立所有权，以便造成一种刺激，
将个人的经济努力变成私人收益率并接近社会收益率。有效率的
组织是经济增长的关键，一个有效率的经济组织在西欧的发展正
是西方兴起的原因所在❸。再比如，产权的安排对社会资本积累有
着重要影响，中国古代家庭产权安排流行遗产均分制，在欧洲与
日本则盛行长子继承制，古代中国均分制的家庭产权安排既不利
于资本积累，又不利于人力资本的积累，阻碍了资产规模的扩大；
而欧洲与日本的长子继承制式家庭产权安排具有连续性、稳定性
的特点，有利于财产和财富的积累，对社会的可持续发展具有积
极的推动作用。甚至有一些西方产权经济学家认为，发展中国家
落后的一个重要根源就在于产权制度的不稳定和不延续，政权的
不规则更替和产权制度变化的大起大落制约了一些国家的经济
发展❹。

　　国家理论和产权理论有着天然的联系。诺思指出，理解制度

❶ 新帕尔格雷夫经济学大辞典 [M]. 经济科学出版社，1996：1101.

❷ ［美］巴泽尔. 产权的经济分析 [M]. 费方域，等译. 生活·读书·新知三联书
店，1997：2.

❸ ［美］诺思、托马斯. 西方世界的兴起 [M]. 厉以平，等译. 华夏出版社，
2009：4.

❹ 卢现祥. 中国的家庭产权安排、家族式管理与资本积累 [J]. 世界经济，2003
（1）：69.

结构有两个必不可少的工具，那就是国家理论和产权理论❶。一方面，国家因建立和维护产权而存在，国家通过规定产权结构、提供公共物品和制定游戏规则，从而对一国的经济增长和财富产生重大影响；另一方面，产权的建立和维护也因为国家的存在而变得更加有效，没有产权的建立和维护，我们也不能解释国家的存在和本质。

新制度学派认为，国家是一种具有暴力潜能的组织，是一种具有垄断权的制度安排，它的主要功能是提供法律和秩序。❷ 诺思认为，传统的关于国家起源解释的契约论和暴力论都存在不足，"暴力潜能"理论恰好能将其有机统一起来，如果暴力潜能在公民之间进行平等分配就会产生契约性国家，如果不能进行平等分配就会产生掠夺性国家。国家理论有"无为之手、扶持之手、掠夺之手"等三种分析模型，"无为之手"模型描述的是亚当·斯密笔下完全竞争市场条件下交易成本为零的情况，政府要充分发挥市场这只"看不见的手"的作用，不必干预经济活动，只需担任"守夜人"的角色。"扶持之手"模型对二战后大规模的政府干预提出了挑战，它描述了福利最大化的国家应该做些什么，其目的在于分析政府如何通过制度设计来完善市场，纠正市场失灵。"掠夺之手"模型则认为，国家是一个有着自身利益的暴力统治工具，在一定条件下，它会以强制手段来实现自己的利益目标，奥尔森甚至认为，国家只不过是由"流寇"变成了"坐寇"的"有着固定活动范围的匪帮"。❸ 新制度学派恰好以"掠夺之手"模型作

❶ ［美］诺思. 经济史上的结构和变革 ［M］. 厉以平，等译. 商务印书馆，2002：18.

❷ 卢现祥. 新制度经济学 ［M］. 北京大学出版社，2012：281.

❸ ［美］奥尔森. 权力与繁荣 ［M］. 苏长和，等译. 世纪出版集团，2005：5－9.

为自己国家理论的分析框架，他们认为，无论是民主政府还是独裁政府，政治家们的目标都不是社会福利的最大化，而是追求自己的私利，因此，要寻找限制政府的方法，反对扩大政府的范围。❶

关于国家的职能，新制度学派主要有三点看法：第一，提供保护与公正，并以此来换取收入，即享有税收的权利。第二，界定和实施产权，国家凭借暴力优势界定产权，直接关系到统治者的租金、社会产出和经济绩效，并最终对经济增长、停滞和衰退的产权结构的效率负责。第三，推动制度的创新和变迁，诺思认为，由于制度安排直接影响到经济的绩效与统治的稳定，因此制度创新的动力主要来自统治者而非普通选民，统治者为了适应相对价格的变化必须不断创新，而且只要与其他统治者之间不存在潜在竞争，创新就会实行。❷

在探讨经济绩效过程中，诺思将产权、国家以及意识形态等理论融入制度分析框架，较为系统地分析了产权结构、制度变迁对于经济绩效的影响。首先，他界定了制度定义，认为它是"为约束在谋求财富或本人效用最大化中个人行为而制定的一组规章、依循程序和伦理道德行为准则"❸。制度是由正式规则、非正式规则和实施这些规则的特性组成的，它提供人类在其中相互影响的框架，使协作和竞争关系得以确定，从而构成一个社会特别是构成一种经济秩序。其次，解释了制度变迁的原因。诺思认为，相

---

❶ ［美］安德烈·施莱弗. 掠夺之手——政府病及其治疗［M］. 赵红军，译. 中信出版社，2004：3.

❷ 杨光斌. 政治变迁中的国家与制度［M］. 中央编译出版社，2011：6.

❸ ［美］诺思. 经济史中的结构与变革［M］. 厉以平，译. 商务印书馆，2002：195–196.

对价格或偏好的变化是制度变迁的源泉。❶ 虽然相对价格的变化大多数是内生的，要素价格比率、信息成本和技术的变化都源于相对价格的变化。政治、经济和军事等方面的领导者致力于改变相对价格，从而导致制度变迁。最后，描述了制度变迁的过程。诺思从制度均衡概念出发，分析了制度变迁的过程，认为制度变迁就是一个"制度均衡—制度非均衡—新的制度均衡"的过程。林毅夫还把制度变迁的类型分为诱致性变迁与强制性变迁两种，"诱致性制度变迁指的是现行制度安排的变更或替代，或者是新制度安排的创造，它由个人或一群（个）人，在响应获利机会时自发倡导、组织和实行；与此相反，强制性制度变迁由政府命令和法律引入和实行"❷。诱致性制度变迁是因为某种在原有制度安排下无法得到的获利机会引起的，而强制性制度变迁可以纯粹因为在不同选民集团之间对现有收入进行再分配而发生❸。

　　在分析西方世界兴起的经验时，诺思指出，历史上英国的成功和法国、西班牙的失败主要就在于一个国家的政治制度能否有效保护产权，国家及其制度安排是经济增长和国家兴衰的关键因素。英国之所以能战胜法国、西班牙等欧洲强国成为"日不落帝国"，是因为 1688 年英国"光荣革命"产生的议会体制，形成了对产权、经济活动、信仰和个人自由的政治保护，为英国奠定了强国的制度基础。在英法争霸之初，法国的国民生产总值为 16000 万英镑，比英国的 6800 万英镑高出一倍多，但是英国拥有制度优

❶ ［美］诺思. 制度、制度变迁与经济绩效［M］. 刘守英，译. 生活·读书·新知三联书店，1994：112.

❷ 林毅夫. 关于制度变迁的经济学理论：诱致性变迁与强制性变迁［A］//财产权利与制度变迁. 上海人民出版社，2004：384.

❸ 林毅夫. 关于制度变迁的经济学理论：诱致性变迁与强制性变迁［A］//财产权利与制度变迁. 上海人民出版社，2004：384.

势这种"人为财富"，远胜过法国实际的物质财富。❶ 而正是这种"人为财富"的制度安排，使英国以一种前所未有的有效方式获取资源，进而使英国在国际竞争中脱颖而出，形成横跨全球的世界性大帝国。英国之所以能在工业革命中起飞，不仅仅是因为煤炭、棉花等资源的投入，而是关键制度体系的综合：依照观察到的实施引申出普遍理论的科学体系，应用这些知识来解决实际任务的技术体系，向技术创新提供奖励的产权体系，对外部世界抱有一定的文化好奇心，在科学和技术领域培养愈多学生的教育体系，最后，在同一时间允许和鼓励以上各个项目的政治体系。当时的中国可能拥有上述几个体系，但是缺乏所谓的"体系合成"能力，即让所有体系一起到位。体系的合成能力，最终得由国家政权来提供。❷

二、民主、法治与责任政府

弗朗西斯·福山多次指出，现代国家的政治是民主、法治与责任制政府三位一体的政治，一个成功的政治体，是将这三种制度结合在稳定的平衡中，但是能否取得这种平衡殊为不易，它本身就是现代政治的奇迹❸。

（一）民主

萨托利指出，"民主的词源学定义很简单，民主即人民的统治或权力"❹。在古希腊语中，它意味着"民治的政府"，在现代的用

---

❶ ［法］布罗代尔. 15 至 18 世纪的物质文明、经济和资本主义（第 3 卷）［M］. 顾良，译. 生活·读书·新知三联书店，2002：440－441.

❷ ［美］福山. 政治秩序与政治衰败［M］. 毛俊杰，译. 广西师范大学出版社，2015：324.

❸ ［美］福山. 政治秩序的起源［M］. 毛俊杰，译. 广西师范大学出版社，2012：16.

❹ ［美］萨托利. 民主新论［M］. 冯克利，阎克文，译. 上海人民出版社，2009：21.

法中，它"可以指人民政府或人民主权，代议制及直接参与政府，甚至还可以指共和制或立宪制政府，即法治政府"❶。虽然"民主"的概念最早出现在公元前的古希腊，但是在人类历史上，民主政治并非一直是人们追求的理想政治制度，即使是在 19 世纪中叶的英国，人们也并未把民主视为最好的政治制度。一位英国学者指出，"大约在 1850 年前的英格兰，民主一词多少被看作'街头流血事件'或'暴民统治'的同义语"❷。

戴维·赫尔德对民主的发展历程作了全面梳理，在其名著《民主的模式》中，他归纳出民主的若干种模式，包括四种古典模式，即古代雅典的古典民主、共和主义民主（包括保护型共和主义和发展型共和主义）、自由主义民主（也分为保护型民主和发展型民主）和马克思主义的直接民主。此外还有五种正在引起政治争论和冲突的民主模式，即竞争性精英民主、多元主义民主、合法型民主、参与型民主和协商民主等。❸

罗伯特·达尔指出，现代民主制度也存在许多不足之处，任何政府，包括民主政府，如果公民对它的索取超过它的实际能力，也不能完全保证实现生活幸福、事业兴旺、和平公正等所有目标。但是，民主至少有以下十大好处：它有助于避免独裁者暴虐、邪恶的统治；可以保证公民享有许多非民主制度不会去做，也不能做到的基本权利；可以保证公民拥有更为广泛的个人自由；有助于人们维护自身的根本利益；民主政府可以为个人提供最大的机

❶ ［英］戴维·米勒. 布莱克维尔政治思想百科全书［M］. 邓正来，等译. 中国政法大学出版社，2011：131.

❷ 转引自俞可平. 马克思论民主的一般概念、普遍价值和共同形式［J］. 马克思主义与现实，2007（3）：5.

❸ ［英］戴维·赫尔德. 民主的模式［M］. 燕继荣，等译. 中央编译出版社，2008：4.

会，使他们能够运用自我决定的自由，也就是在自己选定的规则下生活的自由；自由民主的政府才会为履行道德责任提供最大机会；民主较之其他可能的选择，能够使人性获得更充分的发展；只有民主政府才能造就相对较高的政治平等；现代代议制民主国家彼此没有战事；拥有民主政府的国家，总是比非民主政府的国家更加繁荣。❶

古希腊城邦的奴隶制民主是最早的作为国家制度的民主形式，近代资产阶级民主制度虽然在历史上起到过积极的进步作用，但是它本质上是为了维护资产阶级的统治服务的，具有明显的阶级局限性和历史局限性，无产阶级的民主才是民主的最高形态。但是即便如此，全世界许多国家仍然还处于传统的政治体制向现代民主政体转型的历史阶段，根据亨廷顿的分析，世界各国的民主化运动经历了三次浪潮。第一波浪潮发生在 19 世纪 20 年代到 19 世纪末，以美国革命和法国大革命为标志，建立了最早的 33 个民主国家；然后又出现了回潮，22 个民主国家重新被颠覆，如德国、意大利的法西斯主义复辟。第二波浪潮发生在二战以后，原来的殖民地国家纷纷掀起了独立狂潮；新建了 50 多个民主国家，同时也有 22 个民主国家被颠覆。第三波浪潮发生在 20 世纪 70 年代以后，以西班牙和葡萄牙的民主转型为标志，全世界已有将近 60 多个民主国家，但也有若干国家回到了过去的状态，出现了回潮❷。因此，当代世界处于传统政体、资产阶级民主政体与社会主义民主政体同时存在、互相竞争的状态。

---

❶ ［美］罗伯特·达尔. 论民主 ［M］. 李柏光，等译. 商务印书馆，1999：67 - 68.

❷ ［美］亨廷顿. 第三波：20 世纪后期民主化浪潮 ［M］. 刘军宁，译. 生活·读书·新知三联书店，1998：13 - 21.

在当今世界 200 多个国家和地区中，有 80% 是多民族国家，因此，民主制度与多民族国家之间存在着一定的矛盾与冲突，这包括：民主制度的"多数原则"同少数民族权利之间的矛盾，民主的表达沟通机制同民族语言差异之间的矛盾，一体化的民主政治与多元的民族文化之间的矛盾，等等。❶ 倘若一个国家的民主制度安排与多民族状况不能协调一致，要么就难以真正实现民主，有可能会出现民族分裂。因此，必须加强民族融合，创新民主机制，探索多民族国家的民主整合制度。

（二）法治

康德曾经说过，"大自然迫使人类去加以解决的最大问题，就是建立起一个普遍法治的公民社会"❷。从广义上说，法治意味着人民应当服从法律，接受法律的统治；但是在狭义的政治和法律理论中，法治是指政府应按照法律的规定和要求进行统治，这个意义上的法治概念常常被表达为"政府由法律而非由人来统治"❸。最深刻意义上的法治意味着：社会产生共识，其法律是公正的和既存的，能够约束其时统治者的行为；享有主权的不是统治者，而是法律；统治者的正当权力只能来自法律，方才享有合法性❹。一般认为，西方的法治概念是以罗马法和诺曼法的历史文本为基础的，并且，西方法治传统一直受到自然法思想的影响，自然法精神的价值因素中"有一个根本的理性存在着，法就是这个根本

❶ 马德普，柴宝勇．多民族国家与民主之间的张力 [J]．政治学研究，2005（3）：65．
❷ [德] 康德．历史理性批判文集 [M]．何兆武，译．商务印书馆，1997：8．
❸ [英] 约瑟夫·拉兹．论法治原则 [J]．李林，译．环球法律评论，1990（5）：7．
❹ [美] 福山．政治秩序的起源 [M]．毛俊杰，译．广西师范大学出版社，2012：257．

理性和各种存在物之间的关系，同时也是存在物彼此之间的关系"❶，这就是人权、自由、民主、正义等人类活动的基本价值准则。中世纪的教会对现代法治的形成有着重要的影响，它为现代法治树立了先例，12 世纪的天主教会成为现代官僚性质的机构，它颁布了一系列的教会法规。虽然这离现代法治还相去甚远，但是宗教权威与世俗权威的分离，让统治者明白，自己不是法律的最终来源。比如，历史上没有一位英国国王认为自己高于法律。在中国情况则不同，宗教权威长期以来就是世俗权威的附庸，因此有人指出，中国没有基于宗教的法治的历史基础。❷

关于法治的原则，理论界也是众说纷纭。比如，亚里士多德在《政治学》中指出，"法治应包含两重意义：已成立的法律获得普遍的服从，而大家所服从的法律又应该本身是制定得良好的法律"❸。19 世纪英国法学家戴雪在《宪法研究导论》中提出法治四原则，20 世纪美国法学家朗·富勒在《法律的道德性》中提出了法治八要素，等等。1959 年国际法学家会议在印度发表的"德里宣言"中提出三条原则，包括：（1）立法机关的职能在于创造和维持能使个人尊严得到维护的各种条件；（2）既要防范行政机关滥用权力，也要一个有效的政府来维持法律与秩序并保证社会发展；（3）司法独立是法治社会的先决条件，律师自由、法律之门对贫富平等地开放是维持法治的主要条件❹。

当然，尽管法律是一种必不可少的具有高度统合性的社会生

❶ ［法］孟德斯鸠. 论法的精神［M］. 张雁深，译. 商务印书馆，1961：1.
❷ ［美］福山. 政治秩序的起源［M］. 毛俊杰，译. 广西师范大学出版社，2012：267－271.
❸ ［古希腊］亚里士多德. 政治学［M］. 吴寿彭，译. 商务印书馆，1983：199.
❹ 炽亚. 国际法律学家会议发表德里宣言［J］. 现代外国哲学社会科学文摘，1959（5）：32－33.

活制度，但是它也和其他任何制度一样存在弊端。"法律的弊端，部分源于它所具有的守成取向，部分源于其形式结构中所固有的刚性因素，还有一部分则源于与其功能相关的限度。"❶ 比如，法律不可能朝令夕改，但是，当法律与一些易变且重要的社会力量相冲突时，就会产生法律的"时滞"问题，面对稳定政策与及时改革之间的矛盾，如果调整不当，当社会发生危机的时候，法律常常会陷入瘫痪。此外，法律还存在这样一种危险，在某些历史条件下，可能超越某些有益的法律制度的限度，出现"把管理变成强制、把控制变成压制"的现象。

中国古代社会是礼治社会（或称礼俗社会），由于当时社会分工比较简单，社会角色并不复杂，人们的行为与活动受习俗传统的约束，社会秩序以"贵贱上下、长幼亲疏"的等级秩序为主。进入现代社会，由于社会交往的复杂化和扩大化，人们选择以法律规范作为自己行为的准则。礼俗社会与法理社会的差别主要就在于社会运作机制的不同，礼俗社会是一个人治社会，而法理社会是法治社会。费孝通先生在《乡土中国》中指出："在社会学里，我们常分出两种不同性质的社会，一种并没有具体目的，只是因为在一起生长而发生的社会，另一种是为了要完成一件任务而结合的社会。用滕尼斯的话说：前者是 Gemeinschaft，后者是 Gesellschaft，用迪尔凯姆的话说：前者是'机械的团结'，后者是'有机的团结'。用我们自己的话说，前者是礼俗社会，后者是法理社会。"❷

---

❶ ［美］博登海默. 法理学：法律哲学与法律方法［M］. 邓正来，译. 中国政法大学出版社，2004：419.
❷ 费孝通. 乡土中国［M］. 生活·读书·新知三联书店，1985：3.

（三）责任政府

责任制政府是西方近代政治发展的产物。它是指"一种需要通过其赖以存在的立法机关而向全体选民解释其所作的决策并证明这些决策是正确合理的行政机构"❶。近代责任政府的直接来源是古典自由主义，古典自由主义者假设了一种人与人处于"丛林法则"中不完美的自然状态，为了构建一种和谐稳定的关系，人们开始让渡权利、缔结契约，借助于至高无上的国家权威进入文明社会。因此，政府只不过是人们在自由、平等和合意基础上建立的一种契约，是人们"公共选择"的结果，政府本质上应该是有限政府，是责任政府。

既然责任政府的权力来源是公众的政治与行政授权，那么就意味着政府应该积极地回应、满足和实现公众的正当要求，要求政府承担道德、政治、行政、法律上的责任与义务。现代责任政府的实现形式有四种：通过经济方式分配资源、通过制定和执行法律来规范社会行为、通过行政手段来实现目标、通过政治对话来实现沟通。同时，在现代政治体系中，也发展出一套全面有效的约束机制来保证责任的最终完成，这既包括正式制度，也包括非正式制度；既包括制度因素，也包括道德因素。比如：选举以及其相关追究制度、政府内部监督制度、公众参与、舆论监督和职业伦理等。❷ 责任制政府还意味着，国家与民众利益高于统治阶级利益，统治者应对自己治下的民众负责。责任制可以有多种方式获得，比如在东亚的威权社会里，实行的是道德负责制，君主只是通过道德教育建立对社会的责任感，并不完全受到法律或者

---

❶ ［英］韦农·波格丹诺. 布莱克维尔政治制度百科全书［M］. 邓正来，等译. 中国政法大学出版社，2002：575.

❷ 杨雪冬. 责任政府：一个分析框架［J］. 公共管理学报，2005（1）：15 – 16.

政治程序的限制。但是"正式的负责制只是程序上的：政府愿意屈服于限制其随心所欲的机制。归根结底，这些程序允许社会公民因政府渎职、无能或滥权而将之完全取代。今天，程序上负责制的主要形式是选举，其中最好的是承认普选的多党选举"❶。

三、公民、阶级与利益集团

从传统国家向现代国家的转型过程中，必然伴随着个人身份、阶级结构和社会结构的变迁。

个人身份方面，在部落社会里，生产关系建立在原始的公有制基础上，极端低下的生产力与技术水平迫使人们抱团取暖，人与人之间的关系是相对平等的。奴隶社会和封建社会是等级社会，强调的是个人服从，包括奴隶对奴隶主的服从、臣民对王公贵族的服从、附庸对领主的服从。文艺复兴与启蒙运动时期，市民阶层蓬勃发展，个人的自由、平等与解放成为时代主题，进入现代资本主义社会以后，人们至少取得了法律上的平等地位，公民身份的理念深入人心。T. H. 马歇尔认为公民身份由"公民权利、政治权利和社会权利"三个要素构成，它们的形成归于三个不同的阶段：公民权利归于 18 世纪，政治权利归于 19 世纪，社会权利归于 20 世纪❷，最后在今天形成了三大权利要素的有机统一，在当今世界，公民、国家与社会之间的关系已基本成为国家构建的重要内容。

社会阶级方面，人们对社会阶级与阶层的认识古已有之，从

---

❶ ［美］福山. 政治秩序的起源［M］. 毛俊杰，译. 广西师范大学出版社，2012：315－316.

❷ ［英］马歇尔. 公民身份与社会阶级［M］. 郭忠华，等编译. 江苏人民出版社，2008：10，18.

梭伦时代开始，古希腊人就把共和国内部的斗争看作等级阶层之间的斗争，欧洲中世纪托马斯·阿奎那的经院哲学把阶级的划分看作自然的秩序，第三等级在法国大革命中的地位与作用使人们对阶级与阶层进行更为严格的区分。关于社会阶级或阶层的研究，比较著名的有马克斯·韦伯的多元分层模式、帕森斯的分层功能理论、帕累托的精英理论和本特利—杜鲁门的利益集团理论。但只有马克思和恩格斯才真正认识到生产力发展在阶级形成中所起到的决定性作用，也只有马克思和恩格斯才真正认识到阶级斗争在历史发展中的推动作用。

恩格斯根据自己的直接观察和亲身调查，以及各种可靠的材料，写成了《英国工人阶级状况》一书，在书中恩格斯运用历史唯物主义原理，描述了生产工具的变革带来的生产力巨大增长，并分析了生产力的变化带来的社会关系的深刻变化和社会阶级的分化与组合，在机器劳动战胜了手工劳动以后，英国工业的全部历史所讲述的只是手工业者如何被机器驱逐出一个个阵地的过程。他写道，"一方面是一切纺织品迅速跌价，商业和工业日益繁荣，一切没有实行保护关税的国外市场几乎全被占领，资本和国民财富迅速增长；另一方面是无产阶级的人数更加迅速地增长，工人阶级失去一切财产，失去获得生计的任何保证，道德败坏，政治骚动"❶。接着，他描述了工人阶级在工业化进程中的生活、身体、智力和道德等状况，在住宅方面，城市的贫民窟杂乱无章、破烂不堪，城市工人和贫民受到疾病困扰，身体状况恶化。在精神状况方面，工人阶级的子弟不能接受良好的教育，孩子们头脑中塞满了各种无法理解的神学教条和奥义，缺乏理性的、精神的、道

❶ 马克思恩格斯文集（第1卷）[M]. 人民出版社，2009：393.

德的教育。恩格斯指出，英国社会已形成了资产阶级和无产阶级尖锐的阶级对立，必须进行阶级斗争维护自己的权益。他指出，"工人必须设法摆脱这种非人的状况，必须争取良好的比较合乎人的身份的地位。如果他们不去和资产阶级本身的利益（它的利益正是在于剥削工人）作斗争，他们就不可能做到这一点"❶。

马克思主义从生产资料占有状况入手，划分了资产阶级和无产阶级。比如马克思指出："在我们这个时代，也有劳动和分工，因此，也就有阶级，其中一个阶级占有全部生产工具和生活资料，另一个阶级只有出卖自己的劳动才能生存，而出卖劳动也只有当购买劳动能使雇主阶级发财时才有可能。"❷ 恩格斯也指出，工业革命使"参与生产的只有两个阶级：拥有劳动工具、原料和生活资料的资本家阶级，和既没有劳动工具、原料，也没有生活资料的工人阶级"❸。资本家之所以是资本家，不是由于他们攫取利润，而在于他们占有资本。马克思认为，资产阶级"在封建领主统治下是被压迫的等级，在公社里是武装的和自治的团体，在一些地方组成独立的城市共和国，在另一些地方组成君主国中的纳税的第三等级；后来，在工场手工业时期，它是等级制君主国或专制君主国中同贵族抗衡的势力，甚至是大君主国的主要基础；最后，从大工业和世界市场建立的时候起，它在现代的代议制国家里夺得了独占的政治统治"❹。但是作为人格化的资本，资产阶级为了获取剩余价值，像吸血鬼一样吮吸活劳动。因此，无产阶级和资产阶级的斗争是不可避免的，且必将造成无产阶级的反抗。与此

❶ 马克思恩格斯文集（第 1 卷）[M]. 人民出版社，2009：448.
❷ 马克思恩格斯全集（第 6 卷）[M]. 人民出版社，1961：221.
❸ 马克思恩格斯全集（第 16 卷）[M]. 人民出版社，1964：75.
❹ 马克思恩格斯选集（第 1 卷）[M]. 人民出版社，2012：402.

同时，资产阶级的灭亡和无产阶级的胜利是同样不可避免的。

中产阶级（middle class）是当代社会学分层研究中常常使用的一个概念，意指介于工人阶级与资产阶级之间的一个中间阶级。❶ 在世界各地的现代化进程中，中产阶级的兴起和壮大是一个具有普遍意义的现象，他们是社会的启蒙者，霍布斯鲍姆把中产阶级看作古典资本主义阶段的一个支配阶级，他说，"号召启蒙运动的解放运动的领导者，往往是社会的中间阶层，他们不是凭借出身，而是德才兼备、具有理性的新人。通过他们的活动所产生的社会秩序，将是一个'资产阶级'和资本主义的社会"❷。中产阶级在推动民主化方面发挥着举足轻重的作用，巴林顿·摩尔发现，在英法大革命中，中产阶级为了争取民主自由，获得财产权利，在同本国的封建势力的斗争中表现异常坚决。福山也指出，"现代传统智慧认为，如果没有强大中产阶级的存在，民主就不会出现。他们是有产阶级，既不是精英，也不是乡村穷人"。❸中产阶级还被誉为社会的"平衡器"和"稳定器"，它的存在为工业化社会长期稳定的发展提供了可靠保证。当然，中产阶级的政治态度往往表现得十分复杂，他们在民主化中的表现受社会地位、经济利益及内部构成的制约，中产阶级也可能在社会冲突中成为主要力量，这一切都要根据具体情况和现实条件加以考察，在政治运动中，中产阶级"是合唱队，既不敢开口，在掌声中又太歇斯底里。他们是后卫。在短时期内，他们会惶恐不安地追求名望。但是从长远看，他们会追求权力，因为，说到底，权力决

---

❶ 陆梅. 中产阶级的概念及理论回顾 [J]. 南通师专学报, 1998（3）：44.

❷ [英] 霍布斯鲍姆. 革命的年代：1789—1848 [M]. 王章辉, 译. 江苏人民出版社, 1999：25.

❸ [美] 福山. 政治秩序的起源 [M]. 毛俊杰, 译. 广西师范大学出版社, 2012：402.

定着名望"❶。

在阶级形成过程中，会形成不同的利益集团。利益集团概念最早出现在 18 世纪的欧美政治领域，它指的是"在社会中提出特定的要求，具有共同态度的集团"❷。如果当它通过政府的机构提出自己要求时，它就变成了政治利益集团。虽然利益集团也是在部族、人种、国籍、宗教或政策问题的基础上组织起来的，但是通常最强有力、最大和财力最雄厚的是那些以职业或专业为基础的集团❸。利益集团对国家政治生活具有重要影响，在《集体行动的逻辑》与《国家的兴衰》两部著作中，奥尔森从集体行动、利益集团的发达程度与国家活力的相关性视角出发，揭示了利益集团影响国家兴衰的内在动因。他认为，集体利益是具有非排他性的公共物品，但是利益结构形成的"分利集团"却会最大限度地追逐特殊利益，分利集团谋取特殊利益而产生"搭便车"性质的集体行为，利益集团会导致社会总效益的下降，而且，"分利集团至少在其势力大到某一程度之后，就会企图垄断一切"❹，这是影响国家兴衰的根本因素。

行业、社团和协会是利益集团的雏形。在中世纪的欧洲，流行着发达的行业协会与宗教慈善组织，它们分别代表着当时各种不同利益的群体，影响着人们的社会政治生活。比如，150 年前的德国被称为"结社之国"，德国人希望社团拥有合法权利的愿望也

---

❶ ［美］C. 赖特·米尔斯. 白领——美国的中产阶级［M］. 杨小东，等译. 浙江人民出版社，1987：395.

❷ ［美］杜鲁门. 政治过程［M］. 陈尧，译. 天津人民出版社，2005：41.

❸ ［美］阿尔蒙德，小鲍威尔. 当代比较政治学：世界展望［M］. 朱曾汶，等译. 商务印书馆，1993：83.

❹ ［美］曼瑟·奥尔森. 国家兴衰探源［M］. 吕应中，等译. 商务印书馆，1993：76.

被写入德国法律。美国是社团特别发达的国家，其主要形式是协会，其社团发展经历了几个阶段：1830—1860 年是初始阶段，如 1867 年成立的保护田庄农民利益的全国性秘密组织——"格兰其农业集团"是全美历史上第一个大型全国性组织。1880 年—19 世纪末是美国协会发展的第二阶段，来自全世界的数百万移民，产生了大量新的商业和科学协会，成为贸易和职业社会的基础，也是美国利益集团发展的黄金时期。1900—1920 年是美国协会与利益集团发展的第三阶段，成立了许多全国性的行会组织，如"美国商会""全国制造者协会""全国有色人种促进会"等组织。20 世纪 60 年代至 70 年代以后是第四阶段，美国利益集团的发展比以往任何时候都要迅速，据 1993 年《协会百科全书》记载，美国的各种协会与社团有 2.3 万个，比 1980 年增加了 50%❶。集团组织的发展主要表现为两类组织的出现，一类是推动某项事业发展的组织，另一类为经济组织，这些集团的出现是美国社会行动主义和政府行为膨胀的产物。❷

利益集团影响着一个国家的政治生活，比如 20 世纪 90 年代俄罗斯的国家能力主要受制于两个特殊利益集团，一个是由苏联时期官僚集团与大型企业管理层组成的利益集团，它们在 20 世纪 90 年代初就结成了政治联盟，并通过游说国家杜马修改了 1992 年的私有化法案，使自己在私有化过程中获得了大量资源；另一个特殊利益集团是大银行，大银行通过对媒体的控制与对政党、政治人物、政治选举的支持，逐渐成为了俄罗斯政治生活中的一股重要力量。

---

❶ 罗兆麟. 社团、利益集团与政治发展 [J]. 电子科技大学学报（社科版），2007（6）：57.
❷ 谭融. 美国利益集团政治研究 [M]. 中国社会科学出版社，2002：73.

四、现代政党政治

政党是一定社会集团中有着共同的政治意愿的人们自愿结合在一起、以取得政治权力为首要目标的政治组织。[1] 政党政治是现代国家发展过程中出现的政治现象，也就是说政党和政党制度是西方政治的产物。从反对中世纪神权、争取民主政治开始，政治团体不断发展，并最后逐渐成为政党。当然政党的产生是一个长期而复杂的过程，早期的政党颇不被人看好，在最早产生政党的英国，"歹徒"和"盗马贼"两个恶名最后分别成为"托利党"和"辉格党"的名称，施莱辛格曾经说过："在政党开始形成的时期，它每向前发展一步都遭到非议，被认为是个祸害。"[2] 华盛顿离开美国政坛时，对曾经为美国独立而奋斗的建国者们分裂为联邦党人和反联邦党人两个集团忧心忡忡，甚至告诫人们要远离政党政治。

现代的政党类型十分复杂，1951 年法国迪韦尔热在《政党》一书中，将政党体制分为一党制、两党制和多党制三种类型，为以后的政党体制研究提供了基本范畴。此外，1976 年萨托利在《政党与政党体制》一书中，将政党体制分为两大类 9 ~ 10 种，其中属于竞争体制的有极化多党制、温和多党制、碎分化多党制、两党制和优势党制，属于非竞争体制的有一党极化制、一党权威制、实用主义一党制和霸权党制等[3]，对后来的政党理论研究有很大的影响。根据政党的意识形态，还可以将政党分为以下类型，

---

[1] 王长江. 政党论 [M]. 人民出版社，2009：44.

[2] [美] 小阿瑟·施莱辛格. 美国民主党史 [M]. 复旦大学政治学系，编译. 上海人民出版社，1977：20.

[3] [意] 萨托利. 政党与政党体制 [M]. 王明进，译. 商务印书馆，2006：184 - 320.

即：马克思主义政党、保守主义政党、自由主义政党、社会民主主义政党、基督教民主主义政党、生态主义政党和法西斯主义政党等。❶

政党政治经历一个从传统到现代的转变过程，受 17—19 世纪前期欧美资本主义政治经济发展的影响，传统政党政治具有以下特点：第一，传统政党基本上产生于政府内部，有"政府政党"的称呼；第二，通常是围绕某些重大政治问题形成的；第三，阶级和阶层分野明显，比如英国的辉格党代表工商业资产阶级利益，托利党则代表土地贵族的要求；第四，没有严密组织、明确党纲和纪律，因为选举权还没有普及，多数政党组织并不完善；第五，政党中领袖人物的个人魅力、政治能力和命运对于政党发展成败至关重要；第六，国家对政党的组织与活动缺乏明确的法律规范；第七，政党功能有限；第八，传统政党政治中非民主化现象十分突出；等等❷。

进入现代社会，政党政治已经成为世界各国的普遍现象，政党政治的特点发生了以下重要变化：第一，现代政党政治被誉为"大众政党"政治，政党的阶级基础更加广泛；第二，现代政党政治是一种团体政治，在体制内外形成了严密的组织、纪律和党纲；第三，现代政党政治是一种规范政治，从政党的创建、组织、经费、活动到解散都具有严格的法律规范；第四，政党政治的功能大大扩展，政党政治已经和利益集团政治、直接政治参与三者一起构成现代公民政治参与的三大支柱；第五，19 世纪中叶到 20 世纪是西方发达国家政党政治的黄金期，二战后走向了衰落，但第三世界国家民主政治发展滞后，其政党政治功能还有待进一步开

---

❶ 王长江．政党论 [M]．人民出版社，2009：83–95.

❷ 施雪华．政治现代化比较研究 [M]．武汉大学出版社，2006：156–158.

发利用，并积极引导；第六，大部分发达国家政党政治有某种
"两极化"趋势，比如左翼—右翼、稳健—激进、保守—自由等；
第七，现代政党政治已经超越单一的政治体系而进入国际政治领
域，比如欧洲议会中的议员不是按照国别，而是按照党派就座，
并在共同体一级组织统一的议会党团；第八，绝大多数第三世界
国家和少数发达国家的政党政治中还有许多非现代因素等❶。

第三节　现代国家的能力体系构建

什么是国家构建？根据弗朗西斯·福山的说法，国家构建包
括两个方面的内容："一个是国家能力，一个是国家机构的中立性
或自主性。前者涉及政府在特定疆域内垄断暴力的能力（韦伯的
国家定义），后者涉及政府能够超阶级、派系、利益集团和家族进
行决策的不偏不倚性。"❷

一、国家自主性与国家能力

国家是阶级矛盾不可调和的产物，是进行阶级统治的工具，
阶级性是国家的根本属性。但是，国家在表面上并不一定必然采
取直接的阶级组织形式，在特定情形下，它也可以采用"相对独
立"的社会共同体形式。这主要表现在国家的管理者可以包括一
些非统治阶级的成员，而国家的管理对象则包括统治阶级在内的
全体国民。

---

❶　施雪华．政治现代化比较研究［M］．武汉大学出版社，2006：171–176.
❷　［美］福山．政治秩序与政治衰败［M］．毛俊杰，译．广西师范大学出版社，
　　2015：导读2.

在研究国家学说过程中，黑格尔从伦理学层面间接提出了国家自主性问题，他提出了"国家是伦理理念的现实……国家是绝对自在自为的理性东西"❶的观点，表明他承认国家具有绝对自主性。马克思和恩格斯提出相对自主性理论，他们认为，国家不是绝对的"自在自为"，而是"相对的独立性"。而且，国家的相对独立性与阶级性一样同样重要，都是国家的基本属性。他们从"国家的起源""国家的本质""例外情形""公共权力异化"等几个方面探讨了国家的"相对独立性"。马克思恩格斯运用相对自主性理论分析了法国的波拿巴主义和德国的俾斯麦主义，恩格斯也多次批判了波拿巴主义，并深刻地指出，波拿巴主义是"资产阶级的宗教"。关于马克思和恩格斯的国家相对自主性理论，本书在第一章第三节已经作过详细分析，这里不再赘述。

列宁也指出："认为民主环境可以排除波拿巴主义，那是极端错误的。"波拿巴主义的产生不是偶然的，它是"一个资本主义比较发达、革命无产阶级已经诞生的小资产阶级国家中阶级斗争发展的自然产物"。在分析俄国政治时，他指出，"克伦斯基内阁无疑是波拿巴主义已迈出头几步的内阁"，因为它"呈现出波拿巴主义的基本历史特征，那就是：以军阀（军队中的坏分子）为后盾的国家政权在大致势均力敌的两个敌对阶级和敌对力量之间看风使舵"。❷

但是，即使国家看起来似乎独立于社会之外，国家也并非是社会总体利益的代表者，从国家与社会的辩证关系上看，国家是社会的产物，是社会决定国家，而不是国家决定社会。国家的独立性是相对的，作为阶级统治的工具，国家不可能永久地、完全

---

❶ ［德］黑格尔．法哲学原理［M］．范扬，等译．商务印书馆，2009：253.
❷ 列宁全集（第 32 卷）［M］．人民出版社，1985：46－47.

地凌驾于社会之上，它终究要受到社会发展的制约。

在马克思和恩格斯之后，尼科斯·普兰查斯和拉尔夫·密利本德进一步发展了国家自主性理论，并且，1969—1970 年，两人在《新左派评论》上展开了激烈的交锋与论战，产生了结构主义与工具主义之争。密利本德认为一切国家都具有相对自主性，国家自主性是所有国家的一般属性。但是普兰查斯认为国家既是统治阶级的国家，又相对独立于统治阶级之外，这种相对独立性并非存在于所有国家，而是只存在于资产阶级生产方式占支配地位的国家。

以斯考切波、米格代尔、埃文斯为代表的国家中心论者，进一步诠释了国家自主性理论，并将它与国家能力联系起来。在《找回国家》一书中，斯考切波重提"国家自主性"概念，认为它是一个和"国家能力"共生的概念。斯考切波指出，国家"作为一种对特定领土和人民主张其控制权的组织，它可能会确立并追求一些并非仅仅是反映社会集团、阶级或社团之需要或利益的目标，这就是通常所说的国家自主性"。❶ 他又指出，只有国家确实能够揭出这种独立目标时，才有必要将国家看作一个重要的行为主体，并会考虑国家实施这种目标时的能力，尤其需要考察其遭遇强势社会集团现实或潜在的反对，或面临不利的社会经济环境时的情况。

斯考切波认为，实现国家自主性需要几个前提条件：第一，国家在本质上要求实现国家自主性。作为一支独立于社会的力量，国家有其自身的利益要求，要求一个相对稳定、和谐的统治秩序和统治环境，在一定条件下，国家会在一定程度上违背统治阶级

---

❶ ［美］斯考切波，等. 找回国家［M］. 方力维，等译. 生活·读书·新知三联书店，2009：10.

的意志，发动政治、经济与社会改革，以缓和国家内部各种矛盾。第二，国际竞争压力的驱动。在战争、国际经济竞争等压力下，国家的最高领导人会积极进行战略调整，以应对各种挑战，为国家赢得有利国际地位。第三，实现国家自主性需要一支稳定、高效、职业化的官僚队伍。研究者发现，"组织凝聚力很强的国家官僚集体，尤其是与当前主流社会经济利益相对独立的职业官僚集团，更有可能在国家危急时刻，启动特别的新型国家战略"。❶

除了国家自主性的分析外，从国家职能角度可以进一步理解国家能力概念。国家职能是一定类型的国家在特定历史时期所担负的职责和功能，它涉及国家的活动范围、管理幅度和运作方式等内容。马克思主义认为，国家既具有政治统治功能，也具有社会管理功能，二者是相互依存，密不可分的。从政治统治功能看，国家是实现阶级统治的有组织的暴力机器。就像列宁指出的那样，"国家是特殊的强力组织，是镇压某一个阶级的暴力组织"。❷ 国家的社会职能指的是统治阶级运用国家权力管理社会公共事务的职能，良好的社会秩序是政治统治得以持续稳定的前提条件。在《反杜林论》中，恩格斯指出："一切政治权力起先都是以某种经济的、社会的职能为基础的。"❸ 他又指出："政治统治到处都是以执行某种社会职能为基础，而且政治统治只有在它执行了它的这种社会职能时才能持续下去。"❹ 从马克思主义的国家消亡理论看，国家的政治统治职能是历史的产物，它随着国家的产生而产生，并随着国家的消亡而消亡。但是，社会管理职能与人类社会始终

❶ ［美］斯考切波，等. 找回国家［M］. 方力维，等译. 生活·读书·新知三联书店，2009：11.
❷ 列宁选集（第3卷）［M］. 人民出版社，1995：130.
❸ 马克思恩格斯选集（第3卷）［M］. 人民出版社，2012：563.
❹ 马克思恩格斯选集（第3卷）［M］. 人民出版社，2012：560.

相伴。因为国家从本质上看是由社会决定的，虽然在历史发展过程中，国家与社会有一个相互分离的过程，但是从最终意义上看，社会将逐渐"把国家政权重新收回，把它从统治社会、压制社会的力量变成社会本身的生命力"。[1] 国家职能还可以分为对内职能和对外职能，对内职能包括加强政治统治、为社会与国民提供公共服务、发展经济、维护社会稳定等，对外职能包括抵御外敌侵略、维护国家主权与国际地位、参与国际秩序的竞争等。在不同的历史时期和发展阶段，国家可以根据自身所面临的历史任务和发展目标，灵活运用国家自主性，有所为有所不为，发挥国家的对内与对外职能的能动性，实现国家的战略目标。

二、国家能力的维度

关于国家自主性理论的研究范围，学者们将它应用于两个方面：一是对国家的"强""弱"分析，二是对国家机构不平衡发展的研究。前者是对国家的一种总体性分析，后者侧重于对专门的机构、政策的研究。[2] 国家的强弱与现代国家的生存与发展休戚相关，弗朗西斯·福山就多次指出，"现代政治制度由强大的国家、法治、负责制所组成"[3]，在他的心目中，强大的国家是民主政治制度的基础。

早在 20 世纪初，德国学者卡尔·施米特也对国家强弱问题作过系统分析，第一次世界大战德国战败，当时的魏玛共和国政权面临软弱无能的境况：德国不仅需要承担巨大的经济赔款，归还

---

❶ 马克思恩格斯选集（第 3 卷）[M]. 人民出版社，2012：140.
❷ 杨雪冬. 国家的自主性与国家能力 [J]. 马克思主义与现实，1996（1）：111.
❸ [美] 弗朗西斯·福山. 政治秩序的起源 [M]. 毛俊杰，译. 广西师范大学出版社，2012：472.

法国等邻国的"领土"，同时也要接受国际军事管制。针对这种情况，施米特提出"敌友观"，他认为，现代国家是主权政治统一体，"只要一个民族尚存在于这个政治世界中，这个民族就必须——即使只是在最极端的情况下——是否到了最极端的情况仍须由它自己来决定——自己决定谁是朋友，谁是敌人。这乃是一个民族政治生存的本质所在。一旦它不再拥有作出这种划分的能力或意志，它将在政治上不复存在"❶。同时他认为，国家作为决定性的政治统一体，拥有巨大的力量，可以发动战争和以国家名义安排人民生活的可能性，可以行使主权决断。"主权就是决定非常状态"，❷非常状态又称紧急状态、例外状态、特殊状态。主权决断是施米特"强国家"理论的关键，在非常状态下，主权决断可以防止过多的中间环节而错过最佳时刻，使现代国家丧失了达到最佳政治状态的机会，从而导致非政治化和中立化的危险倾向❸。

关于国家强弱与政策能力的研究，实际上就是关于国家能力的解释。所谓国家能力（state capacity），并没有一个统一性的基本概念。迈克尔·曼将它分为专制性权力（despotic power）和基础性权力（infrastructural power）两类，其中，"专制性权力即针对市民社会的国家个别权力，它源自国家精英的一系列运作，并且这些运作不需要与市民社会群体作例行公事式的协商……基础性权力即一个中央集权国家的制度能力，它或是专制的，或是非专制的，而制度性能力则旨在贯穿其地域，以及逻辑上贯彻其命令。基础权力是集体权力，一种贯穿社会的权力，它通过国家基

❶ ［德］卡尔·施米特. 政治的概念［M］. 刘宗坤，等译. 上海人民出版社，2004：129.
❷ ［德］卡尔·施米特. 政治的概念［M］. 刘宗坤，等译. 上海人民出版社，2004：5.
❸ 罗兆麟. 论民族主义的怨恨心理及其超越［J］. 学术交流，2016（4）：74.

础来协调社会生活"❶。这表明，国家既可以运用国家军队、警察等强制力来达到目的，也可以通过与社会建立稳定的沟通渠道来贯彻其政治决定。在当今的民主国家，基础性权力强大的国家，其深入基层社会与日常生活的能力远远超过其他国家。研究比较政治学的阿尔蒙德和小鲍威尔提出，国家能力是指一个政治系统在其环境中的总体绩效，它包括提取（extractive）、规制（regulative）、分配（distributive）、符号（symbolic）和响应（responsive）五种类型❷。"回归国家"学派的斯考切波提出，国家能力指的是国家通过政策实现其目标的能力，它包括总体的国家能力和按政策领域区分的国家能力。他说："很显然，主权完整与国家对特定领土的稳定的行政—军事控制，是一切执行政策之国家能力的前提条件。除此之外，忠诚且有技能的官员与丰富的财政资源是国家有效追求各类目标的基础。"❸ 此外，特定的政策制定与执行是国家能力的体现，因此"关于国家能力的最富有成果的研究似乎都集中在特定的政策领域"❹。该学派的另一名代表人物米格代尔认为，国家能力是"国家领导人通过国家的计划、政策和行动来实现其改造社会目标的能力"，❺ 国家能力包括深入社会、调节社会关系、提取资源，以及以特定方式配置或运用资源等四大能力。

　　在中国学者中，王绍光和胡鞍钢等人在《中国国家能力报告》

❶ ［英］迈克尔·曼. 社会权力的来源（第二卷·上）［M］. 世纪出版集团，2007：68－69.

❷ Almond，Powell. Comparative Politics：a Developmental Approach ［M］. Little Brown，1966：190－212.

❸ ［美］斯考切波，等. 找回国家 ［M］. 方力维，等译. 生活·读书·新知三联书店，2009：21.

❹ ［美］斯考切波，等. 找回国家 ［M］. 方力维，等译. 生活·读书·新知三联书店，2009：22.

❺ ［美］米格代尔. 强社会与弱国家 ［M］. 张长东，等译. 江苏人民出版社，2009：5.

一书中认为，国家能力就是"国家将自己的意志、目标转化为现实的能力"❶。有时候又将国家能力特指中央政府的能力，因为只有中央政府才能代表国家意志。他们将国家能力概括为四种能力：汲取能力、调控能力、合法化能力和强制能力，其中汲取能力是指国家动员社会资源的能力（即国家财政能力），调控能力是指国家指导社会经济发展的能力，合法化能力指国家运用政治符号在属民中制造共识，进而巩固其统治地位的能力，强制能力指国家运用暴力手段、机构、威胁等手段维护其统治的能力❷。在后来的论著中，王绍光又进一步将其概括为六种能力或八种能力。其中六种能力是指：强制能力，维护国家安全与公共秩序的能力；汲取能力，动员与调度社会资源的能力；濡化能力，塑造与巩固国家认同和社会核心价值的能力；规管能力，维护经济与社会生活秩序的能力；统领能力，确保国家机构内部协调的能力；再分配能力，保障经济安全、维护社会分配正义的能力。❸ 八种能力是指：强制能力、汲取能力、濡化能力、国家认证能力、规管能力、统领能力、再分配能力、吸纳和整合能力等。❹

王绍光等人指出，国家能力和综合国力概念并不完全相同，综合国力是指"一定时期全部可供运用各种资源和力量的总和"❺，二者的关系类似国家资源与社会资源的关系。我国学者黄硕风认为，综合国力是一个主权国家生存与发展所拥有的全部实力（物质力和精神力）及国际影响力的总合力。❻ 它包括政治、经济、科

---

❶ 王绍光，胡鞍钢. 中国国家能力报告 [M]. 辽宁人民出版社，1993：6.
❷ 王绍光，胡鞍钢. 中国国家能力报告 [M]. 辽宁人民出版社，1993：13.
❸ 王绍光. 祛魅与超越 [M]. 中信出版社，2010：127 - 137.
❹ 王绍光. 国家治理与基础性国家能力 [J]. 华中科技大学学报，2014（3）：8.
❺ 王绍光，胡鞍钢. 中国国家能力报告 [M]. 辽宁人民出版社，1993：13.
❻ 黄硕风. 大国较量：世界主要国家综合国力比较 [M]. 世界知识出版社，2006：18.

技、国防、文教、外交、资源等七个方面。汉斯·摩根索用国家权力来描述综合国力，并认为它由九个要素构成：地理条件、自然环境、工业能力、战备情况、人口、民族性格、民族士气、外交巧拙和政府英明程度。❶ 雷蒙·阿隆认为，综合国力包括地理空间、资源（人力、物力）和集体行动能力（军事组织）等三个要素。❷ 国家能力与综合国力虽然是两个不同的概念，但二者之间有着密切关系，如果一个国家有较强的国家能力，则可以有力促进综合国力的提升；反之，如果一国国家能力较弱，也可能逐渐丧失已获取的综合国力优势。

当然，也有学者反对王绍光等人的观点。比如刘军宁认为，作为国家之代表的政府的行为是以公共利益和维持政权为依归，不可能按照利润最大化准则来运用资金。❸ 周其仁也认为，国家能力不等于政府能力，将"国家"概念等同于政府，是忽视了国家是江山（领土）、人民、社稷（典章制度）的统一体，忽视了国家与政府之间是一种管理权力受托的关系❹。而且，王绍光等人当年讨论国家能力的历史背景是 20 世纪 90 年代中国正在进行分税制改革，他们关于国家能力的定义较多地考虑国家的财政汲取能力，可能会在今后的改革发展中产生偏差，事实上后来国家与地方税务系统分开与合并的实践也证明了这一点。

综上所述，国家能力及其状态可以从以下几个方面来考察：

（1）生存与安全能力。国家的生存是国家能力存在的前提与基础，国家能力的强弱又影响国家的生存与发展。首先，它要能

---

❶ ［美］汉斯·摩根索. 国家间政治［M］. 徐昕，等译. 中国人民公安大学出版社，1990：152－203.

❷ 倪世雄. 当代西方国际关系理论［M］. 复旦大学出版社，2001：267.

❸ 刘军宁. 善恶两种政治观与国家能力［J］. 读书，1994（5）：62.

❹ 周其仁. 国家能力不等于政府能力［N］. 湖北日报，2014－02－05，第 3 版.

保障国家安全。现代国家一般都建有一支常规武装力量，以随时抵御外侮，有的国家甚至可能拥有核武器，以确保国家的安全不受到威胁。其次，它要能维护社会稳定与安宁，建立良好的社会秩序。国家不能允许各种分裂、割据势力的存在，如果国内政治动荡，盗匪横行，国家能力便无从谈起，因此国家作为有组织暴力的垄断者，拥有法院、监狱、警察等暴力机构，以随时平息动乱，维护政治稳定和社会秩序。再次，要有应对公共危机的能力。包括抗击各种非人力所抗拒的自然灾害（比如地震、海啸、洪水、瘟疫、疾病和饥荒等）和应对各种政治危机。最后，国家需要有经济发展能力，构筑强大的经济基础。但是国家富裕不等于国家能力强大，据学者麦迪森估计，中国的 GDP 总量在 1600 年占全世界的 29.2%，1700 年占 22.3%，1820 年占 32.9%，❶ 雄踞世界第一，不可谓不富。另据保罗·肯尼迪在《大国的兴衰》中引用贝洛赫的计算，中国工业生产在 1750 年所占世界的比重为 32.8%，1830 年为 29.8%，1860 年为 19.7%，相应年代的印度/巴基斯坦份额分别为 24.5%、17.6% 和 8.6%，而同期的英国却只为 1.9%、9.5% 和 19.9%。❷ 从经济总量上看，中国和印度应该是当时的世界大国，但是却分别沦为资本主义列强的半殖民地或殖民地。

（2）动员、汲取与控制能力。首先，要能汲取社会资源以应国家之需，包括调动各种人力、财力和物力，在国家汲取能力中，又以财政税收能力与战争征调能力为最，因为财税能力是国家收入的最主要和最常态的来源，缺之则国家机构的运转可能会面临困难。在汲取社会资源过程中，涉及战争征调最为全面。其次，

---

❶ ［英］安格斯·麦迪森. 中国经济的长期表现——公元 960—2030［M］. 伍晓鹰，等译. 上海人民出版社，2008：36.

❷ ［美］保罗·肯尼迪. 大国的兴衰［M］. 求实出版社，1988：186.

有进行社会公平分配的能力。一方面，约束与规范处于社会上层的统治阶级，防止部分人形成特殊利益集团，从而破坏整个统治阶级的共同利益；另一方面，照顾与协调处于下层的被统治阶级的利益，使其被剥削和压榨的程度处于可承受的底线之上，从而防止社会积怨引发社会动荡。最后，是宏观调控与微观规制能力，国家能根据经济发展的周期，运用财政、货币、产业和就业等各种政策，灵活地进行宏观调整，避免爆发大规模经济危机。另外，国家能通过法律与行政等手段，建立现代产权制度，打击市场垄断和不正当竞争，维护公平、自由的市场竞争秩序。

（3）教育、统摄与认同能力。思想统摄的目的是构建民族的共识与认同，既要建立统一的国家的主流意识形态，因为非统一的主流意识形态不足以凝聚民心、振奋士气；也要建立开放包容的思想体系，因为没有开放自由的思想，所谓创新便没有思想来源。现代国家是"两种不同的结构和原则的融合，一种是政治的和领土的，另一种是历史的和文化的"。● 因此，作为一个政治共同体，现代国家的政治认同包括国家主权认同、政治制度认同、政府合法性认同等方面；同时，作为一个文化共同体，现代国家认同还要从文化认同和民族认同等几个层面去考察。更重要的是，一国的文化和核心价值观不仅要能得到本国人民的认同，而且具有全人类的普适性，可以成为别国人民学习与模仿的对象，起到思想教化的作用。国民教育是塑造国家民族性与现代性的重要媒介与手段，对于铸造国家认同、民族认同与公民认同有着不可替代的作用。在国民教育体系中，尤其要重视发挥大学教育的作用，霍尔丹勋爵曾经指出，大学是民族灵魂的反映。"从费希特到洪

● ［美］韦农·波格丹诺. 布莱克维尔政治制度百科全书［M］. 邓正来，等译. 中国政法大学出版社，2011：408.

堡、纽曼、阿诺德，甚至索顿·维布伦，大学始终被看成民族文化、国家历史、国家认同和国家统治的一个组成部分，它的核心任务是建构和维系具有一致性的国家。"❶ 除此以外，大学对一个国家经济社会发展的巨大推动作用越来越明显，成为国家实行赶超战略的重要工具，被誉为国家振兴和民族进步的智力发动机。1000 多年的大学发展史可以证明，大学的兴衰与现代民族国家的兴衰密切相关，哪个国家兴起有第一流的大学，哪个国家就会很快跃入世界强国之林。

（4）学习、发展与创新能力。历史的车轮滚滚向前，任何国家都必须不断改革发展，才能长久地立足于世界之林。创新是一个民族进步的灵魂，是一个国家兴旺发达的不竭动力。首先，要不断根据国际竞争和社会需求的变化，善于和敢于向世界先进国家学习，不仅学习其经济与政治制度，而且要学习其文化精华，同时要适时地进行各种具体体制的调整、修复与创新。其次，在国家面对重大挑战的历史转折关头，要有勇气和魄力革新除弊，大胆进行宏伟的制度转型，尤其是在制度转型过程中，代表新生力量的改革集团要能突破守旧集团的束缚，实现国家的战略目标。最后，在国家发展过程中，社会能随时接受世界的政治、经济、科技与文化信息变迁，并反映在本国的经济社会文化变迁过程中，其中，尤其重要的是科技的革新能力。

（5）国际竞争能力。首先是具有外交斡旋、维护国家利益的能力，现代民族国家一般都拥有前文已经提到的一定的军事力量或核威胁力量，以保证领土和主权不受侵害。但是诚如中国古代军事家孙子所云，"上兵伐谋，其次伐交，其次伐兵，其下攻城。

---

❶ ［日］三好将夫. 全球化的文化 ［M］. 马丁，译. 南京大学出版社，2001：211.

攻城之法，为不得已"❶。因此，更重要的是要有清晰的国际战略思维，积极开展外交活动，与主要大国建立沟通与对话机制，有能力化解国际矛盾与冲突，维护本国的核心利益。其次是具有主导和参与国际机制建设的能力。现代国际秩序——包括一战后的华盛顿—凡尔赛体系和二战后的雅尔塔体系——是由主要大国协商确定的，反映了主要大国的利益需求。一个有能力的国家应该能够参与甚至主导国际规则与国际秩序的制定、运作与监管，确保本国利益在国际竞争中不受损失。最后，是建立一种利益均沾的经济发展模式和文化模式，使本国的发展与周边乃至世界各国之间互利互惠，实现各方共赢。

三、国家能力的限度

国家能力要以国家获得独立自主的国际地位为前提，以国家与社会关系的良好互动为限度。关于国家能力大小的认识与国家观念密切相关，人类历史上产生过积极国家观与消极国家观两种思潮。

积极的国家观起源于古希腊理性主义传统，在法国启蒙运动时期十分流行。这种观点认为，政治生活和国家的目的是追求终极的善。比如亚里士多德认为，政治学是以"最高的善"为研究对象的科学，在《政治学》一书中，他指出："一切社会团体的建立，其目的总是完成某种善业。在他们自己看来，其本意总是在求取某种善果，既然一切社会团体都是以善业为目的，那么政治团体（城邦或国家）作为社会团体中最高而包含最广的一种，其所追求的善业也一定是最高而最广的。"❷积极国家观的理念通常导致"强国家"的出现。由于积极的国家观宣称国家担负着追求

❶　（春秋）孙武. 孙子兵法［M］. 中华书局，2006：17－18.
❷　［古希腊］亚里士多德. 政治学［M］. 吴寿彭，译. 商务印书馆，1983：3.

"至善"的使命，并以其政治理想为旗帜构建政权的合法性，因而将国家能力摆在十分重要的位置上。当统治者的治国方略正确，各项国内外政策措施得当时，能力较强的国家可能迅速提高其综合国力，实现其既定的战略目标。但是，国家能力的过分强大会导致国家权力具有垄断倾向，并很可能导致权力异化。人们往往认为，为了某种完美主义的社会理想或者目标，人们可以牺牲自己的自由空间，将公域与私域都置于国家控制之下。事实上，由于现代政治与经济活动的复杂性，以及国内外环境的影响，即便是组织精密的国家机构，也难保其决策的一贯科学性与正确性。此外，既然国家有相对独立于社会（甚至还凌驾于社会之上）的权力，国家权力就有可能被滥用，国家权力的掌握者，有可能因为某种特定的意图，滥用"国家紧急权理论"。比如，卡尔·施米特提出，一定条件下要控制甚至否定公民自然权利、社会组织的宪法、法律权利，使国家强大到足以在"例外状态"下实施专政。❶ 失去了监督的权力还容易滋生腐败，权力控制者有可能"为了追求自己的特殊利益，从社会的公仆变成了社会的主人"。❷ 在实践中，"强国家"模式可能产生"行政国家""政府型国家""全能主义国家"，甚至"极权主义国家"等类型的国家形态。"行政国家"（administrative state）意味着"相对于市场与社会，国家的力量显著增强，政府权力渗透到社会经济生活的方方面面，人们在其生命的整个过程中都离不开政府，政府的一举一动都能够影响人们的生命、自由和财产的得失与安危"❸。卡尔·施米特还

---

❶ 王东明. 例外的挑战：卡尔·施米特的国家紧急权理论研究［D］. 厦门大学博士论文，2009：1.

❷ 马克思恩格斯选集（第3卷）［M］. 人民出版社，2012：54.

❸ 颜昌武. 行政国家：一个基本概念的生成及其蕴涵［J］. 公共行政评论，2018（3）：131.

提出"政府型国家"（governmental state）的概念，这是一种与立法型国家相对立的国家类型，"其典型表现是由一个具有至高无上的个人意志和权威的国家元首进行统治"❶。"全能主义"（totalism）国家是指"政治机构的权力可以随时无限制地侵入和控制社会每一个基层和每一个领域"。❷ 而极权主义（totalitarianism）国家则指意大利的法西斯主义和德国的所谓国家社会主义，现代工业和技术的发展及其变革是极权统治的基础，组织、通信和宣传则为以恐怖的高压统治或富于诱惑力的劝说为基础的全方位控制、全民动员、公民生活和思想的协调提供了手段和便利❸。

消极的国家观起源于古希伯来的犹太教传统，这种观点认为，政治生活和国家的目的绝不应该是追求"至善"，而应该是如何避免大恶。把"至善"当作政治理想来追求会导致用目的（理想）的正当性证明手段（现实）的正当，甚至导致以目的（理想）的善来为手段（现实）的恶开脱。即使这种"至善"成立，也不应强制当代人为未来作出牺牲，更何况这种"至善"是不是善还是个问号。❹ 从中国的道家，到西方的奥古斯和阿奎那，从近代欧洲的马基雅维利和霍布斯，到美国的联邦党人无不持这种观点。他们把国家看作一个"一半是天使，一半是魔鬼"的利维坦，把权力看作一种"恶"，虽然在某种情况下是一种必要的"恶"。哈耶克从社会秩序理论出发，认为人类社会的发展是一个自生自发的

---

❶ ［德］卡尔·施米特. 合法性与正当性［M］. 冯克利，等译. 上海人民出版社，2015：97.

❷ 邹谠. 二十世纪中国政治：从宏观历史与微观行动的角度看［M］. 牛津大学出版社，1994：3.

❸ ［英］韦农·波格丹诺. 布莱克维尔政治制度百科全书［M］. 邓正来，等译，中国政法大学出版社，2011：661－663.

❹ 刘军宁. 善恶两种政治观与国家能力［J］. 读书，1994（5）：56－60.

过程，要促进人类文明的发展，就要尽量维护和利用这种自生自发的秩序，任何用刻意的手段设计和安排人类生活的做法，不仅会压制自由，阻碍社会进步，甚至还可能会滑向暴政。因此，"对于任何想通过把个人互动的自生自发过程置于权力机构控制之下的方式去扼杀这种自生自发的过程并摧毁我们文明的做法，我们都必须予以坚决的制止"❶。诺齐克也从自由与权利出发，认为"个人拥有权利，而且有一些事情是任何人或任何群体都不能对他们做的（否则就会侵犯他们的权利）"，❷ 国家不能干涉个人的权利与自由，因此他提出一种"最弱意义国家""最低限度国家"或"最小国家"理论。诺齐克这种"最弱意义国家"其实是一种古典自由主义的"守夜人"国家，它是一种"仅限于保护人民免于暴力、偷窃、欺诈以及强制履行契约等有限功能的国家；任何更多功能的国家都会侵犯人们的权利，都会强迫人们去做某些事情，从而也都无法得到证明"❸。但是，消极国家观容易导致"失败国家"的出现。"失败国家"作为一种现实中不可忽视的国际现象，不仅对其本国造成严重危害，而且对地区和全球稳定与安全带来诸多不利影响。近年来，由于国家能力过小导致的"软弱国家"现象蔓延到一些发达国家，2002 年国际货币基金组织首次提出"国家破产"概念，随即就变成了现实，希腊、冰岛在 2010 年后的欧洲债务危机中宣告破产。

---

❶ ［英］哈耶克.法律、立法与自由（第三卷）［M］.邓正来，译.中国大百科全书出版社，2000：492.
❷ ［美］诺齐克.无政府、国家与乌托邦［M］.姚大志，译.中国社会科学出版社，2008：1.
❸ ［美］诺齐克.无政府、国家与乌托邦［M］.姚大志，译.中国社会科学出版社，2008：1.

第四章

反思批判：现代国家面临的挑战

现代国家发展史上出现的市场经济与计划经济、民主政治与极权主义、资本主义和社会主义之间的矛盾都是现代性的产物，是国家战略的工具，尤其是后发国家资本原始积累时期的赶超工具（现代化工具论或赶超工具论）。一般原生型现代化国家常实现市场经济、民主制度和资本主义制度（比如英法美）；后发型现代化国家有多种选择，比如德国选择市场经济和法西斯主义，苏联选择计划经济与集权主义，中国则经历了由计划经济体制向市场经济体制的转型。当然最后结果有成功也有失败，比如德国成为两次世界大战策源地，苏联最终解体，但当代中国却欣欣向荣。

因此，我们必须反思在现代国家成长进程中面临的挑战与困境。在经济方面，首先，既要反思自由市场经济的神话，也要反思计划经济体制的缺陷。其次，福利国家在欧美国家曾经起到了重要的积极作用，目前却面临重重矛盾与危机。再次，必须考虑工业现代化进程中经济增长的代价，防止出现发展的极限。最后，在资本主义工业世界，周期性发生的经济危机困扰着人们，尤其是当代金融危机，甚至是主权债务危机。在政治方面，虽然民主已经成为一种备受人们推崇与赞誉的主流意识形态，但是在现实政治生活中，民主政治也面临着诸多困境与挑战，甚至面临衰败与崩溃的危险。近现代以来出现的极权主义、法西斯主义、种族主义、极端民族主义等意识形态，以及两次世界大战等全球性的大灾难，与近现代的国家体系紧密相关。

第一节　经济发展的反思

一、市场与计划的争论

（一）对自由市场经济的批判

长期以来，关于自由市场经济的神话被广为传颂，从亚当·斯密"看不见的手"到哈耶克的"自生自发秩序"，无不把自由市场奉为圭臬。经济自由思想是贯穿亚当·斯密学术思想的红线，他高度肯定利己主义在经济活动中的作用，认为这是人类的本性，在这种自利的经济人假设下，市场经济这只看不见的手自发调节人们的活动，并促进社会福利的增长，有人指出，亚当·斯密的《国富论》是以个人利益为基石的一座辉煌的宫殿，他在经济学上的一个"极端重要的胜利"就是"把个人追求私利的行为的系统分析置于经济学的中心地位，这个理论是《国富论》王冠上的宝石，它成了（而且至今仍然是）资源分配理论的基础"❶。哈耶克认为，市场经济是一种"自生自发秩序"，他虽然没有给这一概念下定义，但是在《自由秩序原理》一书中，他引用迈克尔·波兰尼（Michael Polanyi）的话对自生自发秩序作出了描述性的阐释："当社会的秩序是通过允许人们根据他们自发的意图进行互动的方式——仅受制于平等一致适用于人人的法律——而实现的时候，我们便拥有了一种自生自发的社会秩序的系统。"❷ 德里斯科尔（Gerald P. O'Driscoll）甚至说，"自生自发秩序（更确切地可以称为非设计的秩序）可以被视作经济学的第一原则"。❸

但是，社会中存在市场和市场社会的存在是两个完全不同的概念，卡尔·波兰尼（Karl Polanyi）认为，市场经济的扩张总是伴随着资本主义的发展而不断演进的，两者往往不可分离，以至于我们总称其为资本主义市场经济。资本主义市场经济的发展经历了两个发展阶段：第一个是由重商主义而兴起的市场社会，第二个是由市场社会崩溃而导致的法西斯主义和世界大战。他在自己的代表作《巨变》一书中认为，纯粹的自律性市场是一个彻头彻尾的乌托邦，人类历史上从未有过真正自由的自律市场。这一观点得到近代以来资本主义国家频频发生的经济和政治危机的验证，20世纪出现的计划经济和法西斯主义，以及欧美国家的政府干预主义，都是对市场自我调节崩溃后的反应。❹

———————

❶　［美］乔治·斯蒂格勒. 经济学家和说教者［M］. 贝多广，等译. 上海三联书店，1990：213.

❷　［英］哈耶克. 自由秩序原理（上）［M］. 邓正来，译. 生活·读书·新知三联书店，1997：200.

❸　转引自［英］哈耶克. 自由秩序原理（上）［M］. 邓正来，译. 生活·读书·新知三联书店，1997：邓正来代序8.

❹　［匈］卡尔·波兰尼. 巨变［M］. 黄树民，译. 社会科学文献出版社，2013：序言14.

　　马克思对资本主义经济进行了几十年时间的认真研究与深刻批判，马克思以客观的、辩证的态度对待资本主义的市场经济，比如在《共产党宣言》中，他充分肯定了资本主义世界市场的建立及其推动全球经济发展的历史进步性，指出"资产阶级由于开拓了世界市场，使一切国家的生产和消费都成为世界性的了"❶。同时，他认真研究与分析了资本主义市场经济的内在矛盾，提出商品二重性理论、劳动二重性理论、剩余价值理论、资本积累理论、社会资本再生产理论、经济危机理论等一系列崭新的政治经济学理论。他指出，资本主义的市场经济体制是建立在生产资料私有制基础上的，并在此基础上对资本主义市场经济进行了全面且又深刻的批判，下面略举一二。比如，马克思指出了资本主义市场经济导致了劳动与人的异化。在《1844年经济学哲学手稿》中他认为，在资本主义生产条件下，劳动发生了四种形式的异化：即劳动产品和劳动者的异化、劳动行为与劳动者的异化、人的类本质与人的异化，以及人与人之间的异化。在资本主义市场经济条件下，"通过异化劳动、外化的劳动，工人产出一个跟劳动格格不入的、站在劳动之外的人同这个劳动的关系。工人同劳动的关系生产出资本家……同这个劳动的关系"❷。再如，马克思发现资本主义生产条件下出现了商品拜物教、货币拜物教和资本拜物教等现象，社会关系处于一种颠倒的状态，人与人之间的关系为物与物的关系所取代，原本"罩在家庭关系上的温情脉脉的面纱，变成了纯粹的金钱关系"❸。又如，马克思认为资本的积累导致了社会的贫富分化，甚至导致两极对立，"在一极是财富的积累，同

❶ 马克思恩格斯选集（第1卷）[M]. 人民出版社，2012：404.
❷ 马克思恩格斯全集（第42卷）[M]. 人民出版社，1972：84.
❸ 马克思恩格斯选集（第1卷）[M]. 人民出版社，2012：404.

时在另一极，即在把自己的产品作为资本来生产的阶级方面，是贫困、劳动折磨、受奴役、无知、粗野和道德堕落的积累"❶。财富的对立使得社会阶级的对立也愈加严重，最终"整个社会日益分裂为两大敌对的阵营，分裂为两大相互直接对立的阶级：资产阶级和无产阶级"❷。资本主义市场经济发展到一定阶段，还会发生周期性的经济危机，会造成生产过剩，企业大量倒闭，社会资源严重浪费。

（二）计划经济的兴衰

在马克思和恩格斯关于未来社会经济模式的设想中，生产资料的公有制是实现有计划地组织社会生产的必要条件，他们设想在未来社会中，"无产阶级将取得公共权力，并且利用这个权力把脱离资产阶级掌握的社会生产资料变为公共财产。通过这个行动，无产阶级使生产资料摆脱了它们迄今具有的资本属性，使它们的社会性有充分的自由得以实现。从此按照预定计划进行的社会生产就成为可能的了"❸。在全社会共同占有生产资料后，就应该按比例分配社会劳动，社会的生产、积累、消费都必须按照计划来进行，从而结束生产的无政府状态，"通过有计划地组织全部生产，使社会生产力及其成果不断增长，足以保证每个人的一切合理的需要在越来越大的程度上得到满足"❹。

在社会主义国家建立计划经济的过程中，除了受到马克思、恩格斯思想的影响，还有两方面的现实考虑。一方面，国家安全受到严重威胁，国际竞争压力巨大。比如苏联成立之初受到帝国

❶　马克思恩格斯选集（第2卷）[M]．人民出版社，2012：289 – 290.
❷　马克思恩格斯选集（第1卷）[M]．人民出版社，2012：401.
❸　马克思恩格斯选集（第3卷）[M]．人民出版社，2012：817.
❹　马克思恩格斯选集（第3卷）[M]．人民出版社，2012：724.

主义国家和前沙俄残余势力的围攻，中华人民共和国成立初期面临抗美援朝的艰难处境，必须有强大的国力才能抵御各方的压力。另一方面，国内工业落后和人口众多，使得迅速提高国民经济积累率和建立独立工业体系成为当时迫在眉睫的重要任务。任何一个国家的工业化都需要资本的原始积累，英法等先发展资本主义国家的资本积累方式主要是三个：暴力掠夺农民（如圈地运动）、利用国家财政积累资金、海外殖民扩张。对后发国家而言，用来发展的原始资本也不外乎外援、外资、外债、外贸和汲取农业剩余。❶

社会主义国家是建立在极其落后的经济基础之上的，因此，计划经济体制以迅速实现国家工业化和现代化为自己的发展目标。在具体的政策运作中，计划经济常常和重工业优先战略相结合，把有限的资源集中到最急需发展的行业与部门，尽快建立独立、完整的工业体系和国民经济体系，实现生产的社会化与现代化，为实现国家工业化和现代化奠定基础。在国际竞争压力和国际环境十分严峻的历史条件下，计划经济手段确实在社会主义原始积累中发挥了重要的作用，比如苏联在短时间内就将自己建设成为欧洲最强大的工业化国家，改变了沙皇时代俄罗斯在世界列强中实力比较落后的状况，并经受了第二次世界大战的考验。中国的计划经济体制也在短时间内改变了国家经济一穷二白的落后局面，到20世纪60年代就建立起一个独立、完整的工业体系和国民经济体系，为改革开放以后的经济腾飞打下了较好的物质基础。前文中曾经提及林毅夫的观点，制度变迁有诱致性变迁和强制性变迁两种模式❷，诱致性制度变迁是一种以微观经济行为主体为制度变

---

❶ 朱天飚. 比较政治经济学 [M]. 北京大学出版社，2006：74.

❷ 林毅夫. 诱致性制度变迁与强制性制度变迁 [A] //财产权利与制度变迁. 上海三联书店，1991：384.

迁主体，自下而上进行的制度变迁模式；而强制性制度变迁是一种以政府为主体，自上而下的制度变迁模式。强制性制度变迁可以降低制度变迁的交易成本，计划经济体制的建立正是国家自上而下强制推动制度变迁的结果。

但是，计划经济体制也存在十分严重的问题，表现在以下几个方面：第一，长期实行重工业优先发展战略使经济发展比例严重失调，农业和轻工业严重滞后，消费品品种单一、短缺现象严重，匈牙利经济学家亚诺什·科尔奈（János Kornai，又译作"科尔内"）将这种现象称为"短缺经济学"，并认为这是传统社会主义经济中所出现的经常性现象。他说短缺"像锁链那样环环相扣，从一个车间到另一个车间，或从一个企业到另一个企业。……短缺滋生短缺。短缺引起的强制调节效应会在生产中倍增和扩散开来"❶。第二，经济效率低下。经济效率低下被看作传统社会主义经济的一个重要特点，而"预算软约束"被看作这种低效率乃至造成短缺经济的根本原因。科尔奈用"父爱主义"来形容国家对企业既管束又保护的关系，对于企业来说，"父爱主义"意味着绝对的保护和安全，但是这种"父爱主义"是造成预算软约束的直接原因。第三，城乡二元对立的社会结构。国家通过行政手段长期对农产品实行高征购、低价格的工农业价格"剪刀差"政策，致使农业停滞不前甚至处于衰退的状况。此外，通过户籍制度和单位制度限制了人口迁徙，久而久之形成城乡二元对立的社会结构。第四，发展具有不稳定性，尤其是政策失误造成重大损失。由于大多数社会主义国家建立初期经济发展水平低，治理者大多缺乏必要的经济知识和经济管理经验，因此，经济管理上主观随意性

---

❶ ［匈］亚诺什·科尔内. 短缺经济学（上）［M］. 张晓光，等译. 经济科学出版社，1986：47.

现象严重，使经济发展进程没有真正做到严格按计划行事。比如 20 世纪 80 年代以前中国经济的发展就经历了 5 次大波动。这种大起大落造成社会财富的巨大损失和浪费，影响了经济的正常发展。

经济体制的内在矛盾与问题，导致人们思考究竟该如何走出经济体制的困境。20 世纪 30 年代，国际学术界围绕市场经济与社会主义（计划经济）展开了一场大辩论，主要参与人员是兰格、哈耶克和米塞斯等人，史称"兰格论战"。以罗宾斯、米塞斯和哈耶克等人为代表的学者认为，社会主义（计划）经济具有不合理性，因为公有制经济不存在生产要素市场，无法进行经济核算，因而无法优化配置市场资源。1936—1937 年，旅美波兰人奥斯卡·兰格（Oskar R. Lange）发表了《社会主义经济理论》一文，在驳斥米塞斯等人观点的同时，提出了"市场社会主义"的概念，兰格充分运用了巴罗尼的一般均衡思想和泰勒的试错法，认为社会主义经济可以利用广义价格进行经济核算，实现理性的经济计算，并最终达到一般均衡。"市场社会主义"的提法突破了对计划和市场关系的传统认识，将市场机制引入社会主义经济体系中来，成为社会主义市场经济理论的重要理论渊源之一。

在理论界围绕计划经济与市场经济孰优孰劣争论不休的时候，改革开放后的中国在实践中勇于探索，开创出社会主义国家经济发展的新模式。1992 年邓小平在南方发表谈话指出："计划多一点还是市场多一点，不是社会主义和资本主义的本质区别。计划经济不等于社会主义，资本主义也有计划；市场经济不等于资本主义，社会主义也有市场。计划和市场都是经济手段。"❶ 同年，中国开始推行社会主义市场经济体制改革，计划经济体制完成了它

---

❶　邓小平文选（第 3 卷）［M］．人民出版社，1993：373.

的历史任务，走完了它的历史征途。所以，一个国家究竟是选择市场经济体制还是计划经济体制作为本国的基本经济制度，是由本国经济发展的状况决定的。许多经济学家通常过分强调计划经济的意识形态色彩，认为它是无产阶级在掘了资产阶级的坟墓之后，用以取代自由市场的经济体制。其实恰恰相反，计划经济的最早出现是为了给建立一个自由竞争的市场体制奠定基础。

二、经济增长的极限

人类历史上，一直存在着人口与资源、气候、环境的矛盾，地理大发现与工业革命以后，经济开始飞速发展，世界人口也急速膨胀，今天我们这个星球正在养育着 80 多亿人口，粮食短缺、环境污染、气候变暖、生态破坏等问题已经十分严峻，资源环境承载能力已经成为近 200 年来的一个突出问题。

1798 年马尔萨斯发表《人口原理》一书，他认为，人口的增长速度（几何级数）远远高于人类生活资料的增长速度（算术级数），人口过多必然会带来贫困、瘟疫和战争等一系列的问题，应从道德层面上限制人口的增长❶。虽然人们对他的理论广为争议，褒贬不一，但是他提出人口与资源（尤其是粮食）关系紧张的问题受到了人们的广泛关注。

第二次世界大战之后，无论是发达国家还是欠发达国家，全球都将经济增长当作国家经济发展的首要目标。因为经济增长决定了就业率、生活水平能否提高，人们能否享受更多的人道主义，国家能否持续稳定。著名发展经济学家刘易斯在肯定了经济增长的诸多好处之后，提出了警告：“像其他任何事情一样，经济增长

---

❶　尹伯成. 西方经济学说史［M］. 复旦大学出版社，2012：54.

是要付出代价的，如果经济增长可以在不产生任何不利条件的情况下实现，那么人人都会完全赞成。但是，由于经济增长有其实际的不利条件，人们根据其对利弊的不同估计对经济增长采取不同的态度。"❶ 因此，在 20 世纪后期出现了一系列新的经济增长理论，对流行的发展经济学理论提出了挑战。

1972 年，以梅多斯（Meadows）小组为首的罗马俱乐部发表了一份关于人类发展的报告——《增长的极限》，这本书对人类的前景进行了以下震撼人心的预测："如果世界人口、工业化、污染、粮食生产以及资源消耗按现在的增长趋势继续不变，这个星球上的经济增长就会在今后一百年内某个时候达到极限。最有可能的结果就是人口和工业生产能力这两方面发生颇为突然、无法控制的衰退或下降。"❷

对经济增长的理性思考，首先，沿着传统经济的成本—效益分析路径开始，但是已经开始突破单个企业的思维模式转向从社会视角分析问题，开始关注除了 GDP 增长之外的外部性问题。其次，关于经济增长的进一步思考突破了传统经济学框架，将成本—效益分析从纯经济领域扩大到生态环境领域，开始重视人与自然的关系维度。最后，关于经济增长的理性思考进入一个全新的维度。即从关涉人的社会关系和人与自然的空间领域，扩大到关涉历史与未来的时间领域，这就是可持续发展观。❸ 但是，无论从成本—效益视角，还是从生态环境以及可持续发展视角分析经济增长，都是理论家的美好愿景，资本主义生产方式下追求利润的本质决定了其生产必须无限扩大，必然产生人与自然环境不可调

❶ ［美］刘易斯. 经济增长理论 [M]. 周师铭，译. 商务印书馆，2002：516.
❷ ［美］梅多斯. 增长的极限 [M]. 于树生，译. 商务印书馆，1984：12.
❸ 高德步. 西方世界的衰落 [M]. 中国人民大学出版社，2009：291-293.

和的矛盾，所以，现代经济增长的矛盾实质上是资本主义经济制度本身的矛盾。

三、经济危机与国家破产

（一）经济危机与周期

经济危机，或称为经济波动、经济周期。近代以来的资本主义世界体系总是会出现周期性的危机震荡，导致大幅度的经济倒退，但是克服危机以后经济又会重新起步前进，几乎任何一次经济危机都可以分为繁荣、衰退、萧条和复苏四个阶段，这种周期性危机的循环往复已经成为一种客观规律。从 1788 年英国爆发了人类历史上第一次生产过剩经济危机起到 2008 年止，200 多年的资本主义经济史上共发生过几十次经济危机。有人将其视为资本主义必然走向灭亡的象征，故称其为"经济危机"，也有人将其他看成工业社会中一种正常的经济循环模式，故而称其为"经济波动"或"经济周期"。英国学者卡萝塔·佩蕾丝从演化经济学角度考察了进入资本主义社会以后的经济周期，她认为，18 世纪末以来 200 年间世界经济出现的五次技术革命，大约每半个世纪就要发生一次"技术革命—金融泡沫—崩溃—黄金时代—政治动乱"❶ 的周期循环，她称其为发展的浪潮，每次发展浪潮都经历了"爆发、狂热、协同和成熟"❷ 四个阶段。

从地域上看，经济危机总是在那些在世界经济占主导地位的国家中首先爆发，然后再波及其他国家与地区。比如，19 世纪以

---

❶ ［英］卡萝塔·佩蕾丝. 技术革命与金融资本［M］. 田方萌，译. 中国人民大学出版社，2007：10.
❷ ［英］卡萝塔·佩蕾丝. 技术革命与金融资本［M］. 田方萌，译. 中国人民大学出版社，2007：55.

前的欧洲大多数经济危机首先发生在英国，20 世纪以后美国成为危机爆发的中心。从产业结构上看，经济危机总是在国民经济具有重要影响力的行业或部门中首先爆发，并在危机周期的各阶段更替方面起着主导作用。比如，19 世纪 20 年代之前英国的主导产业是毛纺织业，而这一产业出现了严重的生产过剩，因此该产业也就成为经济危机的重灾区，当然它也最先摆脱了危机。同样，19 世纪末的矿产开采、金属冶炼和机器制造工业逐渐成为优势产业，但也最早成为经济危机的主要发源产业。

马克思从社会再生产的关系出发，认为社会资本的过度积累和平均利润率的下降导致了经济危机的爆发。他认为，资本主义的基本矛盾即生产的社会化与生产资料资本主义私有制之间的矛盾是导致经济危机的根本原因，这种矛盾表现在两个方面，第一是社会生产规模的无限扩大和劳动人民支付能力相对缩小之间的矛盾，在《资本论》中，马克思指出："一切现实的危机的最终原因，总是群众的贫穷和他们的消费受到限制，而与此相对比的是，资本主义生产竭力发展生产力，好像只有社会的绝对的消费能力才是生产力发展的界限。"❶ 第二是个别企业有组织的生产和全社会生产的无政府状态之间的矛盾，市场自发调节的运行方式会引起社会生产宏观上的比例失调，当宏观国民经济比例失调积累到一定程度从而导致经济危机的爆发，马克思指出，一旦"生产资料的集中和劳动的社会化，达到了同它们的资本主义外壳不能相容的地步，这个外壳就要炸毁了。资本主义私有制的丧钟就要响了。剥夺者就要被剥夺了"❷。

约瑟夫·熊彼特 1939 年出版了《经济发展理念：资本主义过

---

❶ 马克思恩格斯文集（第 7 卷）[M]. 人民出版社，2009：548.
❷ 马克思恩格斯文集（第 5 卷）[M]. 人民出版社，2009：874.

程之理论、历史和统计的分析》一书，他认为引起经济数据变化的因素有三个：增长因素、外部因素和创新。增长因素主要是指人口的增加，但它很难引起经济波动。战争、革命、自然灾害、制度变迁、经济政策变化等外部因素虽然是引起经济周期的重要因素，但是仅此还不够❶。因此，熊彼特将创新看作是经济周期的主要原因，他认为，在创新刚刚出现之初，企业对银行信贷和生产的需求会增加，促进了新工厂的建设和新设备的增加，同时增加了消费需求，经济进入繁荣期；当创新扩散到较多企业，获利机会逐渐消失，企业对银行信贷和生产的需求就会减少，经济进入衰退期，这样周而复始，就形成了整个经济周期，每个周期分为繁荣—衰退—萧条—复苏四个阶段❷。熊彼特将资本主义经济发展划分为三个长周期：第一个长波是产业革命时期，大约为 1780—1842 年，波峰在 1800 年左右；第二个长波是蒸汽和钢铁时代，为 1842—1897 年，波峰在 1857 年左右；第三个长波是电气、化学和汽车工业时代，为 1897—1946 年，波峰在 1917 年左右。❸

根据经济波动的时间长短，可以大致将经济周期分为三类，即 40 个月左右的短周期、10 年左右的中周期和 50 年左右的长周期。基钦（Kitchin）认为经济波动主要由外生随机影响和存货变动引起，他提出了平均长度为 40 个月的"基钦周期"（短周期）；朱格拉（Juglar，又译为尤格拉）认为经济波动由固定资本的大规模更新引起，他提出了平均长度为 9～10 年的"朱格拉周期"；马克思也认为引起经济周期的原因是固定资产的更新，他提出的经

❶ ［美］熊彼特．经济发展理论：资本主义过程之理论、历史和统计的分析［M］．何畏，等译．商务印书馆，1991：286－289．
❷ 姚开建．经济学说史［M］．中国人民大学出版社，2016：373．
❸ ［美］熊彼特．资本主义、社会主义和民主主义［M］．吴良建，译．商务印书馆，1999：127．

济周期也是 10 年左右；库兹涅茨（Kuznets）认为经济波动的形成与建筑业的兴衰密切相关，他提出平均长度为 20 年左右的"库兹涅茨周期"（中长周期或"长波"）；康德拉季耶夫（Kondratieff）认为经济波动是由技术发明及产业结构变动引起的，他提出了平均长度为 50 年左右的"康德拉季耶夫周期"（长周期）。沃勒斯坦还提出了一种更长时间（200—300 年）的周期，并称为"特长周期"。他说："我们一开始关于历史体系的认识前提导致我们必须区别体系的'周期节奏'和它的'长期趋势'。在某种程度上，我们所关心的是长时段的社会变迁，我们主要对长周期感兴趣：那些平均长度为 50—60 年的康德拉季耶夫周期和更长（200—300 年）的'特长周期'。"❶

经济周期理论认为，技术创新引起繁荣，而繁荣又是引起萧条的原因，重大技术革命引起大繁荣，毫无疑问也会引起大萧条，这是历史周期率的重要表现。对比熊彼特和康德拉季耶夫等人的研究后发现，从技术革命到产生危机的时间大大缩短，1870 年以后发生的电力技术革命到 1929 年的危机间隔了 60 余年，而 1980 年以后发生的信息技术革命与 2008 年全球金融危机之间只相隔了 20 多年。这将警示我们，在重大技术革命之后，不仅要认识到它的进步意义，抓住它带来的机遇，还要充分意识到重大变革之后，随即而来的震动性影响和挑战。❷

（二）现代金融危机

尽管每次经济危机的表现形式和特点都各不相同，但总地看来，过去的历次经济危机在本质上都是生产过剩危机，只是同时

---

❶ Wallerstein. Report on an Intellectual Project：the Ferand Braudel Center，1976—1991［R］. 转引自江华. 世界体系理论研究［D］. 复旦大学博士论文，2003：59.
❷ 刘鹤. 两次全球大危机的比较研究［M］. 中国经济出版社，2013：7

伴有一定程度的金融危机。但是，从 20 世纪 80 年代以后，一系列
重大的金融危机事件逐渐与产业危机融合起来，使周期性世界经
济危机由原来的产业危机演变为金融危机。❶ 尤其是 20 世纪 90 年
代以后，世界金融危机波及范围越来越广，破坏性越来越强，给
全球经济带来的风险越来越大。

　　金融危机是指利率、汇率、股价等金融指标全部或大部突然
而急剧地恶化的现象，这时人们纷纷抛售其实际资产并变现其虚
拟资本，导致经济及社会的动荡。❷ 金融危机本质上是实体经济问
题的表现，其根本原因仍然是资本主义的基本矛盾，但是其直接
原因则是虚拟经济的无限制发展，导致虚拟经济系统的崩溃。实
体经济是指物质产品、精神产品的生产、销售及提供相关服务的
经济活动，虚拟经济是指相对独立于实体经济之外的虚拟资本的
持有和交易活动❸。马克思很早就提出过"虚拟资本"的概念，在
《资本论》中，马克思对虚拟资本有过详尽的分析，他认为，虚拟
资本是在借贷资本和银行信用制度的基础上产生的，它包括股票、
债券、汇票、土地所有证、不动产抵押单等有价证券或所有权证。
而且"这种虚拟资本有它的独特的运动"❹，这种独特性表现在，
虚拟资本虽然只是现实资本的代表，但它的运动却相对独立于现
实资本，它的市场价值（价格）可以脱离其名义价值而不断地运
动。这样就造成了虚拟资本与实体经济的脱节，并很容易形成一
种假象，似乎虚拟资本的扩张就是实体经济的增长。随着信用制
度的迅速发展，以及互联网时代的电子货币、风险基金等各种金

❶　刘明远 . 周期性资本主义经济危机的现代转型 [J]. 学术研究，2009（11）：60.
❷　成思危 . 虚拟经济与金融危机 [J]. 管理科学学报，1999（1）：3.
❸　李晓西，杨琳 . 虚拟经济、泡沫经济与实体经济 [J]. 财贸经济，2000（6）：5.
❹　马克思恩格斯全集（第 25 卷）[M]. 人民出版社，1974：527.

融衍生品层出不穷，给虚拟资本提供了巨大的发展空间。一旦政府对各类金融活动，尤其是对金融衍生品监管不力，信用的过度膨胀导致资金链的断裂，最终可能引发金融市场的混乱而爆发危机。

在虚拟经济中，最主要的现象是金融杠杆的大量使用。20世纪90年代以后，随着经济活动的增多，金融市场不断扩张，金融创新成为普遍现象，其中金融杠杆的运用成为各国经济活动的一种主要金融工具。从各国经济发展的历史来看，金融杠杆曾经一度在推动经济快速发展方面发挥了积极作用，但是，越来越多的数据表明，金融杠杆和经济增长之间存在显著的"倒U形"关系，即随着金融杠杆水平的提高，经济增速会先升高后降低，存在一个"拐点"；与此同时，金融杠杆波动和经济增长之间存在显著的负相关关系，这意味着金融杠杆波动性的加大会对经济增长产生明显的负面效应。[1] 因此，对于各国政府而言，如何在促进经济增长和维护金融稳定两个方面维持平衡至关重要。

（三）主权债务危机与国家破产

通常情况下，一国以自己的主权为担保向外借债就会形成主权债务，如果该国的负债超过了自己的偿还能力，以致无力还债或必须延期还债，就会形成债务危机。因此，所谓主权债务危机，是指一国在高赤字之下的主权信用危机，这种危机发展到一定阶段时可能会出现主权违约现象，到那时，违约国家就得向世界银行、国际货币基金组织或其他国家借款偿债，或与债权国就其债务的利率、偿债时间和偿还的本金进行谈判，重组债务。[2] 主权债务由来已久，古代的统治者和中世纪君王为了发动战争等不同原

---

[1] 马勇，陈雨露. 金融杠杆、杠杆波动与经济增长 [J]. 经济研究，2017（6）：31.

[2] 徐崇温. 欧洲主权债务危机分析 [J]. 中国延安干部学院学报，2014（2）：125.

因，会偶尔借债和违约，但是直到中世纪后期，意大利出现大批商业共和国以后，主权债务才真正成为公共债务❶。

　　从 20 世纪 80 年代算起，当代世界几次较大的主权债务危机有：拉美债务危机、阿根廷债务危机、冰岛债务危机、希腊债务危机、欧洲债务危机等。其中欧洲债务危机规模最大。欧洲债务危机的导火索是 2008 年美国金融危机，在金融危机的冲击下，欧洲经济一直处在萎缩状态，希腊首先拉开了主权债务危机的序幕，随后蔓延到葡萄牙、西班牙、意大利、爱尔兰等国家，接下来，连同德国、法国等欧元区的龙头国家也受到了危机的影响。问题还不止于此，2014 年，国际评级机构穆迪又列出 11 个主权信用评级更低的国家，预示着这些国家信用风险极高，或面临破产的困境。这些国家分别是：融资能力弱的伯利兹、古巴、厄瓜多尔、巴基斯坦，通货膨胀率高的阿根廷、委内瑞拉，政治风险高的乌克兰、埃及，政府债务高的希腊、牙买加、塞浦路斯。根据《欧盟稳定与增长公约》规定，欧盟成员国财政赤字占当期 GDP 的比例不得超过 3%，公共债务总额占 GDP 的比例不得超过 60%❷。但是现实问题是，欧盟的 27 个成员国中有 20 国财政赤字 GDP 占比超过 3% 的安全警戒线。

　　当主权债务高于一个国家的国内生产总值，导致无力偿还的时候，就会出现国家破产。国家破产现象古已有之，但是在现代世界发生更为频繁，影响更大。据经济学家统计，在过去两百年间，全球已经大约出现过 320 次国家破产，不仅有许多欠发达国家陷入国家破产，而且诸如英国、美国、德国、日本、西班牙等世

❶　［荷］杰罗姆·鲁斯. 主权债务简史［M］. 黄名剑，张文婷，译. 中信出版集团，2020：132.

❷　江涌. 述论《稳定与增长公约》的僵化与弱化［J］. 欧洲，2003（2）：106.

界上最发达的国家都曾经榜上有名，仅仅在 20 世纪以内，就有 20 多个国家因债务危机启动了货币改革❶。有人总结了主权债务的十二条教训，比如：如果统治者不能控制支出增长快于收入的自然趋势，主权债务势必增加；主权债务的消化有多种战略，但是几乎都会导致通货膨胀；几乎所有的债务国都会以违约而告终。❷ 欠发达国家破产后，巨额的主权债务使其陷入"中等收入陷阱"，不仅无法实现经济持续增长，无法完成本国的工业化与现代化，甚至可能陷入长期萧条与停滞。发达国家则利用主权信用向外借债，转嫁本国的内部矛盾，实现世界的财富转移。2023 年美国政府的债务总额已经突破 33 万亿美元，约为其 GDP 的 1.2 倍，美国政府每年应付的利息就将近 1.4 万亿美元，巨额的债务给美国自身和世界经济安全带来巨大的风险。

四、福利国家制度及其矛盾

（一）福利经济学与福利国家

虽然有关福利与福利国家的思想十分复杂，"任何纯粹的范畴、两分法或者逻辑框架，都无法呈现福利思想范畴的复杂性、交叠性以及多重性"❸，但我们仍然有必要梳理一下福利思想的发展历程。关于构建社会福利制度的思想早已有之，其最早的思想萌芽可以追溯到古希腊、罗马时代，早在 1601 年，英国就颁布了伊丽莎白《济贫法》，并在此之后的两百余年间，始终如一坚持征

---

❶ ［德］H. 贝克，A. 佩利兹. 为什么国家也会破产［M］. 原龙，译. 中国电力出版社，2013：前言 2.

❷ ［法］雅克·阿塔利. 国家的破产［M］. 吴方宇，译. 北京联合出版公司，2011：86 - 110.

❸ ［美］特伦斯·鲍尔，等. 剑桥二十世纪政治思想史［M］. 任军锋，等译. 商务印书馆，2016：42.

收济贫税，《济贫法》不仅确定了英国济贫制度的基本原则，也被称为世界上最早的社会保障法。亚当·斯密也认识到税收对不同阶层的收入具有调节作用，比如通过对华丽马车进行高额征税可以向贫困人群进行收入转移，但是他反对国家提供一般化的社会福利，他认为，在市场机制这只"看不见的手"的自动调节下，每个人都关注自己获得的最大的利益，最终个人福利总量的最大化能够使整个社会福利最大化。马歇尔也在《经济学原理》一书中说过，贫困是否必然的问题给予经济学以最大的关心，经济学要解救贫困，增进福利❶。

19 世纪末，为了缓和国内矛盾，德国俾斯麦政府先后通过了《疾病保险法》《工人赔偿法》和《伤残和养老保险法》，建立了世界第一个比较完整的社会保障法律体系。

20 世纪初，英国经济虽然依然繁荣，但是劳资矛盾十分尖锐，工人运动此起彼伏。新古典经济学派主要代表人物 A. C. 庇古创建了以"公平"为核心的福利经济学理论，被誉为"福利经济学之父"。他认为，凡是能给人们带来满足的一切东西都叫作福利，因这样的定义范围太广，庇古又将福利分为社会福利和经济福利，他主张国家应当关注与解决贫困问题，增进整个国家的经济福利，影响经济福利的主要因素可归纳为国民收入总量的大小和国家分配的状况两个方面❷。20 世纪 30 年代末，旧福利经济学被新福利经济学取代，其代表人物是帕累托、罗宾斯、希克斯等人，他们运用"帕累托最优""序数效用论""补偿原理""社会福利函数"等工具来分析政府应当保证个人的自由选择，通过个人福利最大化来增加整个社会的福利。另一位重量级经济学家凯恩斯也讨论

❶ ［英］马歇尔. 经济学原理［M］. 朱志泰，译. 商务印书馆，1964：24 – 26.
❷ 尹伯成. 西方经济学说史［M］. 复旦大学出版社，2012：153.

了国家承担福利责任的必要性，虽然他强调自由竞争在资本主义市场中的价值和作用，但是反对完全自由放任的政策，主张国家应该通过货币、财政等政策影响经济的宏观运行，对经济生活进行有效的干预和管理；同时"通过收入再分配或其他方法来提高消费倾向，从而使维持一定水平的就业量所需要的现行投资量具有较小的数值"❶，进而调整整个社会的福利状态。

1941 年，英国大主教威廉·坦普尔出版了《平民与牧师》一书，他希望在二战结束后出现一种为普通平民服务的"福利国家"，用以区别以纳粹德国为代表的，为统治者服务的"权力国家"。❷ 1942 年，英国学者 W. H. 贝弗里奇提出了著名的《贝弗里奇报告——社会保险和相关服务》，报告总结了战前英国社会保障和福利制度的成就，分析了当时英国社会保障制度存在的各种问题，并"把社会保险看成是促进社会进步的系列政策之一"❸，为战后英国勾画了"福利国家"的蓝图。战后，贝弗里奇报告的总体设计方案及其大部分建议被英国政府采纳，奠定了战后英国福利制度的基础。1948 年，英国工党正式提出"福利国家"的口号，当时的工党领袖、英国首相艾德礼宣布英国建成了"福利国家"。继而，贝弗里奇报告的精神扩大到其他西欧国家，甚至影响了美国。福利国家制度的推广，在一定程度上缓和了现代资本主义社会的各种矛盾，造就了一定程度的政治稳定与经济繁荣。

福利国家一般奉行"3U + 1"原则，即普享性（university）、

---

❶ ［英］凯恩斯. 就业、利息和货币通论 ［M］. 高鸿业，译. 商务印书馆，1999：335.

❷ 尼古拉斯·巴尔、大卫·怀恩斯. 福利经济学前沿问题 ［M］. 中国税务出版社，2000：8.

❸ ［英］贝弗里奇. 贝弗里奇报告——社会保险和相关服务 ［M］. 劳动和社会保障部社会保险研究所，译. 中国劳动社会保障出版社，2004：3.

统一性（unity）和均等性（uniformity），再加上权利与义务原则。普享性原则指社会福利政策具有广泛覆盖面，所有国民不论其职业、性别、民族、出身、贫富，都应该享有社会福利保障。统一性原则是指社会福利事业由全国统一设计、规划与管理，避免因经济发展水平地区差异造成的事实不平等，以保证社会福利的公平性。均等性原则是指向那些处于不利地位的人提供更多的资源和机会，尽量使所有的人获得均等的机会，从而缩小分配结果的事实不平等。权利与义务原则强调政府责任和公民义务的统一，"社会保障需要国家和个人的合作"❶，政府不是承担社会保障所有责任的唯一主体，公民既有享受社会福利和社会保障的权利，也有劳动和缴纳保险费的义务。❷ 福利国家的主要模式有三种：自由主义福利国家模式、保守主义福利国家模式和社会民主主义福利国家模式。自由主义福利国家模式的主要代表国家是英国、美国、加拿大和澳大利亚等，这种模式注重市场机制参与国民收入分配的重要作用，反对国家对社会经济生活进行过多干预，主张以有限的政府干预来对市场失灵进行纠错，在市场福利供给的基础上对贫困公民进行补救性福利救助。保守主义福利国家模式的代表是奥地利、法国以及意大利等国家，这种模式通过国家立法，建立强制性的社会保险制度，设立严格的资质标准并进行保险精算，根据公民职业和地区条件的不同，提供不同类型的社会保险。社会民主主义福利国家模式的代表是瑞典、挪威、丹麦等国家，它根据公民资格或在一个国家长期居住的资格，实行普遍性的公共

---

❶ ［英］贝弗里奇. 贝弗里奇报告——社会保险和相关服务［M］. 劳动和社会保障部社会保险研究所，译. 中国劳动社会保障出版社，2004：3.

❷ 丁东红. 论福利国家理论的渊源与发展［J］. 中共中央党校学报，2011（2）：55.

福利政策。

（二）福利国家的矛盾与危机

福利国家主义者认为，资本主义国家的内在矛盾使得经济危机、贫富分化等经济社会问题日益突出，必须通过国家干预的手段才能实现有效调控，只有实施福利政策才能维持社会稳定。但是，到了20世纪70年代后，这些旨在维护资本主义制度的福利国家制度却碰到一系列的矛盾和危机，出现了诸如通货膨胀加剧、财政赤字过大、税负过重、公共开支剧增、经济增长乏力、失业率上升等新的棘手问题。

通过对现代福利国家进行广泛而深入的研究，法兰克福学派的代表人物之一克劳斯·奥菲提出了著名的"奥菲悖论"，即"尽管资本主义不能与福利国家共存，然而资本主义又不能没有福利国家"[1]。一方面，资本主义不能没有福利国家。传统的国家充当守夜人的角色，制定法律、维护秩序、保卫国家，甚至为了维护统治阶级利益而实行阶级压迫，但是今天的福利国家制度使国家还拥有调节生产与分配的功能，资本主义国家可以通过所谓的"行政性再商品化"等政策性福利手段，来稳定和维护资本主义商品形式和交换关系。另一方面，资本主义不能与福利国家共存，福利国家那些旨在维持商品交换关系的政策使用的是非商品化的政治—行政手段，它会排斥和冲击商品交换关系，导致了晚期资本主义的结构性矛盾，这种矛盾存在于经济、政治和意识形态的各个层面，这也是现代福利国家的最主要矛盾[2]。

奥菲认为，福利国家制度是资本主义系统的一种自我调适性

---

[1] ［德］奥菲. 福利国家的矛盾 ［M］. 郭忠华，译. 吉林人民出版社，2011：7.
[2] 陈炳辉. 奥菲对现代福利国家矛盾和危机的分析 ［J］. 马克思主义与现实，2006（6）：17.

机制，通过自我调适来控制资本主义自身的破坏性潜能，保持资本主义系统的稳定。但是，这种自我调适性机制的功能是有限的，它无法从根本上解决资本主义系统的内在矛盾，而且，政府调节自身也具有相当的破坏性，这一切最终都会导致资本主义的危机。奥菲把危机分为偶发性危机和过程性危机两种，偶发性危机是指那种特别剧烈的、灾难性的、令人震惊的和不可预测的事件，过程性危机不是事件层面上的危机，而是指在产生事件的机制的这一更高层面上的危机。❶ 现代福利国家的危机，就是一种过程性的危机。

二战结束后，欧洲各国普遍建立起"从摇篮到坟墓"的社会福利制度，但是 20 世纪 70 年代以后，西方经济陷入滞胀，政府财政负担日渐沉重，当金融危机到来之际，高福利制度就成了各国不能承受之重。福利国家制度使欧美国家陷入两难的境地：要想缓解国内矛盾，维持社会的稳定，就需要实施高福利制度，但这样会导致国家的财政困难，甚至出现严重政治危机。譬如 2010 年的欧债危机，冰岛和希腊等国宣告破产，实际上也从一个侧面证明了福利国家制度的失败。但是要想缓解政府财政压力，就必须改革福利国家制度，这种改革势必会遭到民众的反对，也可能会激发社会对抗和政治危机。以至于美国哈佛大学历史学教授尼尔·弗格森甚至宣称，西方的衰落就是缘于福利国家制度❷。

第二节　现代政治的困境

在当代世界，现代民主政治已经成为一种主流的意识形态，

---

❶ ［德］奥菲. 福利国家的矛盾［M］. 郭忠华，译. 吉林人民出版社，2011：41 - 42.

❷ 参见 http：//news. xinhuanet. com/world/2012 - 12/11/c_124075744. htm.

受到人们的广泛推崇与赞誉。近代民主的"元形式"即自由主义民主与社会主义民主以及作为民主形式变种的民族主义民主、伊斯兰主义民主和民粹主义民主与元形式民主之间的关系，构成了一部冲突性的世界政治图景，影响着世界秩序的走向❶。甚至连极权主义也被人归结为现代民主政治的一种形式，比如塔尔蒙就指出，民主主义包括"自由主义形式的民主制度和另一种我们建议叫做极权主义形式的民主制度"❷ 两种类型。

但是当我们回顾现代民主政治的发展历程，我们会发现，从古希腊时代开始，民主政治就受到了众多思想家的质疑与批判，在当代政治中，民主也面临着诸多的困境与挑战。

一、民主政治面临的挑战

（一）民主政治的弊端

民主可以分为实质民主和程序民主，因此，民主的矛盾与弊端也大致可以归结为两大类型。从实质民主的角度看，民主可能导致"民主的悖论"或"多数的暴政"。从程序民主的角度看，则可能产生"效率低下"的弊端。福山认为，当代自由民主国家对程序的崇拜高过对实质的崇拜，是政治衰败的重要来源。❸

实质民主的理想诉求是实现"人民的统治"或者"多数人的统治"，民主是目的而不是手段。从逻辑上看，第一，民主作为一种政治制度，它内在地包含着民主和专政的矛盾。民主按其理念、

---

❶ 杨光斌. 民主与世界政治冲突 [J]. 学术界，2014（8）：5.

❷ [以] J. F. 塔尔蒙. 极权主义民主的起源 [M]. 孙传钊，译. 吉林人民出版社，2011：1.

❸ [美] 弗朗西斯·福山. 政治秩序与政治衰败 [M]. 毛俊杰，译. 广西师范大学出版社，2015：494.

精神和原则是反对专政的，但是它在实现过程中又总是离不开专政，甚至和专政之间互为目的、互为手段❶。第二，如果把民主看作是一种"多数人的统治"，那么它也内在地包含着多数人和少数人之间的矛盾，导致"民主的悖论"和"多数的暴政"。波普尔指出，民主的悖论蕴含着这样一种可能性："多数人可能决定应由一个专制君主的统治。"❷ 帕累托从精英统治角度批判"多数人的统治"原则，他说，精英统治与精英支配社会是一种必然的、不可改变的规律，任何社会包括民主社会都无法摆脱这个规律。米歇尔斯从政党政治的角度批判"多数人的统治"原则，他认为现代政党政治摆脱不了"寡头政治铁律"，政党政治即使在起初是民主的，但是经过一段时间发展，少数人最终会凌驾于多数人之上。在论述美国的民主制度时，托克维尔提出了"多数的暴政"理论，他认为，虽然"人民的多数在管理国家方面有权决定一切"❸，但是人民选举出来的立法、司法和行政机构可能会形成"无限权威"，他们会以多数的名义滥用权力，形成多数的暴政。托克维尔认为，"无限权威是一个坏而且危险的东西"，当一个"权力的面前没有任何阻碍可以阻挡它前进和使它延迟前进时，自由就会遭到破坏"❹。

　　相对于实质民主而言，程序民主是指民主的实现机制，即民主制度实现的途径和方法。程序民主论者认为民主仅仅是实现政

❶ 吴元梁. 民主的悖论 [J]. 天津社会科学，2005（5）：28.
❷ ［奥］波普尔. 开放社会及其敌人 [M]. 陆衡，等译. 中国社会科学出版社，1999：232.
❸ ［法］托克维尔. 论美国的民主（上卷）[M]. 董果良，译. 商务印书馆，1991：287.
❹ ［法］托克维尔. 论美国的民主（上卷）[M]. 董果良，译. 商务印书馆，1991：289.

治目的的一种手段和程序，比如哈耶克认为："民主本质上是一种手段，一种保障国内自由和个人自由的实用手段。"❶ 程序民主通过法律、分权和公民社会等手段实现了对权力的制衡，有效地控制了权力的滥用，保护了个人的自由和权利，但是却没有形成保障公平正义的共同体。本杰明·巴伯指出："自由主义民主更多地关注促进个人自由，而不是保障公正正义，增进利益而不是发现善，将人们的安全隔离开来，而不是使他们富有成效地聚合在一起。其结果是，自由主义民主可以强有力地抵制针对个人的侵犯——对个人的隐私、财产、利益和权利的侵犯——但是，它却无法有效地抵御针对共同体、正义、公民性以及社会合作的侵犯。"❷ 再从民主与效率的关系上看，民主与效率之间也会产生矛盾和冲突。民主制度并不总是能提高经济效率与经济绩效，民主政治并不必然是一种促进社会发展的高效率的政治形态。首先，从决策成本层面来看，由于民主政治体制下的决策必须符合一定的法定程序，必须遵循少数服从多数的原则，此外，民主决策还会受到各种利益集团的干扰，因此在某些特定的时期，民主决策在时间耗费和内容前瞻等方面显得相对低效。比如，美国政治中政府分权制衡的体制造成了政府决策效率低下，引起人们的关注与批评。还有人考察了印度发展模式的历史、理论与实践经验后得出结论，印度先于经济自由建立起来的民主制度，在转轨过程中遭遇了经济增长与福利分配的尖锐冲突。或者可以说，在国家治理能力没有得到有效提升之前，印度的政治民主难以为其经济

---

❶ ［英］哈耶克. 通往奴役之路［M］. 王明毅，等译. 中国社会科学出版社，1997：71.
❷ ［美］本杰明·巴伯. 强势民主［M］. 彭斌，等译. 吉林人民出版社，2006：5.

增长提供应有的动力与效力。❶

　　腐败现象是世界各国都存在的毒瘤，人们曾经对民主寄予厚望，认为它至少可以在某种程度上遏制腐败，但是事实上，民主制度下的腐败现象仍然层出不穷。比如美国一直打着自由民主制度的旗帜，但是美国民主是一种默认奴役剥削的自由主义民主，这种民主直接依赖的是对大部分人的系统性剥夺。自由主义民主对于美国来说是一把"双刃剑"，它在推动美国经济社会发展的同时，也导致其系统性腐败。❷ 在实行民主制特别是实行西方代议制民主的国家中，许多国家深陷腐败而无力自拔。印度这个自称为世界上最大的民主国家，自独立以来，逐步由一般性腐败发展到政治腐败，再到制度性腐败，说明民主制度本身并不能自动遏制腐败，在一定条件下它还可能成为腐败的"催化剂"。❸

　　民主还可能陷入崩溃状态。民主崩溃"意味着政治权力从多数人手中转移到少数人手中，意味着自由民主程度的急剧下降和公民政治参与受到限制，意味着通过选举产生政治领导人方式被中断，意味着威权政体和高压统治的回归"❹。民主崩溃往往可能会改变一个国家数百万人甚至上亿人的命运，影响到一个国家的经济和社会状况，甚至是国际政治的格局。对民主崩溃的原因有以下几种解释，第一，强调阶级冲突与斗争因素，比如亚里士多德认为，贫富阶级的激烈冲突容易导致民主政体的崩溃。第二，

---

❶　王华. 政治民主与经济绩效：印度发展模式考察 [J]. 华东师范大学学报，2007 (2)：33.

❷　[英] 罗兰·博尔. 美国民主的根本局限 [N]. 王玉鹏，译. 人民日报，2015 - 08 - 15，第 10 版.

❸　刘长江，周忠丽. 民主与腐败：以印度为个案的研究 [J]. 江苏行政学院学报，2014 (6)：74.

❹　包刚升. 民主崩溃的政治学 [M]. 商务印书馆，2015：3.

强调经济因素，这种解释把经济发展、经济稳定或经济绩效作为主要变量，认为在经济危机频发、高通货膨胀、经济落后的社会，民主政体容易崩溃。第三，强调民主国家内部的分裂因素，这里的社会分裂指的是族群、宗教、语言、文化、地区等因素引起的社会集团之间的分歧、对抗和冲突。比如李普塞特认为，在西方国家，存在"中心—边缘"的地区分裂、"国家—宗教"的宗教与世俗分裂、"农业—工业"之间的部门分裂和"业主—工人"之间的阶级分裂等四种社会分裂❶。第四，不当的政治制度设计导致的民主崩溃，比如，林茨、萨托利等人认为，总统制与议会制、政党制度的不同会影响政体的稳定。第五，注重能动的因素，这种理论认为，政治行为者特别是政治家的战略与选择决定了民主政体是否会崩溃。❷

（二）政治的衰败

1965 年，美国政治学家塞缪尔·亨廷顿在《世界政治》杂志上发表《政治发展和政治衰败》一文，首次提出国家"政治衰败"的概念，亨廷顿认为，随着经济的现代化，政治体系将面临政治参与日益扩大的压力，如果其制度化水平无法容纳这部分政治参与的要求，就会出现不稳定和政治失控的衰败现象。❸ 三年后，亨廷顿又将国家政治衰败写入其名著《变化社会中的政治秩序》，在该书中，亨廷顿用"政治衰败"一词来解释第二次世界大战后许多新兴独立国家出现的政治动荡，他说，在这些国家里"种族和

---

❶ ［美］李普塞特. 一致与冲突［M］. 张华青，等译. 上海人民出版社，1995：176.
❷ 包刚升. 民主崩溃的政治学［M］. 商务印书馆，2015：18–32.
❸ Samuel Huntington. Political Development and Political Decay［J］. World Politics，1965（3）：17.

阶级冲突不断加剧；骚动和暴力事件层出不穷；军事政变接二连三；反复无常、个人说了算的领导人物主宰一切，他们常常推行灾难性的社会和经济政策；内阁部长和公职人员肆无忌惮地腐化；公民的权利和自由遭受恣意侵犯；政府效率和公务水平日益下降；城市政治集团纷纷离异；立法机关和法庭失去权威；各种政党四分五裂，有时甚至彻底解体"❶。政治动乱和暴力事件席卷全球，在亚非拉美等地普遍缺乏国民士气和公共精神以及体现公共利益的政治指导机构，政治秩序正在下降，政府的权威性、有效性和合法性正在遭到破坏，人们所见的不是政治的发展，而是它的衰败。

亨廷顿说他并不反对现代化，但是他把现代化过程看作是政治衰败的根源，他认为，在大多数处于现代化进程的国家中，缺乏流动机会、政治制度化程度低下与政治动乱、国家衰败之间存在正相关关系。他用几组公式将这种关系表达为：（1）社会动员/经济发展＝社会颓丧；（2）社会颓丧/流动机会＝政治参与；（3）政治参与/政治制度化＝政治动乱，他把这种政治不稳定的社会状态称为"普力夺"（Praetorian）社会❷。亨廷顿的上述见解大大改变了过去那种以为只有贫困才会导致动荡的看法，他强调，发展中国家必须把维持稳定的政治秩序摆在首要位置，构建强有力的政府，而且，政府构建的关键不在于政府的"形式"，而在于政府的"有效程度"。倘若一个政府缺乏权威、能力低下，则它"不仅仅是个弱的政府，而且还是一个坏的政府"❸。

---

❶ ［美］塞缪尔·亨廷顿.变化社会中的政治秩序［M］.王冠华，等译.上海人民出版社，2008：2－3.
❷ ［美］塞缪尔·亨廷顿.变化社会中的政治秩序［M］.王冠华，等译.上海人民出版社，2008：42.
❸ ［美］塞缪尔·亨廷顿.变化社会中的政治秩序［M］.王冠华，等译.上海人民出版社，2008：22.

根据亨廷顿的分析，世界各国的民主化运动经历了三次浪潮。从 1922 年算起，到 1990 年的第三次浪潮为止，已经产生了 58 个民主国家，但仍然有 71 个非民主国家（亨廷顿的统计不包括人口不足一百万的国家），自由化的波涛及其回潮呈现出一种进两步退一步的格局，到目前为止，每一次回潮都淹没了一些在前一次浪潮中过渡到民主政治下的国家。❶ 根据拉里·戴蒙德的统计，第三次浪潮中诞生的民主国家中，已经有 1/5 的国家发生了逆转，特别是近年来，向非民主政体转型的国家已经开始超过走向民主政体的国家，自 2000 年以来，全球至少有 22 个国家出现了民主崩溃的现象。❷

国家政治衰败的主题引发了学术界的长期的反响与关注，亨廷顿的弟子弗朗西斯·福山撰写了洋洋洒洒数千页的两卷本著作来讨论政治发展与政治衰败问题，并直接将其第二部著作命名为《政治秩序与政治衰败：从工业革命到民主全球化》。福山在书中认为，一个秩序良好的社会离不开国家构建、法治和民主问责制三块基石，而且这三块基石的顺序至关重要。

在 20 世纪 90 年代初苏联和东欧社会主义政权解体之际，福山在《历史的终结及最后之人》一书中曾经预言，自由民主制度大获全胜，成为"人类意识形态发展的终点"和"人类最后一种统治形式"，并因此构成了"历史的终结"，不是说自由民主制度就"不存在不公正或严重的社会问题"，而是它不存在"根本性的内在矛盾"，在这个时代我们"找不出比自由民主理念更好的意识形态"❸，

---

❶ ［美］亨廷顿. 第三波：20 世纪后期民主化浪潮［M］. 刘军宁，译. 生活·读书·新知三联书店，1998：25－26.

❷ 陈尧. 理解全球民主衰落［J］. 复旦学报，2015（2）：148.

❸ ［美］弗朗西斯·福山. 历史的终结及最后之人［M］. 黄胜强，等译. 中国社会科学出版社，2003：代序 1.

他认为西方现代民主形态实现了全球化的目标。在《政治秩序与政治衰败：从工业革命到民主全球化》一书中，福山一反 20 多年前关于自由民主是"历史的终结"的论调，强调通过国家构建形成强大政府是第一位的，因为那些尚未完成国家能力建设就进行民主化的国家无一例外地都遭到了失败。虽然福山仍然认为自由民主是未来的制度范式，但是他已经公开承认自由民主制度并非完美，它本身存在严重问题，不能把它看作是普世的东西。

　　福山首先分析了美国式民主制度存在的问题。美国政府是依附式体系，其中公共职务由政党分配，以依附主义为基础。他以美国林务局为例，当年，吉福德·平肖领导的林务局被视为美国官僚体系的黄金标准，因为他为训练有素的职业组织赢得了高度自主性，中心使命是国家森林的可持续利用，成员愿意为之奋斗。但是，一旦林务局单一的使命为潜在冲突的多项任务所取代，迫使它追求经常互相矛盾的不同目标，问题便露出端倪，林务局逐渐演变为一个各自为政、大而不当的烂摊子，成为各路依附者一再攫取的对象。❶ 福山认为美国的多项政治制度正步入衰败，个别政府部门出现功能性障碍。虽然这种障碍并不意味着美国开始了永久的衰落，也不意味着美国相对于其他国家实力的减弱；但是，要进行制度改革却困难重重，一旦改革可能会给政治秩序带来重大破坏。福山认为，对民主程序的崇拜高过对实质的崇拜，是政治衰败的重要来源。❷ 再如思想僵化、阻止改革的顽固政治权力不断增长等，也是政治衰败的重要原因。福山认为，与其他自由民

---

❶　[美] 弗朗西斯·福山. 政治秩序与政治衰败：从工业革命到民主全球化 [M].
毛俊杰，译. 广西师范大学出版社，2015：413–417.
❷　[美] 弗朗西斯·福山. 政治秩序与政治衰败：从工业革命到民主全球化 [M].
毛俊杰，译. 广西师范大学出版社，2015：494.

主国家相比，美国政治文化有三个主要的结构性特点❶：第一，相对于其他自由民主国家，司法机关和立法机关（包括两大政党所起的作用）一直在美国政府中发挥巨大作用，其代价是侵蚀行政权力。第二，利益集团的膨胀和游说集团的影响不仅扭曲了民主过程，而且破坏了政府有效运作的能力。第三，在联邦政府内政见不同、思想对立的情况下，最初目的是防止出现过于强大的行政权力的美国权力制衡制度，已经变成了一种否决政治；决策系统漏洞太多——民主过头，造成大量政治行为体可以用各种手段阻挠公共政策调整。总之，这三个结构性特点已盘根错节地交织在一起，影响了美国政府的效率，使美国国家能力面临下降的危险。

要避免政治衰败，使政治秩序运行良好，就必须使国家、法治和负责制这三个政治制度处于某种平衡之中。福山认为，"一边是有效强大的国家，另一边是基于法治和民主负责制的约束制度，将两者结合起来的自由民主制，要比国家占支配地位的政体更公正，更有助于自己的公民"❷。但是，如何实现这一平衡，各国应该采纳不同的方式来落实这些制度，美国的民主制度并非一种普遍模式。

（三）国家的失败

为了描述一些国家的政治不稳定、政府能力软弱的状态，西方学者创造出了诸如"软弱国家""失败国家"，乃至"崩溃国家"等术语。比如，威廉·扎特曼将"没有能力贯彻维持秩序、

---

❶ ［美］弗朗西斯·福山. 美国政治制度的衰败 [J]. 安桂芹，译. 当代世界与社会主义，2014（5）：124.

❷ ［美］弗朗西斯·福山. 政治秩序与政治衰败：从工业革命到民主全球化 [M]. 毛俊杰，译. 广西师范大学出版社，2015：492.

执行法律、善治及决策的基本职能"❶ 的国家称为"失败国家"。
而苏珊·莱斯认为"失败国家"是指"由于冲突、软弱无能的治
理以及国家崩溃，导致中央政府无法对其疆土内的重要组成部分
进行有效控制、无法提供重要服务的国家"。❷ 有学者描述了失败
国家的主要特征为：公权私人化、军队派阀化、暴力合法化以及
公共商品趋零化❸等。

　　"软弱国家"现象最早出现在一些发展中国家，诺贝尔经济学
奖获得者冈纳·缪尔达尔曾经专门研究过"软弱国家"问题，他
在《世界贫困的挑战》一书中指出，在发展中国家普遍存在"软
政权"❹ 现象，即缺乏立法和具体法律的遵守与实施，公务人员不
遵守交给他们的指令，并和权势集团勾结实行贪腐。

　　在《国家的视角——那些试图改变人类状态的项目是如何失
败的》一书中，斯科特认为，清晰但简单化的国家项目、极端的
现代主义、独裁的政治体制、羸弱的公民社会往往导致那些试图
改善人类状况的社会工程最后失败，甚至导致"国家的失败"。

　　著名经济学家德隆·阿西莫格鲁（D. Acemoglu）和詹姆斯·
罗宾逊（J. Robinson）在其著作《国家为什么会失败》中认为，
经济制度分为包容性经济制度和汲取性经济制度两种类型，包容
性经济制度注重保护产权、创造平等竞争的环境、鼓励知识与技
术投资，能够吸引、包容所有的人来参与经济的发展。汲取性经

❶ William Zartman. Collapsed States：The Disintegration and Restoration of Legitimate Authority［M］. Boulder，Co：Lynne Rienner，1995：50.

❷ Susan E. Rice. The New National Security Strategy：Focused on Failed States［J］. Policy Brief，2003（116）：2.

❸ 庄礼伟. 后冷战时代的失败国家课题［J］. 东南亚研究，2003（1）：52.

❹ ［瑞典］冈纳·缪尔达尔. 世界贫困的挑战［M］. 顾朝阳，等译. 北京经济学院出版社，1991：184.

济制度是少数人利用权力等特殊资源，从多数人那里获取利益，以满足个人或特殊利益集团的需要❶。在这个分析框架下，阿西莫格鲁和罗宾逊分析了不同国家成功或失败的历史过程。而且，由于现代经济越来越相互依存，如果欧洲现在崩溃，美国和世界其他国家同样有可能会崩溃。

二、极权主义与法西斯主义

极权主义（totalitarianism）一词出现在 1925 年，它最早是用于描述 20 世纪 20 年代的墨索里尼统治下的意大利法西斯主义，这一概念意味着"对整个社会的全面改造和全面控制，创造一种全面的生活观念以及一个有机统一的国家与社会"❷。弗里德里希与布热津斯基从比较政治的角度概括出极权主义统治的六个特征，即"人人必须遵从的官方意识形态、唯一的群众性政党、由政党或秘密警察执行的恐怖统治、对大众传媒的垄断、现代的人身与心理的控制技术、中央组织控制整个经济"，并指出只有同时具有这六个特征，才可以称为"极权主义统治"❸。

极权主义政治的思想由来已久，卡尔·波普尔将其来源一直追溯到柏拉图，他认为《理想国》里的正义概念与我们平时的理解大相径庭，柏拉图所说的公正其实是阶级特权，他认为，"在柏拉图对正义的定义后面，呈现出他的极权主义阶级统治的需要，以及他要使之变为现实的决心"❹。也有学者认为，在卢梭的政治

❶ ［美］德隆·阿西莫格鲁，詹姆斯·罗宾逊. 国家为什么会失败［M］. 李增刚，译. 湖南科学技术出版社，2015：10.

❷ 李强. 自由主义［M］. 中国社会科学出版社，1998：119.

❸ Carl Friedrich, Zbigniew Brezezinski. Totalitarian Dictatorship and Autocracy［M］. Praeger, 1967. 转引自：陈伟. 阿伦特的极权主义研究［J］. 学海，2004（2）：44.

❹ ［奥］波普尔. 开放社会及其敌人［M］. 陆衡，等译. 中国社会科学出版社，1999：178.

思想里也涌动着极权主义的暗流，罗素在他的《西方哲学史》中就写道，卢梭的《社会契约论》"里面的学说虽然对民主政治献嘴皮殷勤，倒有为极权主义国家辩护的倾向"❶。从 20 世纪五六十年代起，卢梭甚至被视为当代极权主义政治思想的鼻祖，人们甚至还勾勒出了一条以卢梭为起点，并经过康德、黑格尔发展，最后形成当代极权主义的线索。

　　在研究极权主义思想时，以色列学者塔尔蒙与众不同，他认为，极权主义并不是和民主相悖的东西，它只是民主的一种形式。他指出，民主主义包括两种类型，即"自由主义形式的民主制度和另一种我们建议叫做极权主义形式的民主制度"❷。作为一种社会的力量，极权主义民主主义已经延续了整整一百五十年以上，塔尔蒙给极权主义下了一个定义，"现代极权主义的民主主义政治是依靠民众热情支持的独裁主义政治，它完全不同于君权神授的独裁体制下或篡夺权力的专制下的暴君行使的绝对权力，因此，它是一种基于意识形态和大众热情的独裁统治"❸。塔尔蒙也将卢梭看成极权主义民主的始作俑者，他认为卢梭政治思想中至高无上的"公意"、人民主权原则和人民自我表达的原则三者结合，最终催生了极权主义民主；法国大革命期间的罗伯斯庇尔、圣鞠斯特和巴贝夫是卢梭极权主义思想狂热而偏执的践行者❹。塔尔蒙还从救世主义（Messianism，或译为弥赛亚主义）角度为极权主义

---

❶　[英] 罗素. 西方哲学史（下卷）[M]. 马元德，译. 商务印书馆：1996：268.

❷　[以] J. F. 塔尔蒙. 极权主义民主的起源 [M]. 孙传钊，译. 吉林人民出版社，2011：1.

❸　[以] J. F. 塔尔蒙. 极权主义民主的起源 [M]. 孙传钊，译. 吉林人民出版社，2011：7.

❹　[以] J. F. 塔尔蒙. 极权主义民主的起源 [M]. 孙传钊，译. 吉林人民出版社，2011：40－52.

民主提供了另一种解释，他认为政治救世主义是导致极权主义民主的内在动力。塔尔蒙区分了左翼极权主义和右翼极权主义，两派都认为高压的强制统治是极其必要的。左翼极权主义从人类理性和救世主义出发，认为人类的天性本质上是善的，具有一种完美性，他们把阶级和党派提高到相对极端的地位，并且坚信人们诉诸武力只是为了加快人类进步的步伐，最终以此达到至善至美与和谐统一的社会；右翼极权主义则宣称人性是软弱与腐败的，主张对穷人和难以驯服的人们实行严格的控制，还要对他们加以训练，他们的关注点在共同体、国家政权、民族或者种族等方面❶。

德裔美籍女思想家汉娜·阿伦特是另一位研究极权主义的重要学者，她的《极权主义的起源》更是研究极权主义的经典之作。阿伦特认为，极权主义不仅仅存在于第二次世界大战时期的德国、意大利等国，而是植根于现代社会之中，是政治现代性的极端形式，是西方文明崩溃的象征❷。要对极权主义进行理性批判，就必须对现代西方文明进程进行全面反思。在《极权主义的起源》一书中，她从反犹主义、帝国主义的渊源起开始清算，寻找极权主义的根源，因为反犹主义、帝国主义与极权主义有着内在逻辑的一致性。阿伦特指出，极权主义是人类政治史上一种全新的政府形式，"凡是在它崛起执政的地方，它建立全新的政治制度，摧毁一个国家所有的社会、法律和政治传统"❸。它具有以下特点：第一，极权主义是一种群众运动，极权主义运动的目标是组织群众，他们将阶级转变为群众，以群众取代政党，建立起一个暴民与精

---

❶ ［以］J. F. 塔尔蒙. 极权主义民主的起源［M］. 孙传钊，译. 吉林人民出版社，2011：8–10.

❷ 张汝伦. 极权主义和政治现代性［J］. 现代哲学，2005（4）：2.

❸ ［美］汉娜·阿伦特. 极权主义的起源［M］. 林骧华，译. 生活·读书·新知三联书店，2008：574.

英的短暂同盟❶。第二，极权主义用宣传来赢得群众，并且宣传与恐怖是相辅相成的，它用灌输代替宣传，以实现其意识形态的教条和谎言。意识形态的恐怖不在于它的宣传战，"它真正的恐怖在于它统治一群完全沉默的居民"❷。第三，极权主义的组织形式是全新的，在夺取权力之前，他们创建前锋组织，在前锋组织周围还环围着运动成员，并由此建立一条按层级组织起来的指挥链，此外，极权主义组织具有无限的流动性和可复制性，使之经常可以插入新的层级，确定新的战斗性程度❸。第四，它将绝对的、最高的权力集中于领袖一人，它是"一种现代形式的暴政，是一个毫无法纪的管理形式，权力只归属于一人"❹。它声称自己的所作所为严格遵从自然和历史法则，但是却极端蔑视法律（甚至包括自己制定的法律）。第五，在极权主义国家，警察尤其是秘密警察不断制造恐怖气氛，制造种族和阶级敌人，他们是极权国家权力的执行机构，为了实现对国家和社会的全面统治，他们选择以集中营和种族灭绝营作为实验室，以验证极权主义的基本理念。第六，极权主义还意图征服整个世界，将一切国家置于它们的统治之下，它们认为任何一个国家都可能是它们潜在的领土，极权主义的独裁者像一个外来征服者，将每一个国家（包括自己的国家）的自然财富和工业财富看作战利品，当作下一步侵略扩张的准备❺。

---

❶ ［美］汉娜·阿伦特. 极权主义的起源［M］. 林骧华，译. 生活·读书·新知三联书店，2008：524.

❷ ［美］汉娜·阿伦特. 极权主义的起源［M］. 林骧华，译. 生活·读书·新知三联书店，2008：443.

❸ ［美］汉娜·阿伦特. 极权主义的起源［M］. 林骧华，译. 生活·读书·新知三联书店，2008：471.

❹ ［美］汉娜·阿伦特. 极权主义的起源［M］. 林骧华，译. 生活·读书·新知三联书店，2008：575.

❺ ［美］汉娜·阿伦特. 极权主义的起源［M］. 林骧华，译. 生活·读书·新知三联书店，2008：524.

三、民族冲突与极端民族主义

有关统计显示，1989—2006 年，世界范围内共发生 122 场武装冲突，其中国家间冲突 7 场，内战 89 场，国际化的内战 26 场，在这些内战中，族群或民族冲突是最主要的形式。❶ 民族冲突主要有民族—民族冲突、民族—政府冲突等类型，它具有民族性、群体性和暴力性等特点。丹尼尔·拜曼认为，引发民族冲突的原因主要有四个方面：民族安全困境、民族地位忧虑、民族统治的愿望和精英竞争。❷ 民族安全困境的解释认为，为了实现安全和自我保护，民族个体和群体会时刻做好武力反击的准备，面对潜在威胁和危险。民族地位忧虑的解释认为，一些民族为了获得自身合法性、承认和地位，尤其是惧怕本民族文化灭绝或处于被统治地位，会引发某些民族成员或群体的抗争。民族统治愿望的解释认为，某些民族热衷于统治别人，将自己民族的语言、宗教和制度推崇为唯一官方的地位，并用暴力等手段予以保证，从而引发其他民族的反抗。精英竞争理论是引发民族冲突的个体因素，为了实现自己的个人利益或是整个民族的利益，政治精英在与对手的竞争中常常会打"民族牌"，从而制造敏感话题、激化矛盾。❸

19 世纪初期，在自由主义与民族主义旗号的召唤下，德国人和意大利人要求国家统一，波兰人要求重建自己的祖国，奥匈帝

---

❶ Lotta Harbom, Peter Wallensteen. Armed Conflict, 1989—2006 [J]. Journal of Peace Research, 2007, 44 (4): 624.

❷ Daniel L. Byman. Keeping the Peace, Lasting Solutions to Ethnic Conflicts [M]. Baltimore and London: The Johns Hopkins University Press, 2001: 13 – 44.

❸ 严庆，青觉. 从概念厘定到理论运用：西方民族冲突研究述评 [J]. 民族研究，2009 (4): 98 – 99.

国境内的匈牙利人要求自治，但是没有多少人意识到民族主义的内在危险，也没有看到自由主义与民族主义之间的内在矛盾与冲突。自由主义继承了启蒙运动所倡导的世界主义思想，主张普遍的自然权利应当超越一切民族的界限；而民族主义为了民族的尊严与利益，强调牺牲个人自由，忽视或践踏个人和少数民族的权利，并倾向于牢固控制人的思想，驱使人们走向政治极端主义。❶ 19世纪末20世纪初，民族主义的非理性主义、排他主义、神秘主义色彩进一步加重，民族主义者宣扬种族优越论、歧视别的民族，宣扬民族怨恨，用情感逻辑来解释民族问题，他们神化自己的使命，宣扬所谓的"圣战"，把建立单一种族国家当成最高目标。当种族主义、宗教主义、恐怖主义和法西斯主义等同流合污的时候，极端民族主义就产生了。极端民族主义大力推行种族的隔离、强制的同化、大规模的驱逐，甚至有计划的屠杀，它是点燃第一次世界大战的导火线，是二战中孕育纳粹德国种族灭绝主义罪恶的温床，是导致几百万犹太人惨遭屠杀的罪魁祸首。20世纪后期，在美苏争霸两极格局解体、多民族国家治理失败、全球化浪潮风起云涌的背景下，极端民族主义持续高涨，世界范围内的民族分裂主义、分离运动与国家裂变引发了苏联的解体、南斯拉夫的分裂、袭击美国世贸大楼的"9·11"事件、卢旺达种族大屠杀等。尤其在中东地区，历史的恩怨、民族的仇恨、利益的纠葛与国家的博弈交织在一起，造成了持续几十年的动荡，给中东人民带来无穷的灾难。

　　迈克尔·曼把种族清洗看作"现代大恶之一"，一方面，他认

❶　罗兆麟．"怨恨"与想象的共同体——现代性视域下的民族主义［J］．广西民族研究，2016（2）：38．

为种族清洗本质上是现代现象；另一方面，他认为它与民主有关，即民主总带有多数人对少数人暴政的可能。他说，"蓄意谋杀性清洗是现代现象，因为它是民主的阴暗面"❶。种族清洗现象在现代民族国家尤其突出，过去发生在欧洲的纳粹德国；现在则转移到了南方的索马里、卢旺达。在第二次世界大战中，希特勒纳粹政权共屠杀了将近 2000 万人，其中有 600 万是犹太人。20 世纪因为种族冲突而死亡的人数大约为 7000 万，远远超过前几个世纪的数字。此外，常规战争也越来越将敌对国家的全部人口作为敌人。而且，除非人类采取规避行为，它还会继续扩散，直到民主政权统治世界之后才能平息下来。

齐格蒙·鲍曼也指出，种族大屠杀是几个世纪以来宗教、经济、文化和民族仇恨发展史上的顶峰，"种族主义严格地说也是现代的产物，现代性使种族主义成为可能，现代性也使种族主义成为一种需要……简言之，种族主义就是前现代或至少是不完全现代斗争中所使用的彻头彻尾的现代武器"❷。他接着指出："只有在一个有完美社会的设计并通过有计划且持续不断的努力来实施这个设计的环境当中，种族主义才能盛行起来。在大屠杀的例子中，这个设计就是千年德意志帝国——自由的日耳曼精神王国。"❸ 种族主义与现代性的世界观和实践观活动至少在两个方面有着重要的共鸣：第一是科学理性的膨胀，启蒙运动打倒了迷信和神话，

❶ ［美］迈克尔·曼. 民主的阴暗面：解释种族清洗［M］. 严春松，译. 中央编译出版社，2015：2.

❷ ［英］齐格蒙·鲍曼. 现代性与大屠杀［M］. 杨渝东，等译. 译林出版社，2011：83.

❸ ［英］齐格蒙·鲍曼. 现代性与大屠杀［M］. 杨渝东，等译. 译林出版社，2011：88－89.

科学成为唯一的正统信仰，科学家成为先知和神父，种族主义运用各种科学手段来证明种族之间存在优劣，比如"科学种族主义"创始人戈比诺就将黑人描写成智力低下、色欲过度、粗鲁野蛮的暴徒，将白人描写成热爱自由和荣誉的人。第二是现代社会加强了对自然和自身的积极管理，鲍曼描写了一种现代"园艺"的国家观，统治者可以像除草一样清除人类社会那些"有害"或"病态"的元素。大屠杀还与现代官僚体系紧密联系在一起，正是由于官僚体系的工具理性精神和细致的内部劳动分工，才能完成大屠杀这项庞大而复杂的社会工程。第三，大屠杀最震撼我们心灵的，或许不是被屠杀的命运也有可能落到我们身上，而是想到，我们也可能去进行屠杀；过去我们有可能这样做，如果有适当的条件，现在我们仍有可能这样做。❶

四、正义与非正义战争

战争是政治的继续，也是暴力的最高表现形式，"一切文明都免不了经历战争"❷。但是战争并非单纯的暴力行为，而是体现这种暴力行为的社会关系。"战争是一种制度，而不仅仅是一系列相互脱节的事件。"❸ 马克思、恩格斯在考察战争起源问题时，揭示了私有制是战争的根源。私有制以社会财富的分割方式决定着社会结构和人们的社会地位，规定着不同社会集团之间的利益关系。私有制本身就是一种社会结构，就是一种社会秩序。在阶级社会，

❶ 黄忠晶. 评鲍曼的《现代性与大屠杀》[J]. 开放时代，2004（4）：157.
❷ ［美］斯坦利·霍夫曼. 当代国际关系理论 [M]. 林伟成，等译. 中国社会科学出版社，1990.
❸ ［加］卡列维·霍尔斯蒂. 和平与战争 [M]. 王浦劬，等译. 北京大学出版社，2005：57.

阶级关系是社会关系的具体形态，阶级矛盾是社会矛盾的具体内容，表现为暴力冲突的战争实质上是社会阶级关系调整。在以现代民族国家为基本单位的国际社会中，阶级矛盾表现为国家间的矛盾，阶级之间的利益冲突表现为国家间的利益冲突，这种冲突或战争实质上是以建立国际新秩序为背景的。战争的本质相应地也从阶级政治转变为国际政治。因此，社会秩序或国际秩序是理解战争本质的一个重要坐标系。

战争的正义性与非正义性取决于战争的最终目的。所谓"得道多助、失道寡助"，正义的战争符合历史发展趋势，符合人民根本利益，也可以促进社会历史进步。历史上的殖民主义、霸权主义为了扩张自己的势力范围，发动了无数次对其他国家的侵略战争；当代民族分裂主义、宗教极端主义和国际恐怖主义与和平、发展的历史潮流背道而驰，有损于多民族国家的共同利益和长远利益，有碍于社会的和谐、进步和发展，因而是非正义的。

历史上的战争不外乎国家与仍处于前国家社会的民族之间的战争、一国内部直接或间接围绕国家政权所进行的国内战争、国家与国家之间因利益对抗所引发的国际战争三种主要类型。❶ 就其起源而言，它们都是秩序冲突的产物。首先，就国内战争而言，其根源在于各个社会集团的实力格局构成了对现有国家秩序的挑战，从而需要借助战争的破坏性作用，实现以政权更迭的方式重建适应新格局的国家秩序。这是问题的一个方面。从另一方面来看，国家要避免战争的破坏性作用，就要以合理的国家秩序对各个社会集团所拥有的实力资源进行整合，尤其是通过抑制既得利益集团，将各个社会集团控制在共存的范围之内。其次，就国际战

---

❶ 商景龙. 战争的秩序意义 [J]. 军事历史研究，2007（2）：175.

争而言，私有制这个战争根源表现为不合理的国际秩序，而不合理的国际秩序引发的矛盾和冲突在一定条件下就会转变为战争。

马克思主义认为，战争是阶级矛盾不可调和的产物。在阶级社会里，政治主要是指阶级之间的相互关系和斗争，任何政治斗争都是阶级斗争，而一切阶级斗争也都是政治斗争；同时，政治又是经济集中的表现，政治斗争是基于物质利益的对立冲突和"围绕着经济解放而进行的"阶级斗争。阶级社会中的战争"根本是为着十分明确的物质的阶级利益而进行的"❶。

战争不仅是旧秩序的破除者，而且是和平的缔造者。美国学者爱德华·鲁特瓦克（Edward Lutwack）在《战略——战争与和平的逻辑》一书中论述了战争与和平的逻辑问题，他认为，战争是和平的起源，而和平又可以通过各种方式成为战争的起源。战争对和平的影响在于，"战争造成的破坏虽令人哀叹，但是它导致了和平的到来"。同时，和平可以通过多种方式成为战争的起源，"和平环境（无战争状态）有时能够制造战争的前提条件……在历史上，和平环境常常引起人口成分、文化、经济和社会的变革，它们破坏了战争力量的平衡与和平赖以存在的集体自我形象的平衡，于是从和平走向战争"❷。

人类历史上经历了无数次大大小小的战争，20 世纪更是经历了两次惨绝人寰的世界大战，永久地、彻底地废弃战争成为一切爱好和平的人们坚定的决心。1945 年《联合国宪章》强调，"欲免后世再遭今代人类两度身历惨不堪言之战祸……保证非为公共利

---

❶ 马克思恩格斯文集（第 2 卷）［M］. 人民出版社，2009：235.
❷ ［美］爱德华·鲁特瓦克. 战略：战争与和平的逻辑［M］. 军事科学院外国军事研究部，译. 解放军出版社，1990：57–60.

益，不得使用武力"❶，除非民族解放、安理会授权的行动和自卫
等三种特殊情况，禁止在国际关系上使用武力或以武力相威胁，
一切以战争方式推行霸权主义和强权政治的行径都将会遭到全世
界人民的抵制、谴责和制裁。

第三节　全球化时代的挑战

托马斯·弗里德曼认为，全球化经历了三个伟大时代，他把
1492—1800 年的全球化看作 1.0 版，1800—2000 年的全球化称为
2.0 版，那么，进入 21 世纪后的全球化已经进入 3.0 版，这个时
代的世界成为一个平坦的地球村。在全球化 1.0 时代的动力是国
家，全球化 2.0 时代的主要动力是跨国公司，全球化 3.0 时代的主
要动力是个人在全球范围内的合作与竞争，这赋予了它与众不同
的新特征❷。当代世界正处于从传统的工业经济向知识经济、虚拟
经济和数字经济急剧转型的历史过程当中。全球化给政治关系与
国际交往带来深刻影响，尤其对现代国家主权的发展变迁影响最
为深远，同时对民族文化与国家认同也提出了新的挑战。

一、技术革命与经济全球化

经济全球化的起点大约可以追溯到 500 年前，美洲大陆的发现
改变了人类对地球的认知，也引发了人类的交往革命，人类的经
济活动由于世界市场的出现而首次被广泛地联系在一起，经济全

---

❶ 许光建.《联合国宪章》诠释 [M]. 山西教育出版社，1999：680.
❷ ［美］托马斯·弗里德曼. 世界是平的 [M]. 何帆，等译. 湖南科技出版社，
2006：8 - 10.

球化的种子进入萌芽期。

18 世纪 60 年代以后，欧洲爆发了第一次工业革命（技术革命），开创了机器取代手工业的时代，资本主义生产方式在全球确立了统治地位。在追逐利润的驱动下，各个资本主义列强凭借其强大的经济、政治和军事力量，将世界带入了殖民主义时代，暴力扩张模式下的经济全球化格局初步形成。马克思和恩格斯深刻地指出这一时期的革命性变化，"由于开拓了世界市场，使一切国家的生产和消费都成为世界性的了。……过去那种地方的和民族的自给自足和闭关自守状态，为各民族的各方面的互相往来和各方面的互相依赖所代替了。物质的生产是如此，精神的生产也是如此……"经济的发展必然导致财富的集中，财富的集中必然会加强政治的集中，最终形成"统一的政府、统一的法律、统一的民族利益和统一的关税的统一的民族"。❶ 此后的经济全球化进程与技术革命就变得密不可分、形影不离，每一次新技术的开发和革新都推动世界市场的扩张，市场的开拓反过来又促进了新技术的加速发展。

19 世纪 70 年代后开始了第二次科技革命，这次科技产业革命以重化工业为主，包括电力、钢铁、化工、铁路等行业都获得了很大发展，并促使资本主义完成由自由竞争向垄断阶段的过渡。尤其是电信技术的发展，极大地便利了人们的交往，把整个世界经济连成一体。在垄断资本主义阶段，资本输出逐渐取代商品输出，成为帝国主义对外扩张的重要手段，极大地促进了资本国际化的迅速发展。列宁指出，帝国主义时代就是"一个同'资本主义发展的最新阶段'即金融资本密切联系的世界殖民政策的特殊

---

❶　马克思恩格斯选集（第 1 卷）[M]．人民出版社，2012：404－405.

时代"❶。随着资本主义列强将世界各国领土瓜分完毕，资本主义殖民体系囊括了全世界，世界市场进一步被开拓，一个庞大的世界市场体系全面形成。

第二次世界大战之后，尤其是在 20 世纪 80 年代以后，在科技与产业领域又发起了第三次革命，尤其在计算机、互联网、原子能、新材料、生物技术和人工智能的推动下，世界经济出现几大特点：第一，知识经济时代的到来。人类创新活动所创造的信息、知识与技术呈现爆炸式的增长，伴随经济全球化而来的是知识经济新时代。所谓知识经济（knowledge economy），按照经济合作与发展组织（OECD）1996 年出版的《以知识为基础的经济》一书的解释，是以知识为基础的经济，它直接依赖于知识的生产、分配和应用。知识经济是 OECD 的提法，美国国会称为数字经济，美国前总统克林顿和美联储前主席格林斯潘称为新经济。知识经济主要有以下几个特征：以知识为基础的产业在产业结构中占主体地位，与知识有关的因素在经济增长中起主导作用，知识对生产力的构成有关键影响，知识在产品成本中占显著比重❷。据估算，近 50 多年来，人类所取得的科技成果总量，比过去两千年的成果总和还要多。当前人类科学知识的 90% 是第二次世界大战后获得的。❸

第二，数字经济和智能经济时代正在到来。以计算机的发明引发的信息技术革命，是人类历史上最伟大、最具颠覆性的技术革命。互联网、大数据、云计算、人工智能等技术飞速发展，让全球经济联系也更加紧密，更加快捷。这不仅改变了人类的生产

---

❶ 列宁选集（第 2 卷）［M］. 人民出版社，1995：647 - 648.

❷ 成思危. 经济全球化与中国的应对［J］. 中国软科学，2001（3）：8.

❸ 曾祥基. 新科技革命的特点与经济全球化趋势［J］. 成都大学学报，2000（3）：1.

方式，而且改变了人类的生活方式。如果说蒸汽机革命是将人类
从繁重的体力劳动中解放出来，那么计算机革命是将人类从复杂
的脑力劳动中解放出来。虽然现在人工智能技术仍然处在发展的
早期阶段，但是它必将在推动科技进步和经济全球化方面发挥更
大的作用。

　　第三，虚拟经济也成为当代世界经济的重要组成部分。虚拟
经济有三类范畴，包括以金融平台为主要依托（如证券、期货、
期权等虚拟资本）的交易活动（fictitious economy），以信息技术
为工具所进行的虚拟经济活动（virtual economy），用计算机模拟
的可视化经济活动（visual economy）❶。虚拟经济有"闲置货币变
成生息资本，生息资本的社会化，有价证券的市场化，金融市场
的国际化及国际金融的集成化"五个主要发展阶段❷。它具有高度
流动性、高风险性、高投机性和不稳定性等特点。虚拟经济根植
于实体经济，是市场经济高度发达的产物。虚拟经济过度膨胀会
引致泡沫经济，损害实体经济的发展，如金融危机就是虚拟经济
系统崩溃的表现。实体经济与虚拟经济之间发展的均衡，是检验
一个国家治理体系和治理能力现代化的重要标志之一❸。

　　虽然当代世界正处于从传统的工业经济向知识经济、数字经
济和虚拟经济急剧转型的历史过程当中，但是经济全球化并不是
一个纯粹的技术和经济过程，是市场经济机制超越现代国家的界
限在全球范围内不断拓展和深化的结果，是世界各国政治和文化
在全球范围内交流与互动的结果。

---

❶　成思危. 虚拟经济的基本理论及研究方法［J］. 管理评论，2009（1）：3.
❷　成思危. 虚拟经济与金融危机［J］. 管理科学学报，1999（1）：1－2.
❸　刘志彪. 实体经济与虚拟经济互动关系的再思考［J］. 学习与探索，2015（9）：
　　82.

但是，并非所有人都从全球化中受益，反全球化（或称逆全球化）几乎是全球化的孪生产物，当人们还在欢呼经济全球化到来之际，对全球化质疑的声音差不多同时响起，到20世纪90年代已成气候。1999年11月在美国西雅图世界贸易组织部长会议期间爆发的大规模的反全球化游行示威，被认为是反全球化运动的标志性事件。2008年后，随着全球金融危机的爆发，反全球化的声音越来越大。

经济全球化的理想状态是建设一个没有国界的世界，实现商品、技术、资本和人员的自由流动。但是我们目前已经看到，许多方面都面临阻碍：首先是贸易保护主义重新抬头，多边贸易体制步履维艰，美国甚至多次扬言要退出WTO。其次是发达国家对发展中国家实现技术封锁，实现"小院高墙"政策，以保持其技术垄断地位。再次是资本方面，货币已经成为各国进行经济战争的手段，尤其是美国利用其美元的垄断地位，转移国内经济风险，制造金融危机，直接摧毁一些弱小国家的金融体系。最后是人员流动方面，受战乱、灾荒等原因的影响，移民和难民数量激增，给流入国带来较大压力，欧美国家反移民、反难民情绪不断增强。以至于有人说，虽然为全球化摇旗呐喊的人很多，但是世界肯定不是平的，也不可能是平的。❶

二、新殖民主义、霸权主义与新帝国主义

全球化是一种影响世界历史的整体性变迁过程，它不仅开创了世界经济的全新局面，而且给政治关系与国际关系带来了深刻影响。其中，全球化对民族国家发展变迁的影响最为深远，"所有

---

❶ ［英］简世勋（Stephen D King）. 世界不是平的［M］. 于展，译. 北京：中信出版集团，2019：8.

从现代社会传下来的政治和哲学概念现在都面临危机：从主权到现代国家，从公民身份到工人阶级；从边境到移民；从政治主体到斗争的大众化，从依附理论到第三世界理论等"❶。

　　第二次世界大战以后，民族独立与民族解放运动风起云涌，全球殖民主义体系最终走向解体。但是发达资本主义国家仍然竭尽全力保持对原殖民地国家的政治、经济与文化的影响与控制，殖民主义发展成为新殖民主义。还在 1965 年，克瓦米·恩克鲁玛就尖锐地指出，"新殖民主义的实质是，在它的控制下的国家从理论上说是独立的，而且具有国际主权的一切外表。实际上，它的经济制度，从而它的政治政策，都是受外力支配的"❷。在新殖民主义的控制与剥削下，世界上贫富国家之间的差距不是缩小而是不断扩大。

　　霸权是指"在国际关系中以实力操纵或控制别国的行为"❸。沃勒斯坦曾经指出，资本主义制度从诞生之日起就是一个由中心区、边缘区、半边缘区组成的世界体系，如果一个国家可以在生产、销售、金融等方面同时优于其他中心国家，就会形成霸权。霸权周期可分为霸权的上升、胜利、成熟及衰落四个阶段，霸权的形成也不是一成不变的，它会出现经济扩张与经济衰落的周期性循环，处于不断的竞争与变动中，自从资本主义世界体系出现以来，出现了荷兰、英国和美国三个霸权国家❹。霸权主义则"主

❶　[意] 安东尼奥·内格里. 超越帝国 [M]. 李琨, 等译. 北京大学出版社, 2015：11.

❷　[加纳] 克瓦米·恩克鲁玛. 新殖民主义：帝国主义的最后阶段 [M]. 北京编译社, 译. 世界知识出版社, 1966：1.

❸　中国社会科学院语言研究所词典编辑室. 现代汉语词典 [M]. 商务印书馆, 2002：21.

❹　[美] 沃勒斯坦. 现代世界体系（第 2 卷）[M]. 吕丹, 等译. 高等教育出版社, 1998：45.

要指大国、强国凭借其军事和经济实力，欺侮、压迫和支配小国、弱国，妄图在世界上称王称霸的政策"。❶ 霸权与霸权主义并不完全相同，但存在相当紧密的联系，霸权构成了推行霸权主义的物质基础，但是推行何种程度的霸权主义政策则取决于多方面的因素。❷ 判断一个国家是否是霸权主义国家的核心标准不仅在于其力量之强弱，还在于其对外是否奉行扩张性、强权性政策。❸

二战结束后，国际关系的格局是美苏争霸的两极格局，但是随着 1991 年苏联的解体，全球格局也发生了重大变局，美国以其强大的实力独霸全球。进入 21 世纪以后，美国开始不断自我膨胀，公开宣称自己是全球"唯一的帝国"，推行所谓"新帝国主义"。美国以其强大的军事、政治和经济力量为后盾，干涉别国内政，充当世界警察，在全世界巧取豪夺。仅以军事侵略为例，据美国塔夫茨大学的研究报告《军事干预项目：1776 年至 2019 年美国军事干预的新数据集》显示，1776—2019 年，美国在全球进行了近 400 次军事干预，34% 针对拉丁美洲和加勒比地区，23% 针对东亚和太平洋地区，14% 针对中东和北非地区，13% 针对欧洲地区。❹

事实上，自从迈克尔·哈特和安东尼奥·奈格里两位学者的《帝国：全球化的政治秩序》一书出版以后，国际学术界关于"新帝国主义"的讨论热度就不断提高。在该书中，哈特和奈格里认

---

❶ 中国社会科学院语言研究所词典编辑室．现代汉语词典［M］．商务印书馆，2002：22．

❷ 王缉思．美国霸权的逻辑［J］．美国研究，2003（3）：9．

❸ 杨晶滢，张高胜．霸权主义：理论辨析、历史演进及新发展［J］．国际研究参考，2019（6）：37．

❹ 新华社．美国的霸权霸道霸凌及其危害［N］．人民日报，2023－02－21，第 17 版．

为，在帝国主义衰落的今天，出现了一条通向帝国之路，帝国是一个开放的、不断扩张的统治机器，它将整个全球版图整合起来，它一方面包含现代国家，同时又超越现代国家。与帝国主义相比，"帝国不建立权力中心，不依赖固定的疆域和界限。它是一种无中心、无疆域的统治机器。在其开放的、扩展的边界中，这一统治机器不断加强对全球领域的统合"❶。这是一个不同于帝国主义和古代帝国的新帝国：以英国为代表的君主制，以其他发达国家和跨国财团所代表的贵族制以及由边缘性的民族国家和非政府组织所代表的民主制，正是这三个层级构成了新的帝国秩序❷。但是，该书认为，新帝国又是一个遍及全球的松散网络，无论哪个国家都只是网络上的一部分，没有哪个国家可以用过去曾经有过的方式成为世界的领袖。在全球化时代的今天，包括美国也不能，"而且确实一个民族—国家今天不能成为帝国主义者计划的中心"❸。理论界对该书的评价褒贬不一，比如齐泽克高度赞扬它，称之为一本"旨在为21世纪重写《共产党宣言》的书"❹；但是也有马克思主义左派认为它是一派"全球胡言"❺；杰索普认为，该书本质上是自由主义的，它是对美国世界霸权的辩护，是一种后马克思主义的全球意识；奥斯丁认为，该书是一个后现代的革命理论；

---

❶ ［美］迈克尔·哈特，［意］安东尼奥·奈格里. 帝国：全球化的政治秩序［M］. 杨建国，等译. 江苏人民出版社，2008：2 – 3.

❷ 王行坤. 帝国时代的"大同书"——《大同世界》中译版代序［J］. 文艺理论与批评，2015（2）：99.

❸ ［美］迈克尔·哈特，［意］安东尼奥·奈格里. 帝国：全球化的政治秩序［M］. 杨建国，等译. 江苏人民出版社，2008：4.

❹ ［斯洛文尼亚］齐泽克. 哈特和奈格里为21世纪重写了《共产党宣言》吗？［A］//何吉贤，译. 帝国、都市与现代性. 罗岗主编. 江苏人民出版社，2006：84.

❺ 周穗明. "新帝国主义论"及其批判述评［J］. 国外社会科学，2004（3）：36.

卡利尼克斯认为，该书是一部既有重要理论价值，又有深刻缺陷的著作。❶

一般认为，"新帝国主义"的概念是 2002 年时任英国外交政策高级顾问罗伯特·库珀在分析"9·11"事件的影响的时候最先提出的。接下来，西方左翼学者先后加入这一讨论行列。如 J. B. 福斯特先后发表几篇关于帝国主义的论文：《帝国主义和〈帝国〉》《重新发现帝国主义》《帝国主义的新时代》，大卫·哈维发表《新帝国主义》，艾伦·伍德发表《资本的帝国》等。他们认为，当代全球化的本质是垄断资本主义的全球化，新帝国主义的本质特征在于资本积累的无限扩张。只不过，过去旧式的帝国主义主要采取的是野蛮的政治军事侵略手段，而新帝国主义则更多地运用经济强制手段进行全球的资本扩张，但是它们的根本目的都是维护其全球的霸权地位。

三、多元文化的冲突与认同

在经济全球化迅猛发展的过程中，各个国家、民族之间的文化联系日益紧密，文化发展逐渐呈现出多元化的态势。有人认为，多年来我们关于民族文化的讨论主要是在"传统—现代"的框架中进行的。现在看来，有必要将这一框架置入"全球化—民族化"这一更大的视野或框架中来考察❷。

第一，全球化为民族文化的发展提供了难得的机遇。全球化可以开阔人们的文化眼界，使人们以一种全新的视野来环顾世界，并寻找本民族文化在世界中的定位，现代通信的便捷、网络的开

---

❶ 汪行福.《帝国》：后现代革命的宏大叙事 [J]. 当代国外马克思主义评论，2007：364.
❷ 丰子义. 全球化与民族文化的发展 [J]. 哲学研究，2001 (3)：11.

发，加强了不同文化形态间的接触与对话，促进了世界性的文化
共享，日新月异的技术条件，可以为濒临灭绝的传统文化提供更
多的保存手段。

第二，全球化也造成了现代性与传统文化的断裂。现代性通
过启蒙与反思，彻底批判与否定传统，使之成为适应现代生活方
式的新文化。这种新文化，"在外延上看，它确立了跨越全球的社
会联系方式；从内涵上看，它改变了我们日常生活中最熟悉和最
带有个人色彩的领域"❶。总之，从"现代性时代到来的绝对速度，
现代性变迁的无限制的范围，以及现代制度的崭新结构特质，均
使得现代性体现出从传统的社会秩序分离出来的断裂特征"❷。但
是，现代性与传统的关系是密不可分、血肉相连的，任何现代性
的文化一定能找到其历史的渊源。刻意割裂现代性与传统的联系，
强调二者之间的对立，最终会堕入历史虚无主义的泥坑。

第三，全球化既造成了文化的冲突，也促进了文化的对话与
共存。全球化带来交往的增加，同时也带来了不同民族、不同文
化、不同宗教之间的碰撞，这种现象在当代尤为剧烈。塞缪尔·
亨廷顿在《文化的冲突与世界秩序的重建》中把当代世界的文明
分成八种类型，他认为，现代国际关系的主体已经由以前的民族
国家变成文明的核心国家；各文明的力量对比正在发生变化，西
方文明正在衰落，非西方的文明（如亚洲文明和伊斯兰文明）正
在上升，人类正在经历文明的冲突；文明之间的冲突一般有两种
形式，"在地区或微观层次上，不同文明的邻国或一国内不同文明

---

❶ ［英］安东尼·吉登斯. 现代性的后果［M］. 田禾，等译. 凤凰出版传媒集团，
2011：4.
❷ 任剑涛. 现代性、历史断裂与中国社会文化转型［J］. 厦门大学学报，2001
（1）：60.

的集团之间的断层线冲突……在全球或宏观层次上，不同文明的主要国家之间的核心冲突"❶。亨廷顿的"文明冲突论"引起了国际社会的热烈反应，有人对"文明冲突论"提出不同看法，比如杜维明认为，文明之间不应只有冲突，要推动全球化条件下的文明对话。再比如费孝通认为，每个文明中的人要对自己的文明进行反省，做到有自知之明的"文化自觉"，同时要尊重文明的多样性，做到"各美其美，美人之美，美美与共，天下大同"❷。2017年，习近平主席代表中国政府在联合国日内瓦总部发表了题为《共同构建人类命运共同体》的主旨演讲，提出要建立"人类命运共同体"的想法。主张坚持对话协商，建设一个持久和平的世界；坚持共建共享，建设一个普遍安全的世界；坚持合作共赢，建设一个共同繁荣的世界；坚持交流互鉴，建设一个开放包容的世界；坚持绿色低碳，建设一个清洁美丽的世界。❸

　　第四，西方文化利用其资本和技术优势推行其文化霸权。有些人认为，在全球化时代，文化战略在国际竞争中至关重要，谁的文化成为国际的主流文化，谁就是国际权力斗争的最后赢家，"政治上的生命力、意识形态上的灵活性、经济上的活力和文化上的吸引力，变成了决定性因素"。❹ 因此，西方国家利用其雄厚的资本、发达的技术与成熟的文化产业，向发展中国家输出形式多样的精神文化产品，宣扬西方的生活方式、价值理念和意识形态，

---

❶ ［美］塞缪尔·亨廷顿. 文明的冲突与世界秩序的重建［M］. 周琪，译. 新华出版社，2009：194－195.

❷ 费宗惠，张荣华，编. 费孝通论文化自觉［M］. 内蒙古人民出版社，2009：262.

❸ 习近平. 习近平谈治国理政（第二卷）［M］. 外文出版社，2017：541－544.

❹ ［美］布热津斯基. 大棋局［M］. 中国国际问题研究所，译. 上海人民出版社，1998：9.

进行文化渗透，构建文化霸权。从而使发展中国家丧失文化独立性，对发展中国家文化安全提出严峻的挑战。

　　第五，全球化时代国家认同与文化认同变得困难重重，全球化引发了现代国家的合法化危机或认同危机。查尔斯·泰勒认为，认同问题是哲学的基本问题。吉登斯认为，在很多时候，国家认同是通过自己的敌人相互塑造出来的，比如英法百年战争塑造了两国的国家认同，以前的国家认同建立在领土分割的基础上，在后现代的全球化时代，领土分割已不再具有同等重要的意义。因此，要像寻找自我认同一样去寻找国家认同。❶ 在当代世界，现代国家的认同危机根源于国家治理的失败，现代国家内部治理的失败，不仅会导致国家合法性危机，还会引发解构现代国家的严重后果。

---

❶　［英］安东尼·吉登斯. 全球化时代的民族国家［M］. 郭忠华，编译. 江苏人民出版社，2010：13－20.

　第五章

现代国家的未来走向

　　人类历史上已经出现过多种国家形态，如古代的城邦、王国，中世纪的专制主义帝国以及近代出现并发展至今的民族国家。安东尼·吉登斯指出，从 19 世纪到今天为止，民族国家是一种"无可抗拒的政治形式"❶。族群古已有之，但民族却是近代的现象，甚至是人们"想象"出来的产物。国家也古已有之，但民族国家却是现代的产物。民族国家从西欧发端，席卷全世界，它适应了工业文明的发展需求，强力地把全世界每一个角落都纳入地球村，同享技术发展成果，把人类推向一个崭新的发展阶段。"民族国家"的形态只是历史长河中的一朵浪花而已，也许它不是国家的最终发展形式，但是却是迄今为止发展得最绚丽多彩的一种国家统治形式。黑格尔说过，任何成熟的历史形态都将走向衰弱。那么在全球化来临的今天，现代的民族国家将

---

❶ ［英］吉登斯. 民族－国家与暴力［M］. 胡宗泽，等译. 生活·读书·新知三联书店，1998：305.

走向何方呢？它是否即将走向终结？还是会出现新的形态？自斯宾格勒提出"西方的没落"的命题后，关于文明发展趋势的反思越来越多，关于民族国家体系未来走向的话题也留给我们无限的思考。

第一节　世界文明进程中的民族国家

一、民族国家：终结还是超越

经济全球化给世界秩序带来了全方位的改变，对民族国家的政治、经济与文化等带来了巨大的冲击，也引发了人们对民族国家未来命运的思考。

在政治方面，自 1648 年《威斯特伐利亚和约》签订以后，现代民族国家"对内享有至高无上的国内统治权，对外享有完全独立的自主权"的原则得到全世界的公认。国家主权观念也随着全球化进程的推进而不断演化，在经济全球化与国家主权的关系问题上，至少出现了以下几种有代表性的新国家主权观❶：第一，民族国家"终结论"或"主权过时论"，这种观点认为全球化破坏了国家的自主性，国际政治的"后威斯特伐利亚"时代已经来临，国家主权论已经过时，民族国家正在终结。第二，国家主权"强化论"，这种观点认为全球化不仅没有终结民族国家，也没有削弱现代国家的地位，相反，全球化时代国家主权的属性和功能得到了前所未有的增强。全球化本身就是由国家推动的，这正好是国

❶　俞可平. 论全球化与国家主权 [J]. 马克思主义与现实, 2004（1）：7 – 12.

家功能得到强化的证明。第三，国家主权"弱化论"，虽然国家主权仍然存在，仍然在国内政治生活和国际事务中处于核心地位，但是国家主权遭到了全球化的强烈冲击，已经被严重削弱，不再具有先前的那种绝对性和至高无上性。第四，国家主权"多元论"，国家主权从来就不是一元的，而是多元的；至高无上的、绝对的和不可分割的国家主权只是一个现代的偶像和政治神话。第五，"新帝国主义论"和"新帝国论"，其中新帝国主义论是西方右翼学者为霸权主义进行辩护的理论，而新帝国论则是西方左翼学者反对霸权主义的理论。此外，还有"世界政府论"和"全球治理理论"等。

自第二次世界大战以后，尤其是 20 世纪 90 年代以来，全球化进程在以下几个方面改变着现代国家的主权。第一，国际行为主体的多元化。跨国公司、国际组织和区域集团等超国家组织兴起并在国际交往中发挥了重要作用。首先，在当代全球经济活动中，跨国公司不仅是经济全球化过程中最重要的载体，也在一定程度上影响着现代国家的国内政治。在资本和利润的驱动下，跨国公司通过操控资本、产品、通信和技术，冲破一切领土和主权的束缚；而现代国家也在经济发展的压力下，吸引来自跨国公司的资本，甚至调整本国的权力结构或国内政策，无论怎样的做法，都表示着国家主权在跨国公司利益驱动与压力下的退让。其次，各种全球性国际组织的影响，诸如联合国、世界贸易组织、国际货币基金组织、世界银行等，特别是联合国及其相关机构，也在不断超越各主权国家的传统边界，影响着现代国家的国内政治经济进程，并在全球治理中发挥着至关重要的作用。再次，各种国家间组织，比如欧盟、东盟等，在区域经济与政治，乃至全球政治中产生巨大的影响，尤其是欧盟不仅有统一的货币和统一的银行，甚至还有统一的议会机构等，正朝着欧洲一体化的目标一步一步迈进。吉登斯认为，尽管欧盟模式存在着潜在的问题，但是可能成为世界其他地方潜在的治理模式。欧盟尝试保留国家认同，保留国家主权，但同时又尝试建立一个能够应对多水平治理的组织；它在最大限度上克服了民族之间的矛盾，而且保留国家认同的同时依然建立了欧盟的集权。❶ 欧盟意味着在一个更加广泛、更加全球化的框架内国家主权的行使发生了转变。最后，非政府间国际组织作为影响国际事务的一支重要政治力量正在崛起，并广泛参与国际事务，掀起了"全球结社革命"，扮演着参与者、服务者和监管者等角色。

第二，主权行使权从单一主体独享到多主体共享。在传统民族国家中，一国之内的主权具有绝对性、权威性、不可分割性和不可转让性，这一特性不仅体现在主权归属方面，也体现在主权行使方面。在当代国际舞台上，由于跨国公司、国际组织和区域集团等新主体的兴起，改变了国家主权的存在状态，传统民族国家的主权不再是不可分割的，而是要分割成"独享"和"共享"两个部分。国家对内的最高统治权和对外独立权等"核心主权"仍然是不可让渡的，由现代国家独享；但国家的一般管辖权、经济运作权、信息共享权等"外围主权"则可以有条件转让，与其他国家或国际主体共享，作为合作的共同基础。❷

第三，现代国家的传统职能发生了改变。国家主权的重心逐渐由政治主权向经济主权和文化主权等领域拓展，尤其是当代民

---

❶ ［英］吉登斯. 全球化时代的民族国家［M］. 郭忠华，编译. 江苏人民出版社，2010：18.

❷ 贾春健. 全球化背景下的民族国家研究［M］. 中国社会科学出版社，2005：103.

族国家的经济主权已经被视为国家安全的基础和核心。在统一的世界市场形成之后，现代国家原有的市场调节和管理职能有了很大程度的改变，逐渐让位于各种跨国组织。比如跨国公司的投资策略、国际游资对现代国家的金融体系的冲击，都使现代国家的财政、货币、关税、汇率和利率政策必须考虑国际资本市场的需求。此外，在互联网时代，国家主权已经从传统意义上的疆域（领土、领海、领空）拓展到"信息边疆"等新领域，网络主权包括独立权、平等权、自卫权、管辖权四个基本权力，它是国家主权在网络环境下的自然延伸。❶

在国际组织方面，在欧洲历史上，虽然也曾出现过如罗马帝国、奥匈帝国这类规模较大的帝国，但从没实现过真正完全的统一。为了消除关税障碍，促进经济往来，二战以后，欧洲统一思潮开始高涨。1965 年 4 月，德、法、意、荷、比、卢六国创立欧洲共同体（欧共体）。1991 年，欧共体首脑在马斯特里赫召开会议，通过了《欧洲联盟条约》，1993 年 11 月 1 日，欧盟条约正式生效，欧盟正式宣告成立。欧盟的诞生引出了一个新的话题，既然一个一体化的欧洲即将形成，那么一体化的亚洲是否也近在咫尺呢？比如，现在东盟是否能发展为下一个亚盟呢？北美是否也能成立一个类似的联盟呢？甚至一个世界的联合政府是否可能？既然如此，民族国家还有存在的必要吗？它是否即将走向终结呢？

在经济方面，迪特根（Herbertt Dittgen）认为，全球化破坏了国家的经济自主性；社会的世界替代了国家的世界，夸大国际机制、国际组织及自组织的作用；东西方冲突的结束削弱了民族

---

❶ 方滨兴，等. 网络主权：一个不容回避的议题［N］. 人民日报，2014 - 06 - 23，第 23 版.

国家存在的价值，因而得出了民族国家即将终结的结论。❶ 美籍日裔学者大前研一（Kenichi Ohmae）也用四个"I"（投资Investment、工业 Industry、信息技术 Information technology 和个人客户 Individual consumer）来预言民族国家即将终结，他说："从经济活动的角度来看，民族国家已经失去了它们作为今天无国界的全球经济中有意义的参与主体的作用。"❷ 莱斯利·里普森也认为，没有哪一种统治形式能够带来持久的和平与繁荣，民族国家在中世纪教权—王权二元对立时应运而生，但是也并没有成功地达到其预期目标，种种迹象表明，民族国家"现在已经过时，正在被人们废弃，并且将被废止"❸。马·奥尔布劳在《告别民族国家》中提出，社会的现代性同民族国家、理性和功能分化密切相关，并且正在走向终结。❹

但事实证明，民族国家远未到终结的时候，就以欧盟来说，欧盟成立后一直问题重重，欧债危机使各国政要焦头烂额，恐怖主义此起彼伏，难民问题使各国人心惶惶……在多重危机叠加下，欧盟的内政外交等各种矛盾激化，使一贯"团结一致"的欧盟出现明显裂痕，有些国家的分裂主义势力蠢蠢欲动。2016 年 6 月 23 日，51.9% 英国公民投票表决脱离欧盟，英国不再属于欧盟成员国。"英国脱欧"的举措使欧盟统一步伐受到重创，甚至会有遭受解体的危险。事实证明，欧盟的建立，包括欧盟中各民族国家对

---

❶　转引自杨雪冬. 全球化：西方理论前沿 ［M］. 社会科学文献出版社，2002：156.

❷　Kenichi Ohmae. The End of the Nation State ［M］. The Free Press，1995：11.

❸　［美］莱斯利·里普森. 政治学的重大问题：政治学导论 ［M］. 刘晓，等译. 华夏出版社，2001：290.

❹　［德］哈贝马斯，等. 全球化与政治 ［M］. 王学东，等译. 中央编译出版社，2000：6.

欧盟所作出的主权让渡，并不意味着民族国家的终结，而是为了给民族国家注入新的生命力，是对传统的民族国家体系的一种扬弃，民族国家体系远远未到解体的时候。

长期以来，民族国家与全球化之间并非零和博弈的竞争对手，双方都以对方作为破坏对象。❶ 从地理大发现和欧洲资本主义诞生开始，民族国家开始登上历史舞台，到17世纪左右，欧洲才出现了一个个独立的国家，并逐渐成为近现代的主要国家政权形式。当传统的城邦、王国或帝国转化为民族国家时，民族国家与全球化是携手同行的，伴随着帝国主义的出现，大西洋创造出各种交通、通信、移民和商业网络之际，民族国家和民族主义运动也随着这些网络得到增强。当资本主义殖民浪潮向世界蔓延之际，民族国家也在殖民的余烬中变得更加全球化、更加强大、拥有了更多的权力、也承担了更多的责任。今天，虽然全球化风起云涌，但民族国家依然强大，依然在进行关税大战、贸易争端和严格的移民控制。即便是欧盟，虽然它表征了欧洲政治的新变化，但是依然保留了民族国家的自主性，它最终依然是通过最强大的成员国的利益得到驱动的。❷ 一般来说，在经济全球化进程中，发达国家是主导者和最大受益者，发展中国家是从属者和跟随者。但是2008年全球金融危机爆发以后，世界经济陷入长期低迷，主要发达国家经济结构失衡，贸易保护主义加剧，社会阶级与阶层利益分化，催生了反全球化和逆全球化浪潮。不过有学者指出，反全球化思潮的实质，并不是反对经济全球化本身，而是反对全球化

---

❶ ［美］迈克尔·曼. 社会权力的来源（第四卷）［M］. 郭忠华，等译. 上海人民出版社，2015：13.

❷ ［美］迈克尔·曼. 社会权力的来源（第四卷）［M］. 郭忠华，等译. 上海人民出版社，2015：13 - 14.

给民族国家带来的消极后果。❶

　　哈贝马斯也认真分析了"民族国家是否还有前途"的问题，针对民族国家对"生活世界殖民化"的影响，他认为，民族国家是现代性的核心范畴，全球化已经"大大压缩了民族国家作为行为者所享有的活动空间，以致民族国家的选择权十分有限，根本无法缓解跨国市场流通所带来的不受欢迎的社会后果和政治后果"❷。在现时代"后民族国家结构的条件已经发生了变化，在这样的情况下，民族国家无法再用一种'闭关锁国的政策'重塑昔日的辉煌"❸。并且，哈贝马斯从"后现代主义"和"非悲观主义"两个方面探讨了如何超越民族国家的问题，他认为，虽然目前民族国家面临多重挑战，但现在就言"民族国家终结"似乎还为时过早。不过，民族国家需要顺应全球化历史大潮，为自己寻找新的合法化理由，"只有把民族国家的社会福利国家职能转让给能够在一定程度上弥补跨国经济缺陷的政治共同体，才能在现在的水平上履行这种职能"❹。他提出，民族国家要走向一种"后民族结构"的世界格局，即所谓"超越民族国家"的"民族国家扬弃论"。

二、全球治理与世界秩序

　　随着全球化进程的深入发展，全球治理的问题日益引起世界的广泛关注，全球治理理论如同全球化理论一样，正在成为 20 世纪 90 年代以来重要理论主题。比如，哈贝马斯就认为，在民族国

---

❶　刘金源，王雪松 . 欧洲反全球化思潮：根源、走向及应对［J］. 国际论坛，2018（1）：27.

❷　［德］哈贝马斯 . 后民族结构［M］. 曹卫东，译 . 上海人民出版社，2002：63.

❸　［德］哈贝马斯 . 后民族结构［M］. 曹卫东，译 . 上海人民出版社，2002：93.

❹　［德］哈贝马斯 . 超越民族国家？［J］. 柴方国，编译 . 马克思主义与现实，1999（5）：62.

家走向后民族结构的过程中，"全球治理"是实现"世界内政"的前提条件。"这些国家必须作好准备，超越'国家利益'，把它们的视角拓宽成为一种'全球治理'的视角。但是如果国民本身在意识上没有提前作好这方面的转型，那么，我们就无法指望政府会做到从'国际关系'向'世界内政'的转变。"❶ 在学者们的眼中，全球化时代的到来，使人类的政治生活发生了巨大的变革，其中最引人注目的变化之一，便是人类政治过程的重心正在从统治（goverment）走向治理（governance），从善政（good goverment）走向善治（good governance），从政府的统治走向没有政府的治理，从民族国家的政府统治走向全球治理。❷

所谓治理，比较权威的解释是联合国的全球治理委员会给出的定义，"治理是各种各样的个人、团体——公共的或个人的——处理其共同事务的总和。这是一个持续的过程，通过这一过程，各种相互冲突和不同的利益可望得到调和，并采取合作行动。这个过程包括授予公认的团体或权力机关强制执行的权力，以及达成得到人民或团体同意或者认为符合他们的利益的协议"❸。詹姆斯 N. 罗西瑙也指出，治理是一个与政府统治完全不同的词汇，"与统治相比，治理是一种内涵更为丰富的现象。它既包括政府机制，同时也包含非正式、非政府的机制，随着治理范围的扩大，各色人等和各类组织得以借助这些机制满足各自的需要，并实现各自的愿望"❹。

---

❶ ［德］哈贝马斯. 后民族结构［M］. 曹卫东，译. 上海人民出版社，2002：124.
❷ 李惠斌. 全球化与公民社会［M］. 广西师范大学出版社，2003：66.
❸ ［瑞典］卡尔松，等. 天涯成比邻：全球治理委员会的报告［M］. 中国对外翻译出版公司，1995：2.
❹ ［美］詹姆斯 N. 罗西瑙. 没有政府的治理［M］. 张胜军，等译. 江西人民出版社，2001：5－6.

　　而全球治理则是治理在国际层面的拓展与运用，它"不仅意味着正式的制度和组织——国家机构、政府间合作等——制定（或不制定）和维持管理世界秩序的规则和规范，而且意味着所有的其他组织和压力团体——从多国公司、跨国社会运动到众多的非政府组织——都追求对跨国规则和权威体系产生影响的目标和对象"❶。也有人认为，全球治理是"指通过具有约束力的国际规制解决全球性的冲突、生态、人权、移民、毒品、走私、传染病等问题，以维持正常的国际政治经济秩序"❷。全球治理主要有五个要素：全球治理的价值、全球治理的规制、全球治理的主体或基本单元、全球治理的对象或客体，以及全球治理的结果。❸ 一般认为，全球治理的基本特征是：全球治理是治理在全球范围的延伸与扩展，它是一个包括国家、国际组织、非政府组织和跨国公司等多元化主体共同参与和互动的过程，并有着国际、国家、地区和地方等多层次的治理结构。全球治理的目的是通过区域与国际合作解决影响全人类的跨国性问题，这些问题很难依靠单个国家得以解决，必须依靠国际社会的共同努力。主要包括全球性安全问题、生态环境问题、国际经济问题、跨国犯罪问题以及国际人权问题等。

　　与全球治理同时兴起的是全球公民社会理念，所谓全球公民社会是指公民们为了个人或集体的目的而在国家和市场活动范围之外进行跨国结社或活动的社会领域，它包括国际非政府组织和非政府组织联盟、全球公民网络、跨国社会运动、全球公共领域

---

❶ ［英］戴维·赫尔德. 全球大变革［M］. 杨雪冬，等译. 社会科学文献出版社，2001：70.

❷ 俞可平. 全球治理引论［J］. 马克思主义与现实，2002（1）：25.

❸ 俞可平. 全球治理引论［J］. 马克思主义与现实，2002（1）：25.

等。❶ 它和哈贝马斯提出的世界公民社会并不相同，全球公民社会的历史可以追溯到 19 世纪甚至更早的历史时期，20 世纪 80 年代特别是 90 年代以来，全球公民社会迅速发展，其数量、活动和影响都有了空前的增加。在最近十年关于全球政策的讨论中，公民社会的参与在反抗全球不公正过程中有着积极的表现，已经成为追求全球治理与善治的一支重要力量。"非政府组织的行为很少是天使般的，但总的来说它们站在天使一边，这个世界对于他们来说是一个更加美好的世界。"❷

良好的治理、健全的治理、民主的治理、有效的治理等无疑是一些有用的理念，反映了人类治理理念的重大变迁。但是，当前全球治理的主要理论都是建立在西方中心论基础上的，它在很大程度上体现了西方发达国家的价值观与行为准则，没有体现发展中国家的构想与需求。全球治理主体中的各种国际机构和组织也都以西方发达国家为主导，在实践中受到西方发达国家的操控。全球治理的各种理论不过是一件隐藏在理想主义外衣下的新自由主义，它处处想透露出西方制度的优越性，西方中心主义的神话和欧洲的种族优越感在它们的话语中暴露无遗。❸ 而且，并非所有人都对全球治理满怀憧憬，也有人对此保持警醒。他们看到全球治理的局限性：这些新式的治理形式最多只能提供一个轻量级的全球性治理，但远不足以应付超级全球化的压力，很难将一个多姿多彩的世界硬塞进一个单一的政治社区里。❹

---

❶ 何增科 . 全球公民社会引论 [J]. 马克思主义与现实，2002（3）：32.

❷ [美] 迈克尔·爱德华兹 . 公民社会与全球治理 [J]. 王玉强，等译 . 马克思主义与现实，2002（3）：55.

❸ 唐贤兴 . 全球治理：一个脆弱的概念 [J]. 国际观察，1999（6）：24.

❹ [美] 丹尼·罗德里克 . 全球化的悖论 [M]. 廖丽华，译 . 中国人民大学出版社，2011：190.

三、全球化时代的东西方

20 世纪初，在西方世界尚且如日中天，但第一次世界大战接近尾声的时候，文明形态学的重要人物、德国哲学家斯宾格勒发表了《西方的没落》一书，提出文化兴衰三阶段论，列举了世界文明的多种类型，批判了"西方中心论"，并作出了西方文化悲观论及宿命论的预言，引起了各界强烈的反响。但是，也有学者批判斯宾格勒的比较文化形态学体系，说他是"从前门送走了西欧中心论，又从后门把它接了回来"。他虽然口说"不承认古典文化或西方文化占有任何优越的地位"，但却在实际论证中通过对不同文化形态内在精神的对比，强调"唯有"西方文化的浮士德精神具有某种特殊的优秀素质，"唯有"西方文化才有一个广阔的美好前景，这正是一种精巧的西欧中心论。❶

斯宾格勒提出"西方的没落"的命题之后，关于西方文明发展的反思越来越多，学者们从各个角度对西方的未来进行预测。比如尼尔·弗格森在《西方的衰落》中认为，民主、资本主义、法治和公民社会是代表西方文明所需的四大制度要素，这些制度在西方的兴起中功不可没，但是也在西方的衰落中难辞其咎。

曾任麻省理工学院教授的金德尔伯格提出了"国家生命周期"和"世界经济霸权"两个概念。国家生命周期共分为"引进、增长、成熟、饱和与衰退"等阶段。❷ 通常有从贸易到工业，再到金融的演进顺序，每个领域都有自己的发展轨迹。比如贸易领域，在发展初期具有竞争意识并积极进取，乐于模仿学习外国技术；

---

❶ 许苏民 . 论斯宾格勒的中西哲学比较研究 [J]. 社会科学研究，2014（2）：123.
❷ [美] 金德尔伯格 . 世界经济霸权：1500—1990 [M]. 高祖贵，译 . 商务印书馆，2003：21.

在发展后期扩大贸易可能有损于经济，往往趋向于对传统衰落产业进行贸易保护。工业领域也一样，起初是模仿、学习，在适应新情况以后，再加以创新。幸存下来的企业开始扩大再生产，然后开始抵制变革，变成防御型企业。❶ 同时他认为，世界经济霸权差不多以百年的周期进行更替，以近代民族国家为对象开始分析，世界经济霸权最先出现在 15 世纪的意大利，16 世纪转到西班牙和葡萄牙，17 世纪转到荷兰，18 世纪是法国，19 世纪是英国，20 世纪是美国。虽然他关于这些经济霸主的具体认定有不少分歧，但是世界经济霸权国家发生周期性更迭的思想还是得到了肯定。

金德尔伯格的国家生命周期和康德拉季耶夫的经济长周期、沃勒斯坦的世界体系等理论有相同之处，都对从宏观上揭示经济成长过程的本质方面具有重要意义。沃勒斯坦认为，世界体系大约从 1500 年算起，他还概括了现代世界体系的一些特征，包括资本积累、劳动分工、中心—外围、霸权、雇佣劳动、周期节律、种族主义、反体系运动等。❷ 在此基础上，德国学者贡德·弗兰克在其所著的《白银资本》中提出了一个更长的周期，对世界体系进行了颠覆性的解读。在沃勒斯坦的基础上，弗兰克勾勒了一个更加宏伟的图式：沃勒斯坦所谓的 300～500 年世界体系的那些特征，至少可以上溯到公元前 3000 年。他甚至认为沃勒斯坦的世界体系是在"欧洲的路灯下"看到的资本主义世界经济体系，而他则要从"全球学"的视野来理解世界主义历史体系❸。他说，现代

❶ ［美］金德尔伯格. 世界经济霸权：1500—1990 ［M］. 高祖贵，译. 商务印书馆，2003：349.

❷ ［德］弗兰克，吉尔斯. 世界体系：500 年还是 5000 年 ［M］. 郝名玮，译. 社会科学出版社，2004：239 – 241.

❸ ［德］弗兰克. 白银资本 ［M］. 刘北成，译. 中央编译出版社，2000：前言 1.

世界体系并不是以沃勒斯坦宣称的只有 500 年，而是至少存在了 5000 年，他说，"沃勒斯坦所谓的'现代'500 年的世界体系的那些特征，至少可以上溯 5000 年的同一体系中看到"❶。并且世界自始至终只存在一个世界体系，这个中心不是欧洲，而是东亚（或中国）。弗兰克的理论从根本上否定了被一度奉为圣经的"西方中心论"，提出与之完全相反的"中国中心论"，确实让人耳目一新，引人思考。但是，弗兰克将经济周期时间拉得太长，也多少有点有悖常理。学者秦晖曾经批评说，像弗兰克那样把几千年到几十年的过程都算作康德拉季耶夫周期，也未免太过分了。依照这种逻辑，恐龙的兴衰乃至天体的生灭都可以叫作康德拉季耶夫周期了。❷

那么，西方将主宰世界多久？带着这个问题，伊恩·莫里斯从地理因素入手，结合战争、能源和气候变化等因素，考察了东西方发展的历程，得出"环境决定世界各国社会发展的脚步，社会发展又反过来改变地理的意义"的结论。更有意思的是，他还作出了 2103 年西方统治时代可能会结束的预言。❸ 根据美国高盛公司的预测，2025 年世界经济最大经济体的排序将是美国、中国、日本、印度、德国等；2027 年左右，中国将超过美国成为世界最大的经济体。到 2050 年世界最大的经济体的排序将是中国、美国、印度，然后是巴西、墨西哥、俄罗斯、印度尼西亚，只有两个欧洲国家位居全球前十大经济体，即英国和德国，当前的 G8 组织中，只有五个位列前十。❹

———————————

❶ ［德］弗兰克. 白银资本［M］. 刘北成，译. 中央编译出版社，2000：前言 9.
❷ 秦晖. 谁，面向哪个东方？［J］. 开放时代，2001（8）：31.
❸ ［美］伊恩·莫里斯. 西方将主宰世界多久？［M］. 钱峰，译. 中信出版社，2011：409.
❹ ［英］马丁·雅克. 当中国统治世界［M］. 张莉，等译，中信出版社，2010：3.

在当前学术界，有的学者用"天下体系"理论来解释当代世界的变迁，这种理论认为，传统中国的政治哲学是一种"天下体系"理论，这个理论的框架和方法论非常不同于西方的政治哲学。"从理论框架上看，中国的政治哲学把天下看作最高级的政治分析单位，而且同时是优先的分析单位。这就意味着，国家的政治问题要从属于天下的政治问题去理解，天下的政治问题是国家的政治问题的依据。政治问题的优先顺序是'天下—国—家'。与之不同的是，西方政治哲学中没有天下这一政治级别，国家（民族/国家）已经被看作最大的政治单位了，政治问题的优先顺序是'个体—共同体—国家'，西方政治哲学框架中缺少世界政治制度的位置，这是个致命的缺陷。"[1]

中国几千年来一直是一个奉行"天下体系"的文明国家，近代的罗梦册先生著有《中国论》一书，将国家分为族国、帝国和天下国，他认为："一民族自治其族者，为族国（民族国家）；一民族统治他民族者，为帝国；一民族领袖他民族以求共治者，为天下国。"[2] 并强调中国为"天下国"。但是到了近代，中国在外部压力下被迫转型为一个民族国家。列文森也指出，近代中国的历史历程实际就是从"天下"变为"国家"的过程，或者说，是一个不得不从"文明—国家"变成"民族—国家"的过程。[3] 时至今日，又有学者提出，我们要把中国从一个"民族国家"重新发展为一个"文明国家"[4]。但是，在文明国家的前提下，我们需要建构新的"文明国家"的世界体系，因为不仅中国是文明国家，

---

❶ 赵汀阳. 天下体系：世界制度哲学导论 [M]. 江苏教育出版社，2005：17.
❷ 转引自梁漱溟. 中国文化要义 [M]. 上海人民出版社，2005：22.
❸ ［美］列文森. 儒家中国及其现代命运 [M]. 郑大华，译. 中国社会科学出版社，2000：87.
❹ 甘阳. 从"民族—国家"走向"文明—国家"[J]. 书城，2004（2）：35.

印度是文明国家，欧盟国家成员国是文明国家，甚至美国也是代表西方类型的文明国家。❶

　　虽然我们希望从"天下"视角来重新理解国家体系，通过文明对话和共融，在各文明之间建构一种"和而不同"的崭新关系，建构一种不同于以往西方模式的世界体系和全球秩序。但是，今天的"世界体系"和古代中国的"天下体系"还是有很大的差别的，研究者还需要以古代天下观为重要思想资源，使之成为新世界秩序构想的源动力。

第二节　从现代国家到大同世界

一、世界政府和世界公民社会

　　世界主义是西方政治哲学史上一个古老的理想。早在古希腊时代，就有了"世界国家"的观念，斯多葛学派认为，神和人都是这种国家的公民，而且它还有一部关于正当理性的宪法。❷ 1795年，康德提出了"永久和平"的思想，并认为这是人类应该实现也可以实现的共同理想。康德还为这种"永久和平"规定了三个条款："每个国家中的公民宪政应当是共和制的，国际法权应当建立在自由国家的联盟制基础上，世界公民法权应当被限制在普遍友善的条件上。"❸ 在康德这里，"世界主义"被醒目地镶嵌在共和

---

❶ 孙向晨.民族国家、文明国家与天下意识 [J]. 探索与争鸣，2014（9）：68.

❷ ［美］萨拜因.政治学说史（上）[M]. 邓正来，译.上海人民出版社，2008：193.

❸ ［德］康德.康德著作全集（第8卷）[M]. 李秋零，译.中国人民大学出版社，2010：354.

主义宪法当中。

当全球化到来之际，关于建立"世界政府"的呼声更是不绝于耳。1992 年，联合国开发计划署的《世界发展报告》就明确提出了建立一个"世界政府"的主张。并指出，目前已经建立的七国集团、国际货币基金组织、世界银行、关税及贸易总协定、跨国公司、非政府组织和联合国组织，都是建立"世界政府"的基础。❶ 意大利外长建议设立一个联合国参议院；欧共体主席还建议建立联合国经济安理会。

1995 年 3 月，全世界数百位政治领袖和数千位非政府组织代表在丹麦举行了联合国社会发展世界高峰会议，并发表了《哥本哈根社会发展宣言》，提出"建构世界共同体"的口号，主张建立"以天下苍生福祉为念的世界经济""世界共同体的政治文化与政治制度""一种人文主义的政治文化""界定、权衡、把握社会进步与社会退步"，总之，要促进共同善。"未来世界共同体需要成为民主的共同体，作为一个国际共同体，世界共同体应当包括所有国家；作为一个全球共同体，世界共同体应该包含这个世界的所有公民。"❷

拉尔夫·达仁道夫（R. G. Dahrendorf，也译成达伦多夫）提出建立"世界公民社会"的设想，他认为，"在所有重要的事情中，最为重要的事情是帮助世界上迄今为止被忽视的人们，找到通往自由的公民社会的道路"。但是，和康德和平思想不同的是，达仁道夫认为，"冲突是迈向文明和最后迈向世界公民社会的进步源泉"❸。

---

❶ 西尔维奥·埃雷拉. 建立世界政府——国际上有关建立超国家"世界政府"的种种构想［J］. 国际新闻界，1994（1）：8.

❷ ［美］雅克·布道. 建构世界共同体［M］. 万俊人，译. 江苏教育出版社，2006：2.

❸ ［英］达仁道夫. 现代社会冲突［M］. 林荣远，译. 中国社会科学出版社，2000：245 – 246.

　　哈贝马斯也提出了建立"世界公民社会"的想法。在面对全球化的压力下，哈贝马斯提出："在寻求摆脱要么损害社会国家的民主，要么强化民族国家间的两难困境的时候，有必要把目光转向更大的政治统一体和跨民族的政权上。"他以欧盟为例，欧盟已经建立了联盟法律，所有成员国必须服从。可以将欧洲视为一个跨民族的政权网络发展的发源地，建立一种"没有世界政府的世界内政，从而与全球化的经济格局相适应"。❶ 在世界公民社会中，公民都有自己的权利，并且"公民权利必须加以制度化，并对所有国家具有约束力。国家共同体必须以制裁作为威胁，至少能够做到督促它的成员作出合法的行为"❷。哈贝马斯还制定了具体的政策建议，如将联合国改革成为"世界议会"，建立世界性的法律体制，改革联合国安理会等。

　　但是，赫德利·布尔认为，康德关于世界政府的思想中包含着一个矛盾，康德提出建立世界政府的主要依据是，主权国家处于霍布斯所言的自然状态下，他们需要使自己从属于一个共同的政府，从而摆脱自然状态。但是，如果没有武力作为后盾，处于自然状态下的国家不可能真正订立旨在摆脱自然状态的契约，所谓建立世界政府的协议只是一纸空文。❸ 此外，还有三个因素制约着世界政府的形成，第一是核僵局，不仅世界各主要大国拥有核武器。一些中小国家也宣称拥有核能力，并以此在国际博弈中争取自己的有利地位。第二是世界总体的复杂均势以及大国之间的多边格局。第三是世界民众的政治参与能力与民族主义情绪。这

❶ ［德］哈贝马斯. 在全球化压力下的欧洲的民族国家［J］. 张庆熊，译. 复旦学报，2001（3）：118.
❷ ［德］哈贝马斯. 包容他者［M］. 曹卫东，译. 上海人民出版社，2002：206.
❸ ［英］赫德利·布尔. 无政府社会：世界政治中的秩序研究［M］. 张小明，译. 上海人民出版社，2015：222.

些都将使在短期内建立世界政府的可能性变得几乎不可能。❶ 所以，尽管联合国开发计划署关于建立"世界政府"的主张已过去多年，关贸总协定也变为世贸组织，但是时至今日，"世界政府"仍然看起来遥不可及。

对于哈贝马斯的"世界公民社会"构想，许多学者也批评其过于理想化，是一种具有浓厚空想色彩的"乌托邦"。比如，罗尔斯认为，哈贝马斯的构想仅仅停留在理论上，脱离了现实的价值判断和具体的国际政治语境，如果贯彻到世界政治的现实中，将遇到难以逾越的阻力与障碍。查尔斯·泰勒也认为哈贝马斯的理论建立在"纯粹的形式理性"基础上，并且完全是西方文化的产物，不具有广泛的普适性。❷ 其他如福柯、德里达、利奥塔、布尔迪厄等"后现代主义者"对哈贝马斯的理论都有过不同程度的批评。

二、大同世界与人类解放

关于民族国家的未来走向，哈特与奈格里阐述了从"财产共和国"到"帝国"再到"大同世界"的历史趋势。他们将当今的全球体系称为"帝国"，"帝国"这一范式不仅是"民族国家衰落、国际市场摆脱管制、国家主体间抗争的终结"的结果，而且"既是网络系统，又具有等级结构；它既以集权形式构造常规，又在广阔的区域内生产合法性"❸。

---

❶ ［英］赫德利·布尔. 无政府社会：世界政治中的秩序研究 ［M］. 张小明，译. 上海人民出版社，2015：223.

❷ 章国锋. 关于一个公正世界的"乌托邦"构想 ［M］. 山东人民出版社，2001：207.

❸ ［美］哈特，［意］奈格里. 帝国：全球化的政治秩序 ［M］. 杨建国，等译. 江苏人民出版社，2008：14.

哈特和奈格里反对马克思的革命理论，他们认为："马克思的局限在于，在历史上，马克思处于一个中心化的，按等级制组织起来的，机械式的自动化的工业劳动之中，他对'一般智力'的看法，是一种中心式的计划体制；只有在今天，随着'非物质劳动'的兴起并占据主导地位，颠覆性的革命在客观上才有可能。"❶哈特和奈格里认为，在新帝国时代，经济生产正在经历一个划时代的变革，劳动形式出现了三个重要趋势：非物质生产占据霸权或主导地位、工作女性化、移民与社会和种族混合过程的新模式❷。这三个趋势对传统的政治经济学概念与方法提出了挑战，因为它使资本主义生产变成生命政治生产，"生命政治生产将经济的中心从物质商品的生产，转移到了社会关系的生产，而生产与再生产也日益混同"❸。这样一来，曾经作为历史主体的无产阶级与产业工人退居幕后，取而代之的是去技术化的、异质性的作为奇异性的诸众（又译为大众）。诸众（大众）政治也就不再以无产阶级的阶级政治为主导，而是一种斯宾诺莎意义上的革命平行论：种族政治、性别政治与阶级政治是同样重要的斗争领域，没有先后主次之分。也就是说，阶级失去了其优先性，革命性的阶级斗争必须与革命性的种族斗争和性别斗争携手同行，这些斗争的革命性就体现在消灭作为身份的阶级、肤色和性别的目标中。在生命政治劳动的语境下，任何形式的代表和先锋队理论都不再具有合法性，诸众（大众）可以在日常生活中习得并增强他们的民主

---

❶ ［斯洛文尼亚］齐泽克. 资本主义的内在限制［J］. 蓝江，译. 当代国外马克思主义评论，2011：329.

❷ ［美］哈特，［意］奈格里. 大同世界［M］. 王行坤，译. 中国人民大学出版社，2015：105 – 108.

❸ ［美］哈特，［意］奈格里. 大同世界［M］. 王行坤，译. 中国人民大学出版社，2015：108.

能力，最终实现世界大同。●

哈特和奈格里关于大同世界的构想引起了学术界的热烈讨论，也引起大量的批判，比如大卫·哈维批判两人过度依赖斯宾诺莎而忽视马克思。过度强调奇异性、非物质劳动、生命政治与生命权力的概念，而忽略马克思的虚拟资本以及马克思自己关于政治主体生产的论述。● 齐泽克也批判说，哈特和奈格里从马克思那里承袭的不是剩余价值学说，而是拉康式的剩余快感。如果忽视这种纯学术的、哲学的和观念上欲望之间的区别，会带来灾难性的后果。●

马克思主义以"阶级"为基础的国家理论是一个替代"民族国家"理论的新方案，这种新方案在列宁领导的"十月革命"胜利后变成现实，它超越了传统国家与民族的差别，完全不同于民族国家世界体系。● 马克思主义的社会形态理论是揭示人类社会历史发展规律的学说，无论是"五种社会形态"还是"三种社会形态"理论，都是从宏观历史演变的角度探讨人类文明的历史进步。马克思的"世界历史"理论更是立足于全球和整个人类历史发展，虽然它并非将世界上所有民族和国家的社会历史状态包揽无遗，但是，它在方法论上确认了世界上所有的民族和国家都以各自的方式参与了世界历史的演变发展过程。●

● 王行坤. 帝国时代的"大同书"——《大同世界》中译版代序 [J]. 文艺理论与批评，2015（2）：100.

● ［英］大卫·哈维. 解释世界还是改造世界：评哈特、奈格里的《大同世界》[J]. 上海文化，2016（2）：50.

● ［斯洛文尼亚］齐泽克. 资本主义的内在限制 [J]. 蓝江，译. 当代国外马克思主义评论（9），2011：338.

● 孙向晨. 民族国家、文明国家与天下意识 [J]. 探索与争鸣，2014（9）：66.

● 邵鹏. 文明形态史观刍议——兼评唯物史观的合理性 [J]. 西南民族大学学报，2005（5）：275.

马克思主张真正的民主制，强调国家作为一种组织形式和制度，不过是人民的自我规定、人民的特定内容和特殊存在形式，只能从属于人民、人民立法权，因此在真正民主制中"政治国家"就消失了。马克思批判现代政治解放的抽象性，主张消除私有制造成的市民社会的阶级分裂和不平等，消除阶级政治暴力，从法律和政治形式层面构思自由人的联合体，实现人类解放。❶ 他从批判现代政治的局限性出发，强调无产阶级革命就是推翻资产阶级的统治，重建新社会。早在任《德法年鉴》编辑期间，马克思就第一次明确提出人类解放的范畴。在《论犹太人问题》中，马克思在高度称赞政治解放的积极作用之后指出，政治解放"当然是一大进步"，但是"政治解放本身并不就是人类解放"。革命必须是"不停顿的"和"持久的"，必须从政治解放发展到人类解放。❷ 在《共产党宣言》中，马克思进一步描画了人类解放的状态，指出："代替那存在着阶级和阶级对立的资产阶级旧社会的，将是这样一个联合体，在那里，每个人的自由发展是一切人的自由发展的条件。"❸

关于国家的未来走向，马克思主义认为，国家是个历史的范畴，它并不是从来就有的，也不是永恒存在的，而是必将走向衰落直至最后消亡。要真正、完全实现人类解放，也许还任重道远。恩格斯指出："随着阶级的消失，国家也不可避免地要消失。在生产者自由平等的联合体的基础上按新方式来组织生产的社会，将把全部国家机器放到它应该去的地方，即放到古物陈列馆去，同

---

❶　尹树广. 马克思与现代政治［J］. 哲学研究，2015（2）：11.
❷　马克思恩格斯全集（第3卷）［M］. 人民出版社，2002：180.
❸　马克思恩格斯选集（第1卷）［M］. 人民出版社，2012：422.

纺车和青铜斧陈列在一起。"❶ 今天以民族国家为主要形式的现代国家还处于发展的鼎盛时期，对它的一切评头品足也许有点多余，也许，只有当它真正和纺车、青铜斧陈列在一起，人类再来回顾它的时候，才看得出它的真正历史意义。

❶ 马克思恩格斯选集（第4卷）［M］．人民出版社，1995：190．

结　语

　　从现代国家产生之初到全球化的当代，人们时刻在关注它的历史演变、现实命运和未来走向。几百年来，它既经历过令人鼓舞的思想解放、工业革命与技术进步，轰轰烈烈的三次现代化浪潮，波澜壮阔的民族独立与解放运动、民主化运动；也经历过资本主义的血腥掠夺和周期危机，惨无人道的殖民运动，连绵不断的民族冲突、战争以及祸及全人类的两次世界大战。如何总结和归纳现代国家成长与构建的历史经验与教训，不仅是古今中外思想家们的学术追求，也是历代政治家们的宏大夙愿。

　　现代国家成长与构建的研究时间跨度大、涉及范围广，是一个复杂又重要的课题。因此，必须避免纠缠于具体细节的分析，要着眼于宏观大视角，从哲学、政治学、历史学、经济学、社会学、民族学和人类学等不同学科维度来考察，才能解释现代民族国家的理论内涵、价值维度、实践困境和发展趋势。

　　所谓现代国家首先是具有现代性的，这包括经济上的市场化、工业化、城市化，政治上的民主化、法治化、大众化，思想文化上的理性化、世俗化、多元化等诸多要素。但是，在现实中现代国家的形态表现出多样性的特点。现代国家首先脱胎于西欧的绝对主义国家，各国在启蒙思想与商品经济的推动下，唤醒了民族主义的意识，通过政治革命逐渐确立其在欧洲的主流地位，并通过三波现代化席卷全球，使民族国家模式成为当代世界国家的普遍模式。现代国家在其发展历程中，形成了原生型的现代国家和后发型现代国家两种类型。以英、法、美为代表的原生型现代国家，构建的是自由放任的市场经济、权力相互制衡的民主政治和自由开放的思想文化，同时也通过殖民主义与侵略战争建立起各自的地区霸权与国际霸权。后发型国家如德、日、俄等国，更多的是崇尚原生型现代国家的经济繁荣与国力强盛，但是在弱肉强食的国际格局中，它们一方面要摆脱传统封建主义对资本主义发展的束缚，另一方面要在大国博弈中分一杯羹，因而只能纷纷采取强力的赶超型战略，包括统制型经济、强权政治和一元化的思想统治，并积极对外发动侵略扩张战争，试图改变旧的国际秩序。因此，这一类国家不仅挑起地区冲突，而且引发了两次世界大战。社会主义国家大多数建立在经济相对落后、政治相对封闭的国家，和马克思设想的社会主义革命首先建立在发达资本主义国家相去甚远，因此，计划经济成为社会主义国家工业化与现代化初期原始积累的重要手段。一些实行资本主义制度并取得良好成绩的后发型国家，如韩国、新加坡等，也都在国家发展初期实行过管制经济与威权政治等。因此可以说，市场经济与计划经济、民主政治与威权主义、资本主义和社会主义都是世界各主要民族国家实现赶超战略、追求强大国际地位的工具，虽然民族的构建也是现代的产物。

在历史的发展过程中，现代国家也面临多重挑战，包括经济方面的周期性危机、福利国家的矛盾冲突、计划体制的低效与僵化，在国家构建方面，既有国家能力过于强大而全面凌驾于社会之上，导致政治民主的缺失；也有国家能力不足，导致国家软弱甚至崩溃。随着全球化时代的到来，不仅出现了知识经济、虚拟经济和网络经济等新经济形态，学术界也出现了虚拟国家、后民族国家、新帝国主义、超越民族国家等新的提法。但是，现代民族国家虽然遭遇了全球化的各种挑战与冲击，但在很长一段时间内，其力量依然强大，地位依然不可替代。

　　认清楚现代国家的本质与特点，对于理解中国人民长达百年的反侵略、反殖民的民族独立与解放运动也有着重要的意义。随着 1648 年威斯特伐利亚体系的建立，世界各国掀起了由古代专制主义国家形态向现代民族国家形态转型的热潮，并从此按照民族国家这种崭新的模式进行国际交往。但是当时中国统治者对此却一无所知，依然沉迷于"华夷秩序"的天下体系，仍然以为自己是天朝上国、世界的中心（这从马戛尔尼使华、阿美士德使华等事件可以看出）。正是由于当时中国统治者的高傲、自大与无知，使得中国错失了睁眼看世界、向现代国家转型的大好时机，乃至于在鸦片战争以后屡屡落败，使近代中国处处挨打。在残酷的现实下，无论是以洪秀全、梁启超、孙中山等为代表的改革者和革命者，还是以曾国藩、李鸿章等为代表的旧制度维护者，都充分认识到，近代中国历史面临的是"三千余年未有之大变局"，中国要想强大，光"师夷长技"还远远不够，还要建立先进的制度，更重要的是思想观念的现代化，即要实现"器物、制度、文化"的多重现代化。其中，最核心的是必须实现传统中国根本性的转型——向现代民族国家的转型，才能重新进入世界强国的竞争行列。正是有了一代代人前赴后继的探索与追寻，并付出了巨大的牺牲与代价，中国终于在二战结束以后重新以独立的面貌融入世界体系。

建立富强、民主、文明、和谐的现代国家，是鸦片战争以来中国无数仁人志士的不懈追求。毛泽东等第一代中国共产党人结束了近代中国四分五裂的割据局面，使中国以统一、独立的崭新面貌重新跨入世界强国之林。在国家建设方面，虽然有过社会主义建设的辉煌成就，但也有过失误，以邓小平为代表的新一代中国共产党人勇于突破理论束缚，开辟了改革开放的伟大征程，使这个古老的国家焕发出新的生机……当代中国正处于从传统社会向现代社会转型的关键阶段，如何构建合理、合法的政治、经济与文化体制，推进国家治理体系现代化，实现中华民族复兴的伟业，是每一位热血中华儿女心中的梦想。当前，中国政治体制改革开放已进入攻坚克难阶段，继续完善和发展中国特色社会主义制度，推进国家治理体系与治理能力现代化被确定为现阶段全面深化改革的总目标。如何构建合理、适当的国家能力，依然是个难以绕开的课题。总的来说，只要我们坚持国家能力构建以国家获得独立自主的国际地位为前提，以具备游刃有余的国际竞争能力为前提，以实现国家与社会关系的良好互动为前提，就可以将中国政治现代化进程不断推向前方。

马克思主义认为，国家是历史的产物，它终将走向衰落直至最后消亡。但是这个消亡的过程会以何种方式、在何时发生与进行？这一切都并无定论。现代国家未来将走向何方，这期间还会发生何种嬗变，这一切仍然值得人们去反复、深入地思考。因此，对国家的研究仍然是一个持久而弥新的重要课题。

参考文献

一、中文文献

（一）著作部分

1. 马克思恩格斯选集（第 1 卷）[Ｍ]．北京：人民出版社，2012．

2. 马克思恩格斯选集（第 2 卷）[Ｍ]．北京：人民出版社，2012．

3. 马克思恩格斯选集（第 3 卷）[Ｍ]．北京：人民出版社，2012．

4. 马克思恩格斯选集（第 4 卷）[Ｍ]．北京：人民出版社，2012．

5. 马克思恩格斯全集（第 1 卷）[Ｍ]．北京：人民出版社，1979．

6. 马克思恩格斯全集（第 3 卷）[Ｍ]．北京：人民出版社，2002．

7. 马克思恩格斯全集（第 6 卷）[Ｍ]．北京：人民出版社，1961．

8. 马克思恩格斯全集（第 7 卷）[Ｍ]．北京：人民出版社，1959．

9. 马克思恩格斯全集（第 16 卷）［M］. 北京：人民出版社，1964.

10. 马克思恩格斯全集（第 23 卷）［M］. 北京：人民出版社，1972.

11. 马克思恩格斯全集（第 25 卷）［M］. 北京：人民出版社，1974.

12. 马克思恩格斯全集（第 31 卷上册）［M］. 北京：人民出版社，1972.

13. 马克思恩格斯全集（第 42 卷）［M］. 北京：人民出版社，1979.

14. 马克思恩格斯文集（第 1 卷）［M］. 北京：人民出版社，2009.

15. 马克思恩格斯文集（第 2 卷）［M］. 北京：人民出版社，2009.

16. 马克思恩格斯文集（第 5 卷）［M］. 北京：人民出版社，2009.

17. 马克思恩格斯文集（第 7 卷）［M］. 北京：人民出版社，2009.

18. 列宁选集（第 2 卷）［M］. 北京：人民出版社，1995.

19. 列宁选集（第 3 卷）［M］. 北京：人民出版社，1995.

20. 列宁选集（第 4 卷）［M］. 北京：人民出版社，1972.

21. 列宁全集（第 32 卷）［M］. 北京：人民出版社，1985.

22. 斯大林选集（上）［M］. 北京：人民出版社，1979.

23. 毛泽东. 毛泽东选集（第 2 卷）［M］. 北京：人民出版社，1991.

24. 毛泽东. 毛泽东选集（第 4 卷）［M］. 北京：人民出版社，1991.

25. 邓小平. 邓小平文选（第 3 卷）［M］. 北京：人民出版社，1993.

26. 习近平. 习近平谈治国理政［M］. 北京：外文出版社，2014.

27. 习近平. 习近平谈治国理政（第二卷）［M］. 北京：外文出版社，2017.

28. （春秋）孙武. 孙子兵法［M］. 北京：中华书局，2006.

29. （宋）黎靖德，编. 朱子语类（卷二十六）［M］. 北京：中华书局，1986.

30. 王沪宁. 政治的逻辑：马克思主义政治学原理［M］. 上海：上海人民出版社，2016.

31. 王沪宁. 国家主权［M］. 北京：人民出版社，1987.

32. 王联. 世界民族主义论［M］. 北京：北京大学出版社，2002.

33. 刘小枫. 现代性社会理论绪论［M］. 上海：三联书店，1998.

34. 尹树广. 国家批判理论［M］. 哈尔滨：黑龙江人民出版社，2002.

35. 杨雪冬. 市场发育、社会生长和公共权力构建［M］. 郑州：河南人民出版社，2002.

36. 黄清吉. 论国家能力［M］. 北京：中央编译出版社，2013.

37. 贾春健. 全球化背景下的民族国家研究［M］. 北京：中

国社会科学出版社，2005.

38. 郭忠华，郭台辉．当代国家理论：基础与前沿［M］．广州：广东人民出版社，2017.

39. 徐浩，侯建新．当代西方史学流派［M］．北京：中国人民大学出版社，2009.

40. 樊江宏．法国年鉴学派研究［D］．首都师范大学博士学位论文，2013.

41. 王正毅．世界体系与中国［M］．北京：商务印书馆，2000.

42. 王正毅．世界体系与国家兴衰［M］．北京：北京大学出版社，2006.

43. 汪民安．现代性［M］．南京：南京大学出版社，2012.

44. 衣俊卿．现代性的维度［M］．哈尔滨：黑龙江大学出版社，2011.

45. 徐大同．西方政治思想史［M］．天津：天津教育出版社，2005.

46. 徐大同．现代西方政治思想［M］．北京：人民出版社，2003.

47. 丛日云．西方政治思想史（第二卷）［M］．天津：天津人民出版社，2005.

48. 浦兴祖．西方政治学说史［M］．上海：复旦大学出版社，1999.

49. 唐士其．西方政治思想史［M］．北京：北京大学出版社，2008.

50. 顾肃．自由主义的基本理念［M］．南京：译林出版社，

2013.

51. 李强. 自由主义 ［M］. 北京：中国社会科学出版社，1998.

52. 杨玉成. 两种新自由主义与国际金融危机 ［M］. 北京：中国社会科学出版社，2018.

53. 中国政法大学. 名家大讲堂（第三辑）［C］. 北京：知识产权出版社，2014.

54. 李宏图. 西欧近代民族主义思潮研究 ［M］. 上海：上海社会科学院出版社，1997.

55. 郁建兴. 马克思国家理论与现时代 ［M］. 上海：东方出版中心，2007.

56. 陈炳辉. 西方马克思主义的国家理论 ［M］. 北京：中央编译出版社，2004.

57. 高宣扬. 当代法国哲学导论（下卷）［M］. 上海：同济大学出版社，2004.

58. 陈淳. 文明与早期国家探源 ［M］. 上海：上海书店出版社，2007.

59. 易建平. 部落联盟与酋邦 ［M］. 北京：社会科学文献出版社，2004.

60. 田昌五. 中国历史体系新论续编 ［M］. 济南：山东大学出版社，2002.

61. 李学勤. 中国古代文明与国家形成研究 ［M］. 昆明：云南人民出版社，1997.

62. Tu Cheng sheng. City – State in Ancient China ［A］//《中西古典文明研究》编写组. 中西古典文明研究. 长春：吉林人民出版社，1999.

63. 林志纯，等．世界上古史纲（上）［M］．北京：人民出版社，1979.

64. 林志纯（日知）．古代城邦史［M］．北京：人民出版社，1983.

65. 顾准．希腊城邦制度［M］．北京：中国社会科学出版社，1982.

66. 高岱，郑家馨．殖民主义史（总论）［M］．北京：北京大学出版社，2003.

67. 钱乘旦，等．世界现代化进程［M］．南京：南京大学出版社，1999.

68. 高德步．西方世界的衰落［M］．北京：中国人民大学出版社，2009.

69. 高德步，王珏．世界经济史［M］．北京：中国人民大学出版社，2016.

70. 高德步，等．世界经济通史（上、中、下）［M］．北京：高等教育出版社，2005.

71. 郭华榕，徐天新．欧洲的分与合［M］．北京：京华出版社，1999.

72. 罗荣渠．现代化新论［M］．北京：商务印书馆，2009.

73. 朱天飚．比较政治经济学［M］．北京：北京大学出版社，2006.

74. 侯高岚．后发优势理论分析与经济赶超战略研究［D］．中国社会科学院博士论文，2003.

75. 董正华．世界现代化进程十五讲［M］．北京：北京大学出版社，2009.

76. ［美］黄仁宇．资本主义与二十一世纪［M］．北京：生

活·读书·新知三联书店，2006

77. 林毅夫. 制度、技术与中国农业发展［Z］上海：上海人民出版社，1995.

78. 季羡林. 季羡林谈东西方文化［M］. 杭州：浙江人民出版社，2016.

79. 梁志明. 东亚的历史巨变与重新崛起［M］. 香港：香港社会科学出版社，2004.

80. 王铁崖. 中外旧约章汇编（第一册）［Z］. 北京：生活·读书·新知三联书店，1957.

81. ［清］李鸿章. 李鸿章全集（第2册）［M］. 长春：时代文艺出版社，1998.

82. 张文显. 法理学［M］. 北京：高等教育出版社，2007.

83. 张文显. 法哲学范畴研究［M］. 北京：中国政法大学出版社，2001.

84. 吕大吉. 宗教学通论新编［M］. 北京：中国社会科学出版社，2010.

85. 陈国强. 简明文化人类学词典［M］. 杭州：浙江人民出版社，1990.

86. 谢庆奎. 政府学概论［M］. 北京：中国社会科学出版社，2005.

87. 杨光斌. 中国经济转型中的国家权力［M］. 北京：当代世界出版社，2003.

88. 杨光斌. 制度的形式与国家的兴衰［M］. 北京：北京大学出版社，2005.

89. 何勤华. 外国法制史［M］. 北京：法律出版社，2006.

90. 卢现祥. 新制度经济学［M］. 北京：北京大学出版

社，2012.

91. 林毅夫，等．财产权利与制度变迁［M］．上海：上海人民出版社，2004.

92. 谭融．美国利益集团政治研究［M］．北京：中国社会科学出版社，2002.

93. 费孝通．乡土中国［M］．北京：三联书店，1985.

94. 费宗惠，张荣华，编．费孝通论文化自觉［M］．呼和浩特：内蒙古人民出版社，2009.

95. 王长江．政党论［M］．北京：人民出版社，2009.

96. 施雪华．政治现代化比较研究［M］．武汉：武汉大学出版社，2006.

97. 王绍光，胡鞍钢．中国国家能力报告［M］．沈阳：辽宁人民出版社，1993.

98. 王绍光．祛魅与超越［M］．北京：中信出版社，2010.

99. 倪世雄．当代西方国际关系理论［M］．上海：复旦大学出版社，2001

100. 黄硕风．大国较量：世界主要国家综合国力比较［M］．北京：世界知识出版社，2006.

101. 邹谠．二十世纪中国政治：从宏观历史与微观行动的角度看［M］．香港：牛津大学出版社，1994.

102. 王东明．例外的挑战：卡尔·施米特的国家紧急权理论研究［D］．厦门大学博士论文，2009.

103. 尹伯成．西方经济学说史［M］．上海：复旦大学出版社，2012.

104. 刘鹤．两次全球大危机的比较研究［M］．北京：中国经济出版社，2013.

105. 姚开建. 经济学说史［M］. 北京：中国人民大学出版社，2016.

106. 包刚升. 民主崩溃的政治学［M］. 北京：商务印书馆，2015.

107. 许光建.《联合国宪章》诠释［M］. 太原：山西教育出版社，1999.

108. 中国社会科学院语言研究所词典编辑室. 现代汉语词典［M］. 北京：商务印书馆：2002.

109. 李惠斌. 全球化与公民社会［M］. 桂林：广西师范大学出版社，2003.

110. 杨雪冬. 全球化：西方理论前沿［M］. 北京：社会科学文献出版社，2002.

111. 章国锋. 关于一个公正世界的"乌托邦"构想［M］. 济南：山东人民出版社，2001.

112. 梁漱溟. 中国文化要义［M］. 上海：上海人民出版社，2005.

113. 赵汀阳. 大卜体系：世界制度哲学导论［M］. 南京：江苏教育出版社，2005.

114.［加］威尔·金里卡. 多元文化公民权［M］. 杨立峰，译. 上海：上海译文出版社，2009.

115.［英］埃里克·霍布斯鲍姆，民族与民族主义［M］. 李金梅，译. 上海：世纪出版集团，2006.

116.［英］埃里克·霍布斯鲍姆. 革命的年代：1789－1848［M］. 王章辉，译. 南京：江苏人民出版社，1999.

117.［英］安东尼·史密斯. 民族主义：理论、意识形态、历史［M］. 叶江，译. 上海：世纪出版集团，2011.

118. ［英］安东尼·史密斯. 全球化时代的民族与民族主义 ［M］. 龚维斌，译. 北京：中央编译出版社，2002.

119. ［美］本尼迪克特·安德森. 想象的共同体：民族主义的起源与散布 ［M］. 吴叡人，译. 上海：世纪出版集团，2011.

120. ［英］盖尔纳. 民族与民族主义 ［M］. 韩红，译. 北京：中央编译出版社，2002.

121. ［美］莱斯利·里普森. 政治学的重大问题 ［M］. 刘晓，等译. 北京：华夏出版社，2001.

122. ［德］马克斯·韦伯. 韦伯政治著作选 ［M］. 阎克文，译. 北京：东方出版社，2009.

123. ［德］马克斯·韦伯. 新教伦理与资本主义精神 ［M］. 于晓，等译. 北京：生活·读书·新知三联书店，1987.

124. ［德］马克斯·韦伯. 经济通史 ［M］. 姚曾廙，译. 上海：上海三联书店，2006.

125. ［德］马克斯·韦伯. 经济与社会（上）［M］. 林荣远，译. 北京：商务印书馆，2006.

126. ［德］马克斯·韦伯. 经济与社会（下）［M］. 林荣远，译. 北京：商务印书馆，2006.

127. ［德］马克斯·韦伯. 学术与政治 ［M］. 冯克利，译. 北京：生活·读书·新知三联书店，1998.

128. ［英］吉登斯. 历史唯物主义的当代批判 ［M］. 郭忠华，译. 上海：上海译文出版社，2010.

129. ［英］吉登斯. 民族－国家与暴力 ［M］. 胡宗泽，等译. 北京：生活·读书·新知三联书店，1998.

130. ［英］吉登斯. 现代性的后果 ［M］. 田禾，译. 南京：译林出版社，2011.

131. ［英］吉登斯. 全球化时代的民族国家［M］. 郭忠华, 编译. 南京：江苏人民出版社, 2010.

132. ［英］塞缪尔·芬纳. 统治史（第 1 卷）［M］. 王震, 等译. 上海：华东师范大学出版社, 2014.

133. ［英］塞缪尔·芬纳. 统治史（第 3 卷）［M］. 马百亮, 译. 上海：华东师范大学出版社, 2014.

134. ［德］奥特弗利德·赫费. 政治的正义性：法和国家的批判哲学之基础［M］. 庞学铨, 等译. 上海：世纪出版集团, 2005.

135. ［美］福山. 国家构建［M］. 黄胜强, 译. 北京：中国社会科学出版社, 2007.

136. ［美］福山. 政治秩序的起源：从前人类时代到法国大革命［M］. 毛俊杰, 译. 桂林：广西师范大学出版社, 2012.

137. ［美］福山. 政治秩序与政治衰败［M］. 毛俊杰, 译. 桂林：广西师范大学出版社, 2015.

138. ［美］福山. 历史的终结及最后之人［M］. 黄胜强, 等译. 北京：中国社会科学出版社, 2003.

139. ［瑞士］安德烈亚斯·威默. 国家建构：聚合与崩溃［M］. 叶江, 译. 上海：上海人民出版社, 2019.

140. ［英］克里斯托夫·皮尔逊. 论现代国家［M］. 刘国兵, 译. 北京：中国社会科学出版社, 2017.

141. ［德］斯宾格勒. 西方的没落［M］. 齐世荣, 等译. 北京：商务印书馆, 1963.

142. ［英］沃尔什. 历史哲学导论［M］. 何兆武, 等译. 北京：北京大学出版社, 2008.

143. ［英］汤因比. 历史研究（上卷）［M］. 郭小凌, 等译．上海：上海人民出版社，2010．

144．［英］汤因比．历史研究（下卷）［M］．郭小凌，等译．上海：上海人民出版社，2010．

145．［英］汤因比．文明经受着考验［M］．沈辉，等译．杭州：浙江人民出版社，1988．

146．［美］伊格尔斯．历史研究国际手册［M］．陈海宏，等译．北京：华夏出版社，1989．

147．［法］弗朗索瓦·多斯．碎片化的历史学：从《年鉴》到"新史学"［M］．马胜利，译，北京：北京大学出版社，2008．

148．［法］雅克·勒高夫．新史学［M］．姚蒙，编译．上海：上海译文出版社，1989．

149．［法］马克·布洛赫．历史学家的技艺［M］．张和声，等译．上海：上海社会科学出版社，1992．

150．［美］沃勒斯坦．现代世界体系（第一卷）［M］．罗荣渠，等译．北京：高等教育出版社，1998．

151．［美］亨廷顿．文明的冲突与世界秩序的重建［M］．周琪，等译．北京：新华出版社，2009．

152．［美］亨廷顿．变化社会中的政治秩序［M］．王冠华，等译．上海：上海人民出版社，2008．

153．［美］亨廷顿．第三波：20世纪后期民主化浪潮［M］．刘军宁，译．上海：上海三联书店，1998．

154．［美］罗斯托．经济成长的阶段［M］．郭熙保，王松茂，译．北京：中国社会科学出版社，2001．

155．［美］西达·斯考切波．国家与社会革命［M］．何俊志，等译．上海：世纪出版集团，2007．

156．［美］萨拜因．政治学说史（上）［M］．邓正来，译．

上海：上海人民出版社，2008.

157. ［美］萨拜因 . 政治学说史（下）［M］. 邓正来，译 . 上海：上海人民出版社，2012.

158. ［古希腊］柏拉图 . 柏拉图全集（第 2 卷）［M］. 王晓朝，译 . 北京：人民出版社，2003.

159. ［古希腊］亚里士多德 . 政治学［A］//亚里士多德全集（第 9 卷）. 颜一，等译 . 北京：中国人民大学出版社，1997.

160. ［古希腊］亚里士多德 . 尼各马可伦理学［M］. 苗力田，译 . 北京：中国社会科学出版社，1990.

161. ［古罗马］西塞罗 . 论共和国［M］. 王焕生，译，北京：中国政法大学出版社，1997.

162. ［意］马基雅维利 . 君主论［M］. 潘汉典，译 . 北京：商务印书馆，1956.

163. ［法］让·博丹 . 主权论［M］. 李卫海，译 . 北京：北京大学出版社，2008.

164. ［美］奥尔森 . 国际关系的理论与实践［M］. 王沿，等译 . 北京：中国社会科学出版社，1987.

165. ［英］霍布斯 . 利维坦［M］. 黎复思，等译 . 北京：商务印书馆，1986.

166. ［法］卢梭 . 社会契约论［M］. 何兆武，译 . 北京：商务印书馆，2005.

167. ［英］洛克 . 政府论（下）［M］. 叶启芳，等译 . 北京：商务印书馆，1996.

168. ［法］孟德斯鸠 . 论法的精神［M］. 张雁深，译 . 北京：商务印书馆，1995.

169. ［美］汉密尔顿、麦迪逊等 . 联邦党人文集［M］. 程逢如，等译．北京：商务印书馆，1995．

170．［英］J. S. 密尔．代议制政府［M］．汪暄，译．北京：商务印书馆，1982．

171．［德］黑格尔．历史哲学［M］．王造时，译．上海：上海书店出版社，2001．

172．［德］黑格尔．法哲学原理［M］．贺麟，译．北京：商务印书馆，1961．

173．［英］大不列颠百科全书（国际中文版·第 12 卷）［M］．北京：中国大百科全书出版社，1999．

174．［法］列菲弗尔．论国家：从黑格尔到斯大林和毛泽东［M］．李青宜，等译．重庆：重庆出版社，1988．

175．［意］葛兰西．狱中札记［M］．曹雷雨，等译．北京：中国社会科学出版社，2009．

176．［英］密利本德．马克思主义与政治学［M］．黄子都，译．北京：商务印书馆，1982．

177．［英］杰索普．后福特制和国家［A］//格雷夫．比较福利制度．重庆：重庆出版社，2006．

178．［德］哈贝马斯．包容他者［M］．曹卫东，译．上海：上海人民出版社，2002．

179．［德］哈贝马斯等．全球化与政治［M］．王学东，等译．北京：中央编译出版社，2000．

180．［德］哈贝马斯．后民族结构［M］．曹卫东，译．上海：上海人民出版社，2002．

181．［德］哈贝马斯．重建历史唯物主义［M］．郭官义，译．北京：社会科学文献出版社，2000．

182．［德］哈贝马斯．交往与社会进化［M］．张博树，译．

重庆：重庆出版社，1989.

183．［法］福柯．安全、领土与人口［M］．钱瀚，等译．上海：上海人民出版社，2018.

184．［法］福柯．必须保卫社会［M］．钱瀚，译．上海：上海人民出版社，2018.

185．［美］斯塔夫里阿诺斯．全球通史：从史前史到 21 世纪（上）［M］．吴象婴，等译．北京：北京大学出版社，2005.

186．［美］斯塔夫理阿诺斯．全球通史：从史前史到 21 世纪（下）［M］．吴象婴，等译．北京：北京大学出版社：2005.

187．［德］赫尔佐克．古代的国家：起源和统治形式［M］．赵蓉恒，译，北京：北京大学出版社，1998.

188．［美］路易斯·亨利·摩尔根．古代社会［M］．杨东莼，等译．北京：商务印书馆，2007.

189．［美］哈斯．史前国家的演进［M］．罗林平，等译．北京：求实出版社，1988.

190．［美］马文·佩里．西方文明史（上）［M］．胡万里，等译．北京：商务印书馆，1993.

191．［以］艾森斯塔得．帝国的政治体系［M］．阎步克，译．贵阳：贵州人民出版社，1992.

192．［英］佩里·安德森．绝对主义国家的系谱［M］．刘北成，译．上海：上海人民出版社，2001.

193．［美］魏特夫．东方专制主义［M］．徐式谷，译．北京：中国社会科学出版社，1989.

194．［英］贝利．现代世界的诞生 1780 – 1914［M］．于展，译．北京：商务印书馆，2013.

195．［德］贡德·弗兰克．白银资本：重视经济全球化中的东方［M］．刘北成，译．北京：中央编译出版社，2008．

196．［美］R. 卡梅伦，L. 尼尔．世界经济简史［M］．潘宁，等译．上海：上海译文出版社，2012．

197．［法］米歇尔·波德．资本主义的历史［M］．郑方磊，任轶，译．上海：上海辞书出版社，2011．

198．［美］罗森堡，小伯泽尔．西方致富之路：工业化国家的经济演变［M］．北京：生活·读书·新知三联书店，1989．

199．［英］艾伦·麦克法兰．现代世界的诞生［M］．管可秾，译．上海：上海人民出版社，2013．

200．［英］玛丽·伊万丝．社会简史：现代世界的诞生［M］．曹德骏，译．上海：复旦大学出版社，2010．

201．［美］罗森堡，小伯泽尔．西方致富之路：工业化国家的经济演变［M］．刘赛力，译．北京：生活·读书·新知三联书店，1989．

202．［英］R. H. 托尼．宗教与资本主义的兴起［M］．赵月瑟，等译．上海：上海译文出版社，2006．

203．［德］康德．历史理性批判文集［M］．何兆武，译．北京：商务印书馆，1991．

204．［德］康德．康德著作全集（第 8 卷）［M］．李秋零，译．北京：中国人民大学出版社，2010．

205．［美］格林菲尔德．资本主义精神：民族主义与经济增长［M］．张京生，译．上海：上海人民出版社，2009．

206．［英］以赛亚·伯林．启蒙的时代［M］．孙尚扬，译．南京：译林出版社，2005．

207．［英］以赛亚·伯林．现实感［M］．潘荣荣，等译．南京：译林出版社，2004．

208. ［英］以赛亚·伯林. 自由论［M］. 胡传胜，译. 南京：译林出版社，2003.

209. ［德］桑巴特. 现代资本主义（第1卷）［M］. 李季，译. 北京：商务印书馆，1959.

210. ［美］P. L. 拉尔夫，等. 世界文明史［M］. 赵丰，等译. 北京：商务印书馆，1998.

211. ［德］舍勒. 舍勒选集［M］. 罗悌伦，译. 上海：上海三联书店，1999

212. ［美］查尔斯·蒂利. 强制、资本和欧洲国家［M］. 魏洪钟，译. 上海：上海出版集团，2007.

213. ［美］格申克龙. 经济落后的历史透视［M］. 张凤林，译. 北京：商务印书馆，2009.

214. ［美］柯文. 在中国发现中国历史［M］. 林同奇，译. 北京：中华书局，2002.

215. ［英］李约瑟. 李约瑟文集［M］. 潘吉星，编译. 沈阳：辽宁科学技术出版社，1986.

216. ［英］麦迪森. 中国经济的长期表现（公元960—2030）［M］. 伍晓鹰，等译. 上海：上海人民出版社，2008.

217. ［美］彭慕兰. 大分流［M］. 史建云，译. 南京：江苏人民出版社，2003.

218. ［英］巴里·布赞. 世界历史中的国际体系［M］. 刘德斌，译. 北京：高等教育出版社，2005.

219. ［美］亨利·基辛格. 大外交［M］. 顾淑馨，林添贵，译. 海口：海南出版社，1998.

220. ［法］菲利普·内莫. 罗马法与帝国的遗产［M］. 张竝，译. 上海：华东师范大学出版社，2011.

221. ［日］信夫清三郎．日本外交史［M］．天津社科院日本所，译．北京：商务印书馆，1980.

222. ［美］迈克尔·罗斯金．政治科学［M］．林震，译．北京：华夏出版社，2001.

223. ［法］让－马克·夸克．合法性与政治［M］．佟心平，等译．北京：中央编译出版社，2002.

224. ［美］李普塞特．政治人：政治的社会基础［M］．张绍宗，译．北京：商务印书馆，1993.

225. ［美］迈克尔·曼．社会权力的来源（第1卷）［M］．刘北成，等译．上海：世纪出版集团，2007.

226. ［英］迈克尔·曼．社会权力的来源（第2卷·上）［M］．陈海宏，等译．上海：世纪出版集团，2007.

227. ［美］迈克尔·曼．社会权力的来源（第4卷）［M］．郭忠华，等译．上海：上海人民出版社，2015.

228. ［美］博登海默．法理学——法律哲学与法律方法［M］．邓正来，译．中国政法大学出版社，2004.

229. ［英］哈耶克．自由秩序原理（上册）［M］．邓正来，译．北京：生活·读书·新知三联书店，1997.

230. ［英］哈耶克．法律、立法与自由（第一卷）［M］．邓正来，等译．北京：中国大百科全书出版社，2002.

231. ［英］哈耶克．法律、立法与自由（第二、三卷）［M］．邓正来，译．北京：中国大百科全书出版社，2000.

232. ［英］哈耶克．通往奴役之路［M］．王明毅，等译．北京：中国社会科学出版社，1997.

233. ［英］哈耶克．致命的自负［M］．冯克利，等译．北京：中国社会科学出版社，2000.

234. ［美］罗尔斯. 正义论［M］. 何怀宏，等译. 北京：中国社会科学出版社，2009.

235. ［美］诺内特，塞尔兹尼克. 转变中的法律与社会［M］. 张志铭，译. 北京：中国政法大学出版社，2004.

236. ［德］本雅明. 本雅明文选［M］. 陈永国，等译. 北京：中国社会科学出版社，1999.

237. 世界卫生组织. 世界暴力与卫生报告［M］. 唐晓昱，译. 北京：人民卫生出版社，2002.

238. ［德］本雅明. 本雅明文选［M］. 陈永国，等译. 北京：中国社会科学出版社，1999.

239. ［美］斯坦利·霍夫曼. 当代国际关系理论［M］. 林伟成，等译. 北京：中国社会科学出版社，1990.

240. ［加］卡列维·霍尔斯蒂. 和平与战争［M］. 王浦劬，等译. 北京：北京大学出版社，2005.

241. ［美］爱德华·鲁德瓦克. 战略：战争与和平的逻辑［M］. 军事科学院外国军事研究部，译. 北京：解放军出版社，1990.

242. ［美］戴维·伊斯顿. 政治生活的系统分析［M］. 王浦劬，等译. 北京：华夏出版社，1999.

243. ［美］阿尔蒙德，等. 比较政治学［M］. 曹沛霖，等译. 北京：东方出版社，2007.

244. ［美］阿尔蒙德，维巴. 公民文化［M］. 徐湘林，等译. 北京：东方出版社，2008.

245. ［美］阿尔蒙德，小鲍威尔. 当代比较政治学：世界展望［M］. 朱曾汶，等译. 北京：商务印书馆，1993.

246. ［美］迈克尔·布林特. 政治文化的谱系［M］. 卢春

龙，译．北京：社会科学文献出版社，2013．

247．［法］让·博丹．主权论［M］．李卫海，译．北京：北京大学出版社，2008．

248．［美］罗伯特·古丁，等．政治科学新手册［M］．钟开斌，等译，北京：生活·读书·新知三联书店，2006．

249．［美］威廉·哈维兰．文化人类学（第10版）［M］．瞿铁鹏，译．上海：上海社会科学院出版社，2006．

250．［英］马歇尔．公民身份与社会阶级［M］．郭忠华，等编译．南京：江苏人民出版社，2008．

251．［英］约翰·伊特韦尔，等．新帕尔格雷夫经济学大辞典［M］．北京：经济科学出版社，1996．

252．［美］巴泽尔．产权的经济分析［M］．费方域，等译．上海：上海三联书店，1997．

253．［美］道格拉斯·诺思，罗伯斯·托马斯．西方世界的兴起［M］．厉以平，等译．北京：华夏出版社，2009．

254．［美］道格拉斯·诺思．经济史上的结构和变革［M］．厉以平，等译．北京：商务印书馆，1992．

255．［美］道格拉斯·诺思．暴力与社会秩序［M］．杭行，等译．上海：上海人民出版社，2013．

256．［美］道格拉斯·诺思．制度、制度变迁与经济绩效［M］．刘守英，译．上海：上海三联书店，1994．

257．［美］曼瑟·奥尔森．权力与繁荣［M］．苏长和，等译．上海：世纪出版集团，2005．

258．［美］曼瑟·奥尔森．国家兴衰探源［M］．吕应中，等译．北京：商务印书馆，1993．

259．［美］安德烈·施莱弗．掠夺之手——政府病及其治疗

［M］．赵红军，译．北京：中信出版社，2004．

260．［法］布罗代尔．15 至 18 世纪的物质文明、经济和资本主义（第 3 卷）［M］．顾良，译．北京：生活·读书·新知三联书店，2002．

261．［美］C. 赖特·米尔斯．白领——美国的中产阶级［M］．杨小东，等译．杭州：浙江人民出版社，1987．

262．［美］杜鲁门．政治过程［M］．陈尧，译．天津：天津人民出版社，2005．

263．［美］萨托利．民主新论［M］．冯克利，阎克文，译．上海：上海人民出版社，2009．

264．［英］戴维·米勒．布莱克维尔政治思想百科全书［M］．邓正来，等译．北京：中国政法大学出版社，2011．

265．［美］波格丹诺．布莱克维尔政治制度百科全书［M］．邓正来，等译．北京：中国政法大学出版社，2011．

266．［英］戴维·赫尔德．民主的模式［M］．燕继荣，等译．北京：中央编译出版社，2008．

267．［美］罗伯特·达尔．论民主［M］．李柏光，等译．北京：商务印书馆，1999．

268．［德］康德．历史理性批判文集［M］．何兆武，译．北京：商务印书馆，1997．

269．［法］孟德斯鸠．论法的精神［M］．张雁深，译．北京：商务印书馆，1961．

270．［美］小阿瑟·施莱辛格．美国民主党史［M］．复旦大学政治学系，编译．上海：上海人民出版社，1977．

271．［意］萨托利．政党与政党体制［M］．王明进，译．北京：商务印书馆，2006．

272. ［德］黑格尔. 法哲学原理 ［M］. 范扬，等译. 北京：商务印书馆，2009：253.

273. ［希腊］普兰查斯. 政治权力与社会阶级 ［M］. 叶林，译. 北京：中国社会科学出版社，1982.

274. ［英］密利本德. 马克思主义与政治学 ［M］. 黄子都，译. 北京：商务印书馆，1982.

275. ［美］斯考切波，等. 找回国家 ［M］. 方力维，等译. 北京：生活·读书·新知三联书店，2009.

276. ［德］卡尔·施米特. 政治的概念 ［M］. 刘宗坤，等译. 上海：上海人民出版社，2004.

277. ［德］卡尔·施米特. 合法性与正当性 ［M］. 冯克利，等译. 上海：上海人民出版社，2015.

278. ［美］米格代尔. 强社会与弱国家 ［M］. 张长东，等译. 南京：江苏人民出版社，2009.

279. ［美］汉斯·摩根索. 国家间政治 ［M］. 徐昕，等译. 北京：中国人民公安大学出版社，1990.

280. ［英］安格斯·麦迪森. 中国经济的长期表现——公元960—2030 ［M］. 伍晓鹰，等译. 上海：上海人民出版社，2008.

281. ［美］保罗·肯尼迪. 大国的兴衰 ［M］. 陈景彪，等译. 北京：求实出版社，1988.

282. ［日］三好将夫. 全球化的文化 ［M］. 马丁，译. 南京：南京大学出版社，2001.

283. ［美］诺齐克. 无政府、国家与乌托邦 ［M］. 姚大志，译. 北京：中国社会科学出版社，2008.

284. ［瑞典］冈纳·缪尔达尔. 世界贫困的挑战 ［M］. 顾朝阳，等译. 北京：北京经济学院出版社，1991.

285. ［美］乔治·斯蒂格勒. 经济学家和说教者［M］. 贝多广，等译. 上海：上海三联书店，1990.

286. ［匈］卡尔·波兰尼. 巨变［M］. 黄树民，译. 北京：社会科学文献出版社，2013.

287. ［匈］亚诺什·科尔内. 短缺经济学（上）［M］. 张晓光，等译. 北京：经济科学出版社，1986.

288. ［美］刘易斯. 经济增长理论［M］. 周师铭，译. 北京：商务印书馆，2002.

289. ［美］梅多斯. 增长的极限［M］. 于树生，译. 北京：商务印书馆，1984.

290. ［美］特伦斯·鲍尔，等. 剑桥二十世纪政治思想史［M］. 任军锋，等译. 北京：商务印书馆，2016.

291. ［英］马歇尔. 经济学原理［M］. 朱志泰，译. 北京：商务印书馆，1964.

292. ［英］凯恩斯. 就业、利息和货币通论［M］. 高鸿业，译. 商务印书馆，1999.

293. ［英］贝弗里奇. 贝弗里奇报告——社会保险和相关服务［M］. 劳动和社会保障部社会保险研究所，译. 北京：中国劳动社会保障出版社，2004.

294. ［德］奥菲. 福利国家的矛盾［M］. 郭忠华，译. 长春：吉林人民出版社，2011.

295. ［美］熊彼特. 经济发展理论［M］. 何畏，等译. 北京：商务印书馆，1991.

296. ［美］熊彼特. 资本主义、社会主义和民主主义［M］. 吴良建，译. 北京：商务印书馆，1999.

297. ［英］卡萝塔·佩蕾丝. 技术革命与金融资本学［M］.

田方萌，译．北京：中国人民大学出版社，2007．

298．［荷］杰罗姆·鲁斯．主权债务简史［M］．黄名剑，张文婷，译．北京：中信出版集团，2020．

299．［德］H. 贝克，A. 佩利兹．为什么国家也会破产［M］．原龙，译．北京：中国电力出版社，2013．

300．［法］雅克·阿塔利．国家的破产［M］．吴方宇，译．北京：北京联合出版公司，2011．

301．［以］J. F. 塔尔蒙．极权主义民主的起源［M］．孙传钊，译．长春：吉林人民出版社，2011．

302．［奥］波普尔．开放社会及其敌人［M］．陆衡，等译．北京：中国社会科学出版社，1999．

303．［法］托克维尔．论美国的民主（上卷）［M］．董果良，译．北京：商务印书馆，1991．

304．［美］本杰明·巴伯．强势民主［M］．彭斌，等译．长春：吉林人民出版社，2006．

305．［美］李普塞特．一致与冲突［M］．张华青，等译．上海：上海人民出版社，1995．

306．［奥］波普尔．开放社会及其敌人［M］．陆衡，等译．北京：中国社会科学出版社，1999．

307．［英］罗素．西方哲学史（下卷）［M］．马元德，译．北京：商务印书馆：1996．

308．［美］汉娜·阿伦特．极权主义的起源［M］．林骧华，译．北京：生活·读书·新知三联书店，2008．

309．［以］艾森斯塔特．反思现代性［M］．旷新年，等译．北京：生活·读书·新知三联书店，2006．

310．［美］迈克尔·曼．民主的阴暗面：解释种族清洗

［M］. 严春松，译. 北京：中央编译出版社，2015.

311. ［英］齐格蒙·鲍曼. 现代性与大屠杀［M］. 杨渝东，等译. 南京：译林出版社，2011.

312. ［美］托马斯·弗里德曼. 世界是平的［M］. 何帆，等译. 长沙：湖南科技出版社，2006.

313. ［英］简世勋（S. D King）. 世界不是平的［M］. 于展，译. 北京：中信出版集团，2019.

314. ［美］哈特，［意］奈格里. 帝国：全球化的政治秩序［M］. 杨建国，等译. 南京：江苏人民出版社，2008.

315. ［美］哈特，［意］奈格里. 大同世界［M］. 王行坤，译. 北京：中国人民大学出版社，2015.

316. ［意］安东尼奥·内格里. 超越帝国［M］. 李琨，等译. 北京：北京大学出版社，2015.

317. ［加纳］克瓦米·恩克鲁玛. 新殖民主义：帝国主义的最后阶段［M］. 北京编译社，译. 北京：世界知识出版社，1966.

318. ［斯洛文尼亚］齐泽克. 哈特和奈格里为 21 世纪重写了《共产党宣言》吗？［A］//何吉贤，译. 帝国、都市与现代性. 罗岗主编. 南京：江苏人民出版社，2006.

319. ［美］布热津斯基. 大棋局［M］. 中国国际问题研究所，译. 上海：上海人民出版社，1998.

320. ［瑞典］卡尔松，等. 天涯成比邻：全球治理委员会的报告［M］. 北京：中国对外翻译出版公司，1995.

321. ［美］詹姆斯·N. 罗西瑙. 没有政府的治理［M］. 张胜军，等译. 南昌：江西人民出版社，2001.

322. ［英］戴维·赫尔德. 全球大变革［M］. 杨雪冬，等译. 北京：社会科学文献出版社，2001.

323. ［美］金德尔伯格. 世界经济霸权：1500—1990 ［M］. 高祖贵，译. 北京：商务印书馆，2003.

324. ［德］弗兰克，吉尔斯. 世界体系：500 年还是 5000 年 ［C］. 郝名玮，译. 北京：社会科学出版社，2003.

325. ［美］伊恩·莫里斯. 西方将主宰世界多久？［M］. 钱峰，译. 北京：中信出版社，2011.

326. ［英］马丁·雅克. 当中国统治世界 ［M］. 张莉，等译，北京：中信出版社，2010.

327. ［英］赫德利·布尔. 无政府社会：世界政治中的秩序研究 ［M］. 张小明，译. 上海：上海人民出版社，2015.

328. ［美］雅克·布道. 建构世界共同体 ［M］. 万俊人，译. 南京：江苏教育出版社，2006.

329. ［英］达仁道夫. 现代社会冲突 ［M］. 林荣远，译. 北京：中国社会科学出版社，2000.

330. ［美］列文森. 儒家中国及其现代命运 ［M］. 郑大华，译. 北京：中国社会科学出版社，2000.

（二）论文部分

1. 俞可平. 马克思论民主的一般概念、普遍价值和共同形式 ［J］. 马克思主义与现实，2007（3）.

2. 俞可平. 论全球化与国家主权 ［J］. 马克思主义与现实，2004（1）.

3. 俞可平. 全球治理引论 ［J］. 马克思主义与现实，2002（1）.

4. 李强. 后全能体制下现代国家的构建 ［J］. 战略与管理，2001（6）.

5. 徐勇. 现代国家建构中的非均衡性和自主性分析 ［J］. 华

中师范大学学报，2003（5）.

6. 贺东航. 国家构建理论与中国现代国家构建历程探析［J］. 江汉论坛，2008（6）.

7. 黄宝玖. 国家能力：涵义、特征与结构分析［J］. 政治学研究，2004（4）.

8. 马德普. 什么是现代国家［J］. 天津社会科学，2024（3）.

9. 邵鹏. 现代化模式视域中的文明形态论［J］. 内蒙古社会科学，2014（1）.

10. 邵鹏. 文明形态史观刍议——兼评唯物史观的合理性［J］. 西南民族大学学报，2005（5）.

11. 钱乘旦. 以现代化为主题构建世界近现代史新的学科体系［J］. 世界历史，2003（3）.

12. ［法］雅克·勒高夫. 《年鉴》运动及西方史学的回归［J］. 刘文立，译. 史学理论研究，1999（1）.

13. 李宏图. 论近代西欧民族主义和民族国家［J］. 世界历史，1994（6）.

14. 王海明. 国家是什么［J］. 晋阳学刊，2010（3）.

15. 杨雪冬. 民族国家与国家构建：一个理论综述［J］. 复旦政治学评论，2011（3）.

16. 杨雪冬. 西方马克思主义的国家理论简评［J］. 马克思主义与现实，2004（2）.

17. 杨雪冬. 责任政府：一个分析框架［J］. 公共管理学报，2005（1）.

18. 杨雪冬. 国家的自主性与国家能力［J］. 马克思主义与现实，1996（1）.

19. 舒建中. 沃勒斯坦"中心—边缘"论述评［J］. 学术论

坛，2002（6）.

20. 张敦福. 依附理论的发展历程与新进展［J］. 山东师范大学学报，2000（1）.

21. 申建林. 论阿奎那宗教自然法的理论转向及其现代意义［J］. 武汉大学学报（哲学社会科学版），2006（3）.

22. 何其生. 格劳秀斯及其理论学说［J］. 武大国际法评论，2004（1）.

23. 陈晓律. 英国式保守主义的内涵及其现代解释［J］. 南京大学学报，2001（3）.

24. 陈晓律. 欧洲民族国家演进的历史趋势［J］. 江海学刊，2006（2）.

25. 张铭.90 年代西方保守主义政治思想研究回眸［J］. 政治学研究，1999（4）.

26. 叶江. 当代西方的两种民族理论［J］. 中国社会科学，2002（1）.

27. 叶险明. "历史向世界历史的转变"与全球化的本质及其发展趋势［J］. 中国人民大学学报，2002（1）.

28. 汝信. 介绍列宁的"马克思主义论国家"［J］. 哲学研究，1959（Z1）.

29. 黄宗良. 从苏联模式到中国特色社会主义［J］. 中共党史研究，2010（7）.

30. 何增科. 理解国家治理及其现代化［J］. 马克思主义与现实，2014（1）.

31. 何增科. 全球公民社会引论［J］. 马克思主义与现实，2002（3）.

32. 尹树广. 西方马克思主义国家批判理论的历史与现状

［J］．哲学动态，2002（7）．

33．尹树广，等．雅索普的资本主义国家理论［J］．马克思主义与现实，2005（2）．

34．尹树广．马克思与现代政治［J］．哲学研究，2015（2）．

35．［法］阿尔都塞．意识形态和意识形态国家机器［J］．李迅，译．当代电影，1987（3）．

36．王昌树．论哈贝马斯的"民族国家"思想［J］．世界民族，2009（1）．

37．高宣扬．论福柯对国家理性的批判［J］．求是学刊，2007（6）．

38．郁建兴．杰索普国家理论述评［J］．求是学刊，2007（4）．

39．［美］斯普拉伊特．现代国家的起源、发展和可能发生的衰落［J］．王向东，译．国外理论动态，2012（7）．

40．沈长云．酋邦理论与中国古代国家起源及形成问题研究［J］．天津社会科学，2006（3）．

41．王震中．国家形成的标志之管见［J］．历史研究，2010（6）．

42．王震中．邦国、王国与帝国：先秦国家形态的演进［J］．河南大学学报，2003（4）．

43．王敦书．略论古代世界的早期国家形态［J］．世界历史，2010（5）．

44．易宁．论南部两河流域古苏美尔时期城邦政体．北京师范大学学报，1994（3）．

45．徐晓旭，蔡丽娟．古代希腊城邦的形成［J］．史学集刊，

2008（3）.

46. 杨共乐. 古代希腊城邦特征探析［J］. 北京师范大学学报，2008（6）.

47. 厉以宁. 论拜占庭帝国的灭亡［J］. 北京大学学报，2005（9）.

48. 郭圣莉. 货币、税收与军事暴力：西欧绝对主义国家的形成［J］. 复旦政治学评论，2009（1）.

49. 常保国. 西方历史语境中的"东方专制主义"［J］. 政治学研究，2009（5）.

50. 常保国. 西方文化史语境中的专制主义、绝对主义与开明专制［J］. 政治学研究，2008（3）.

51. 徐勇. 东方自由主义传统的发掘：兼评西方话语体系中的"东方专制主义"［J］. 学术月刊，2012（4）.

52. 高岱. 英、美学术界有关殖民主义史分期问题研究评析［J］. 历史教学，2000（9）.

53. 侯建新. 交融与创生：西欧文明的三个来源［J］. 世界历史，2011（4）.

54. 杨春学. 近代资本主义精神与新教伦理的关系：韦伯命题的历史评论［J］. 经济研究，1994（5）.

55. 董正华. 资本主义精神：新教伦理、个人主义还是"民族主义"［J］. 世界历史，2007（1）.

56. 罗兆麟. "怨恨"与想象的共同体——现代性视域下的民族主义［J］. 广西民族研究，2016（2）.

57. 罗兆麟. 论民族主义的怨恨心理及其超越［J］. 学术交流，2016（4）.

58. 罗兆麟. 论中国共产党对公平正义的追求［J］. 前沿，

2016（4）.

59. 罗兆麟．社团、利益集团与政治发展［J］．电子科技大学学报（社科版），2007（6）.

60. 罗兆麟．当代民族国家的认同危机及其治理［J］．民族论坛，2015（12）.

61. 韦森．近代西方世界兴起原因的再思考——从斯密、黑格尔、马克思、桑巴特、韦伯、熊彼特到诺思、肯尼迪和华勒斯坦［J］．河北学刊，2007（1）.

62. 韦森．斯密动力与布罗代尔钟罩：研究西方世界近代兴起和晚清帝国相对停滞之历史原因的一个可能的新视角［J］．社会科学战线，2006（1）.

63. 文贯中．中国的疆域变化与走出农本社会的冲动——李约瑟之谜的经济地理学解析［J］．经济学（季刊），2005（1）.

64. 姚洋．高水平陷阱——李约瑟之谜再考察［J］．经济研究，2003（1）.

65. 林毅夫，等．比较优势与发展战略——对"东亚奇迹"的再解释［J］．中国社会科学，1999（5）.

66. 王京安，许斌．"李约瑟之谜"研究述评［J］．湖南大学学报（社会科学版），2003（4）.

67. 孙晔．近年来经济学界关于"李约瑟之谜"研究述评［J］．教学与研究，2010（3）.

68. 张践．宗教的类型对民族国家认同的影响［J］．西北民族大学学报，2012（3）.

69. ［法］厄内斯特·勒南．国族是什么？［J］．陈玉瑶，译．世界民族，2014（1）.

70. 郭洪纪．新儒家精神与东亚晚工业化的道路［J］．青海社会科学，1996（5）.

71. 杨军. 中国与古代东亚国际体系［J］. 吉林大学社会科学学报，2004（2）.

72. 何芳川. "华夷秩序"论［J］. 北京大学学报，1998（6）.

73. 胡礼忠，邢新宇. 宗藩体系与威斯特伐利亚体系［J］. 国际观察，2011（6）.

74. 廖申白. 论西方主流正义概念发展中的嬗变与综合（上）［J］. 伦理学研究，2002（2）.

75. 张恒山. 略论制度正义［J］. 中共中央党校学报，2007（4）.

76. 张康之. 论强制力的社会秩序功能的有限性［J］. 广东社会科学，2001（2）.

77. 丛日云，卢春龙. 理解政治发展的文化维度［N］. 中国社会科学报，2015－06－15.

78. 商景龙. 战争的秩序意义［J］. 军事历史研究，2007（2）.

79. 黄家明，方卫东. 交易费用理论：从科斯到威廉姆森［J］. 合肥工业大学学报，2000（3）.

80. 马骏. 交易费用政治学：现状与前景［J］. 经济研究，2003（1）.

81. 卢现祥. 中国的家庭产权安排、家族式管理与资本积累［J］. 世界经济，2003（1）.

82. 陆梅. 中产阶级的概念及理论回顾［J］. 南通师专学报，1998（3）.

83. 马德普，柴宝勇. 多民族国家与民主之间的张力［J］. 政治学研究，2005（3）.

84. 徐显明. 论"法治"构成要件：兼及法治的某些原则及观

念［J］. 法学研究，1996（3）.

85.［英］约瑟夫·拉兹. 论法治原则［J］. 李林，译. 环球法律评论，1990（5）.

86. 炽亚. 国际法律学家会议发表德里宣言［J］. 现代外国哲学社会科学文摘，1959（5）.

87. 王绍光. 国家治理与基础性国家能力［J］. 华中科技大学学报，2014（3）.

88. 刘军宁. 善恶两种政治观与国家能力［J］. 读书，1994（5）.

89. 周其仁. 国家能力不等于政府能力［N］. 湖北日报，2014－02－05.

90. 颜昌武. 行政国家：一个基本概念的生成及其蕴涵［J］. 公共行政评论，2018（3）.

91. 庄礼伟. 后冷战时代的失败国家课题［J］. 东南亚研究，2003（1）.

92. 刘树成. 新中国经济增长60年曲线的回顾与展望［J］. 经济学动态，2009（10）.

93. 丁东红. 论福利国家理论的渊源与发展［J］. 中共中央党校学报，2011（2）.

94. 陈炳辉. 奥菲对现代福利国家矛盾和危机的分析［J］. 马克思主义与现实，2006（6）.

95. 刘明远. 周期性资本主义经济危机的现代转型［J］. 学术研究，2009（11）.

96. 马俊如，等. 科学技术全球化的态势［J］. 中国软科学，2002（4）.

97. 刘志彪. 实体经济与虚拟经济互动关系的再思考［J］. 学

习与探索，2015.

98. 徐崇温. 欧洲主权债务危机分析 [J]. 中国延安干部学院学报，2014（2）.

99. 江涌. 述论《稳定与增长公约》的僵化与弱化 [J]. 欧洲，2003（2）.

100. 吴元梁. 民主的悖论 [J]. 天津社会科学，2005（5）.

101. 杨光斌. 民主与世界政治冲突 [J]. 学术界，2014（8）.

102. 刘长江，周忠丽. 民主与腐败：以印度为个案的研究 [J]. 江苏行政学院学报，2014（6）.

103. 陈尧. 理解全球民主衰落 [J]. 复旦学报，2015（2）.

104. 王华. 政治民主与经济绩效：印度发展模式考察 [J]. 华东师范大学学报，2007（2）.

105. 郝娜. 奴役抑或解放？——波兰尼和他的《大转型》[J]. 浙江社会科学，2014（6）.

106. 严庆，青觉. 从概念厘定到理论运用——西方民族冲突研究述评 [J]. 民族研究，2009（4）.

107. 黄忠晶. 评鲍曼的《现代性与大屠杀》[J]. 开放时代，2004（4）.

108. 成思危. 虚拟经济与金融危机 [J]. 管理科学学报，1999（1）.

109. 成思危. 经济全球化与中国的应对 [J]. 中国软科学，2001（3）.

110. 成思危. 虚拟经济的基本理论及研究方法 [J]. 管理评论，2009（1）.

111. 李晓西，杨琳. 虚拟经济、泡沫经济与实体经济 [J]. 财贸经济，2000（6）.

112. 马勇，陈雨露．金融杠杆、杠杆波动与经济增长［J］．经济研究，2017（6）．

113. 曾祥基．新科技革命的特点与经济全球化趋势［J］．成都大学学报，2000（3）．

114. 乌家培．网络经济及其对经济理论的影响［J］．学术研究，2000（1）．

115. 方滨兴，等．网络主权：一个不容回避的议题［N］．人民日报，2014－06－23．

116. 王行坤．帝国时代的"大同书"——《大同世界》中译版代序［J］．文艺理论与批评，2015（2）．

117. 汪行福．《帝国》：后现代革命的宏大叙事［J］．当代国外马克思主义评论，2007（1）．

118. 王缉思．美国霸权的逻辑［J］．美国研究，2003（3）．

119. 杨晶滢，张高胜．霸权主义：理论辨析、历史演进及新发展［J］．国际研究参考，2019（6）．

120. 丰子义．全球化与民族文化的发展［J］．哲学研究，2001（3）．

121. 任剑涛．现代性、历史断裂与中国社会文化转型［J］．厦门大学学报，2001（1）．

122. ［美］爱德华兹．公民社会与全球治理［J］．王玉强，等译．马克思主义与现实，2002（3）．

123. 唐贤兴．全球治理：一个脆弱的概念［J］．国际观察，1999（6）．

124. 许苏民．论斯宾格勒的中西哲学比较研究［J］．社会科学研究，2014（2）．

125. 秦晖．谁，面向哪个东方？［J］．开放时代，2001（8）．

126. ［英］罗兰·博尔. 美国民主的根本局限［N］. 王玉鹏，译. 人民日报，2015 – 08 – 15.

127. ［美］福山. 美国政治制度的衰败［J］. 安桂芹，译. 当代世界与社会主义，2014（5）.

128. 刘金源，王雪松. 欧洲反全球化思潮：根源、走向及应对［J］. 国际论坛，2018（1）.

129. ［德］哈贝马斯. 超越民族国家？［J］. 柴方国，编译. 马克思主义与现实，1999（5）.

130. ［德］哈贝马斯. 在全球化压力下的欧洲的民族国家［J］. 张庆熊，译. 复旦学报，2001（3）.

131. 西尔维奥·埃雷拉. 建立世界政府——国际上有关建立超国家"世界政府"的种种构想［J］. 国际新闻界，1994（1）.

132. 甘阳. 从"民族 – 国家"走向"文明 – 国家"［J］. 书城. 2004（2）.

133. 孙向晨. 民族国家、文明国家与天下意识［J］. 探索与争鸣，2014（9）.

134. 新华社. 美国的霸权霸道霸凌及其危害［N］. 人民日报，2023 – 02 – 21（17）.

135. ［英］大卫·哈维. 解释世界还是改造世界——评哈特、奈格里的《大同世界》［J］. 王行坤，译. 上海文化，2016（2）.

136. ［斯洛文尼亚］齐泽克. 资本主义的内在限制［J］. 蓝江，译. 当代国外马克思主义评论，2011（9）.

二、英文文献

1. Charles Tilly. The Formation of National State in Western Europe［M］. Princeton：Princeton University Press，1975.

2. Peter Alter. Nationalism [M]. London: Edward Arnold, 1994.

3. Immanuel Wallerstein. The Capitalist World Economy [M]. Cambridge: Cambridge University Press, 1989.

4. Anthony O'Hear. Concise Routledge Encyclopedia of Philosophy [M]. London: Routledge Publishers, 2000.

5. Anthony D. Smith. National Identity [M]. Harmondsworlh: Penguin Group, 1991.

6. L. Colletti. A Political and Philosophical Interview [J]. New Left Review, No. 86, July/August, 1974.

7. Elman R. Service. Primitive Social Organization: An Evolutionary Perspective [M]. New York: Random House, 1971.

8. Elman R. Service. Origins of the State and Civilization: The Process of Cultural Evolution [M]. Norton, 1975.

9. Morton H. Fried. The Evolution of Political Society [M]. New York: Random House, 1967.

10. Allen W. Johnson, Timothy Earle. The Evolution of Human Societies: from Foraging Group to Agrarian state [M]. Stanford, 1987.

11. G Starr. Individual and Community. The Rise of the Polis [M]. New York: Oxford University Press, 1986.

12. Michael Doyle. Empires [M]. New York: Cornell University Press, 1986.

13. Anthony D. Smith. Nationalism and Modernism [M]. London: Routedge, 1998.

14. Braudel Fernand. Civilization and Capitalism, 15th – 18th Century, Vol. 2: The Wheels of Commerce [M]. London: Collins,

1982.

15. Avery Goldenstein. From Bandwagon to Balance – of – Power Politics [M]. Stanford, CA: Stanford University Press, 1991.

16. Immanuel Wallerstein. The Politics of the World – Economy: The States, the Movements and the Civilizations [M]. Cambridge: Cambridge University Press, 1984.

17. P. S. Cohen. The Modern Social Theory [M]. London: Heinemann Educational Books, 1968.

18. Anthony Smith. National Identity [M]. London: University of Nevada Press, 1991.

19. Almond Powell. Comparative Politics: a Developmental Approach [M]. Boston: Little Brown, 1966.

20. Susan E. Rice. The New National Security Strategy: Focused on Failed States [J]. Policy Brief, 2003 (116).

21. Wallerstein. Report on an Intellectual Project: the Ferand Braudel Center, 1976—1991 [R].

22. Samuel Huntington. Political Development and Political Decay [J]. World Politics, 1965 (3).

23. Carl Friedrich, Zbigniew Brezezinski. Totalitarian Dictatorship and Autocracy [M]. New York: Praeger, 1967.

24. Kenichi Ohmae. The End of the Nation State [M]. New York: The Free Press, 1995.

25. Lotta Harbom, Peter Wallensteen. Armed Conflict: 1989—2006 [J]. Journal of Peace Research, 2007, 44 (4).

26. Daniel L. Byman. Keeping the Peace, Lasting Solutions to Ethnic Conflicts [M]. Baltimore and London: The Johns Hopkins

University Press, 2001.

27. Stuart Elden. Understanding Henri Lefebvre [M]. London · New York: Continuum, 2004.

28. Henri Lefebvre. State, Space, World: Selected Essays [M]. Minneapolis · London: University of Minnesota Press, 2009.

29. Henri Lefebvre. De l'État (4): Les contradictions de l'État moderne [M]. Paris: Union Générale d'Éditions, 1978.

30. Kanishka Goonewardena. Book Reviews: Henri Lefebvre, state, space, world" [J]. International Journal of Urban and Regional Research, Volume 36.2, 2012.